组织能量场

基于最佳实践的组织学习建设

孙科柳　刘佳明　著

中国人民大学出版社

聚焦学习型组织建设和关键人才赋能

以项目实践为依托,提供有料、有用的方法和工具

前言

在知识经济时代,学习被赋予了越来越重要的角色,它不仅是个人实现自我价值的途径,也是组织进行管理变革、创造市场价值的重要方式。一个可持续发展的企业离不开高效学习,于是,越来越多的企业开始试图建立自己的企业大学,而首席学习官作为企业大学中的关键角色,也是企业战略学习方针的制定者。

首席学习官通过了解企业内外部环境,根据企业发展情况制定有效的培训方针,引导企业的发展;通过在培训中寻找员工对企业文化的认同点,激发员工的学习热情,塑造企业的文化价值;使组织不断适应宏观环境、驱动组织整体业务绩效的提升、打造持续性竞争优势。

尽管首席学习官对企业如此重要,却很少有人对此进行深入研究。国内有数万家大大小小的培训公司,每一家培训公司都在倡导帮助企业有效学习,却很少有培训公司在理论和方法上给学习管理工作者以全面的工作和职业指引。基于这样的出发点,笔者希望通过自己多年的培训管理工作经验,系统地梳理和总结相关理论方法和实践案例,呈现给广大学习管理工作者以及企业大学管理者，以帮助大家继续提升自己的能力。

　　本书对学习型组织如何培养首席学习官的逻辑和方法进行了系统梳理，同时也参考了国内外许多企业和学者的实践经验，并结合了笔者的培训与咨询管理工作经验。本书按照学习型组织建设、基于战略的学习体系、人才盘点与岗位学习地图、案例开发与教学应用、混合式学习项目开发、师资体系建设与管理、培训项目组织与运营、在线学习平台建设、企业大学的经营管理这九个方面，对创造性人才培养工作进行了深入浅出的解读。

　　在本书的写作过程中，我们的写作团队对相关资料进行了细致的研究，并征得很多同行的意见。参与本书写作的作者，也都是有过多年培训管理工作经验的人，并且一直坚持在这一领域探索，对培训工作和人才培养等方面有深刻的见解。同时，我们的写作团队还与众多的大学教授、咨询顾问、管理专家进行了深入的交流，以更全面地了解培训管理工作的逻辑和本质。本书从选题立意，到制定框架，再到书写各篇章内容、完稿，都是经过各位作者共同讨论和认真修改才完成的。

相信我们所总结的这些理论对其他培训工作者做好企业大学管理工作也会有所帮助。当然，笔者总结出的这套逻辑和行动方案也只能为各位读者提供参考和借鉴，在企业大学经营管理的过程中，还得具体问题具体分析。尽管在细节上存在不同，但理论还是通用的。

市场变幻莫测，培训管理工作也需要不断进步，本人和丛书的其他作者都会继续对学习型组织建设与人才培养的理论和实践做进一步研究，不断更新知识内容，满足读者的阅读需求。尽管经过细致的策划与写作，本书也难免会出现争议之处，还望读者能够多加包涵，及时批评指正。最后，希望本书能为读者朋友在面对实际问题时提供一定的指导。

作者
2019 年 8 月

目 录

第 1 章 学习型组织建设

1. 学习型组织的发展　003
 1.1　学习型组织的演变　003
 1.2　学习型组织与企业发展　007
 1.3　学习型组织的成熟度分析　012

2. 学习型组织的建设　014
 2.1　学习型组织的管理要素　015
 2.2　组织学习的不同发展阶段　019
 2.3　以企业大学为引擎的组织学习　021

3. 面向价值的学习管理　023
 3.1　组织中个体学习现状　024
 3.2　组织学习的转化需求　026
 3.3　组织学习管理的困境　028

4. 学习管理面临的挑战与建设　032
 4.1　学习管理工作者的职责　032
 4.2　学习管理工作面临的挑战　034
 4.3　让组织学习与业务发展同步　037

第 2 章
基于战略的学习体系

1. 企业战略与人才建设	041
1.1 学习管理的对象群体	041
1.2 从企业发展看培训使命	043
1.3 基于企业战略的人才建设	046
2. 组织能力与人才发展规划	050
2.1 组织能力扫描与清单	050
2.2 人才发展推进业务增长	052
2.3 从组织出发,制定年度学习规划	054
3. 培训体系的内涵与发展	056
3.1 狭义的培训体系	056
3.2 广义的培训体系及发展	057
3.3 培训体系成熟度模型	059
4. 培训体系的构成	061
4.1 员工能力体系	061
4.2 培训资源体系	063
4.3 培训运营体系	066
5. 培训制度与培训计划制订	068
5.1 培训制度全貌图	068
5.2 培训计划分类及制订	070
5.3 年度培训计划编制	072

第3章 人才盘点与岗位学习地图

1. 人才盘点的价值和方法   077
    1.1 基于战略目标的人才盘点   077
    1.2 人才盘点的关键环节与流程   079
    1.3 人才盘点的核心工具   081

2. 人才盘点指标与能力差距分析   083
    2.1 潜能指标设计与高潜人才筛选   084
    2.2 人才盘点路径和分层管理   085
    2.3 人才盘点和能力差距分析   087

3. 基于素质词典的分层能力建设   089
    3.1 素质和素质模型分类   089
    3.2 从素质词典出发构建学习内容   091
    3.3 基于专项素质能力的层级考量   093

4. 关键岗位发展规划与学习地图   096
    4.1 学习地图的类型   096
    4.2 关键岗位职业发展与学习地图   097
    4.3 基于能力需求构建学习内容   100

5. 学习地图应用与学习项目设计   101
    5.1 学习地图与传统课程体系   101
    5.2 学习地图针对不同对象的应用   103
    5.3 建立课程包体系与设计学习项目   105

第 4 章
案例开发与教学应用

1. 一个优秀案例的标准　　109
1.1　案例的定义和类型　　109
1.2　好故事未必是好案例　　110
1.3　优秀案例的承载与内涵　　112

2. 案例开发与写作规范　　114
2.1　梳理事件，确定主题　　114
2.2　结构化设计，萃取案例经验　　116
2.3　案例正文写作与问题设计　　119

3. 从教学笔记到教学设计　　120
3.1　撰写高水平的案例教学笔记　　121
3.2　案例教学中的多元化组合　　122
3.3　以事件节点为顺序，设计研讨层次　　124

4. 案例教学的特点与实践　　125
4.1　案例教学的特点　　126
4.2　案例教学讲师的角色调整　　127
4.3　通过有效的提问，激发学员互动　　129

5. 案例在组织发展中的价值　　131
5.1　案例在人才培养中的应用　　132
5.2　案例在内部讲师培养中的应用　　133
5.3　案例在业务拓展中的应用　　135

第 5 章 混合式学习项目开发

1. 学习的温度与感知　　　　　　　　139
　1.1　成人学习的兴奋点　　　　　　139
　1.2　以深度加工对抗遗忘曲线　　　142
　1.3　创造一种互为促动的学习氛围　144

2. 混合式学习项目的考量　　　　　　150
　2.1　明确学习项目的教学目的　　　150
　2.2　项目关键人物角色定位　　　　153
　2.3　混合式学习的工作模式　　　　156

3. 混合式学习的关键要素　　　　　　160
　3.1　混合式学习资源设计　　　　　160
　3.2　混合式学习环境设计　　　　　162
　3.3　混合式学习的学习形式　　　　164

4. 混合式学习项目的实践　　　　　　171
　4.1　混合式学习的知识转化　　　　171
　4.2　混合式学习的成本考量　　　　174
　4.3　混合式学习项目的策划　　　　176

第 6 章 师资体系建设与管理

1. 内部讲师的角色认知　　　　　　　181
　1.1　内部讲师的职责　　　　　　　181
　1.2　内部讲师的作用和目的　　　　182

2. 内部讲师的选拔认证　　　　　184
　2.1　内部讲师的能力要求　　　　184
　2.2　内部讲师的认证标准　　　　186
　2.3　内部讲师的评审程序　　　　188

3. 内部讲师的培养　　　　　　　190
　3.1　隐性经验显性化　　　　　　191
　3.2　显性经验标准化　　　　　　193
　3.3　标准课程生动化　　　　　　195

4. 内部讲师的管理　　　　　　　197
　4.1　内部讲师的使用管理　　　　197
　4.2　内部讲师的激励机制　　　　200
　4.3　内部讲师的成长管理　　　　202

5. 外部讲师的管理　　　　　　　203
　5.1　内外部讲师的优劣势分析　　204
　5.2　选择外部讲师的四项标准　　205
　5.3　外部讲师的授课管理　　　　207

第7章 培训项目组织与运营

1. 培训项目的立项　　　　　　　211
　1.1　培训目标要对接业务目标　　211
　1.2　课程安排与讲师沟通　　　　213
　1.3　编制培训项目立项书　　　　214
　1.4　做好项目沟通与汇报　　　　216

2. 项目营销方案策划   217
    2.1   分析培训项目卖点   218
    2.2   培训项目的宣传   219

3. 项目实施与过程管理   221
    3.1   开班前期准备   221
    3.2   开班现场管理   223
    3.3   教学成果评估   225

4. 效果跟进与转化   227
    4.1   课后持续跟进   227
    4.2   培训结果再应用   229

第 8 章 在线学习平台建设

1. 信息技术改变学习   235
    1.1   组织学习的发展与转变   235
    1.2   信息技术改变学习体验   237
    1.3   信息技术在组织学习中的实践   239

2. 在线学习平台的发展   241
    2.1   在线学习平台的发展历程   242
    2.2   在线学习平台的应用现状   244
    2.3   从需求出发选择在线学习平台   246

3. 网络学习平台搭建　　　　　　　　　　247
　3.1　网络学习平台的搭建方式　　　　248
　3.2　网络学习平台的功能模块　　　　249
　3.3　网络学习平台的内容规划　　　　251

4. 小程序的选择与运用　　　　　　　　253
　4.1　选择学习内容输出平台　　　　　254
　4.2　利用小程序发布学习内容　　　　255
　4.3　选择培训管理与运营平台　　　　256

5. 在线学习平台运营　　　　　　　　　259
　5.1　e-learning 实施的切入点　　　　259
　5.2　MOOC 学习平台的运用　　　　260
　5.3　在线学习运营的成功法则　　　　263

第 9 章 企业大学的经营管理

1. 理解你的企业大学　　　　　　　　　267
　1.1　理解所在的企业大学　　　　　　267
　1.2　企业大学的理念与定位　　　　　269
　1.3　对企业大学进行价值定位　　　　271

2. 企业大学的治理结构　　　　　　　　273
　2.1　企业大学的资源投入　　　　　　273
　2.2　企业大学的战略价值导向　　　　275
　2.3　企业大学的业务活动与价值创造　278

3. 企业大学的运营机制　　280
3.1　企业大学的组织架构　　280
3.2　企业大学的内部运营　　284
3.3　企业大学的管理模式　　286

4. 锻造企业大学的生存本领　　288
4.1　企业大学的生存危机　　288
4.2　企业大学如何自救　　290
4.3　企业大学如何优化升级　　291

5. 让企业大学持续创造价值　　293
5.1　对准业务，聚焦学习价值转化　　293
5.2　发现盈利模式，持续创造价值　　295
5.3　由成本中心转向利润中心　　297

参考文献　　299

第1章
学习型组织建设

人生而为学，但我们很少考虑为什么要学习、如何才能高效学习。个人如此，企业更是这样。然而随着市场竞争的日益激烈，传统、滞后的企业无法跟上时代步伐，不进行自主学习终归将被市场淘汰。

1. 学习型组织的发展

进入 21 世纪以来，经济和科技飞速发展，工作环境发生了巨大变化，企业间的竞争形势也愈演愈烈。在这种环境下，一方面，20 世纪盛极一时但形式简单的传统组织难以适应时代变迁；另一方面，通过系统学习和交流互动，更具活力和生命力的学习型组织逐渐发展起来。而在与传统组织的交锋中，学习型组织显示出必然成功的势头。

1.1 学习型组织的演变

德胜公司是一家倡导诚实、勤劳、有爱心、不走捷径的洋楼建筑公司，从成立至今短短 20 年间，在洋楼标准化、程序化和精细化制作方面形成了一整套完整的体系，而《德胜员工守则》也成为企业管理界的畅销书，在中国企业界形成了一个独特的文化现象，即德胜现象。其中最卓越的贡献在于第一个提出了有效教育的理念。德胜公司通过打造学习型组织，立志把每一个农民工或者农家子弟培育成专业化的木结构产业工人，这种学习教育模式在企业内部取得了卓越成效。

正如美国管理学大师彼得·德鲁克所说的："组织个体的提高，是组织发展的中心环节，不管这个组织是企业还是政府部门，建立学习型组织都是提高业绩、实现发展的唯一途径。"

近十年来，学习型组织受到越来越多的重视，俨然已经成为中外企业管理界内部最热门的话题之一，除此之外还受到学术界的热捧。其实，学术界关于学习型组织的研究已有一段时间。从整个研究历程来看，大致可以分为下面三个阶段，具体如图1-1所示。

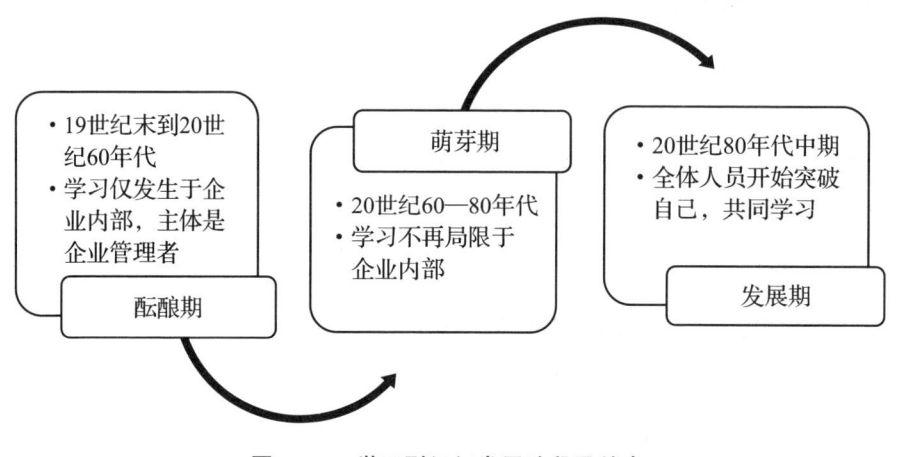

图1-1 学习型组织发展阶段及特点

（1）酝酿期

19世纪末到20世纪60年代，西方资本主义经济发展到了一个全新阶段。在这一时期，学习开始出现，但仅发生在企业内部，而且主体是企业管理者，他们的学习大都直接或间接地来自心理学或者行为学的研究，目的是通过对工人在生产中的行为及其产生的原因进行分析研究，以调节企业中的人际关系，提高生产效率。这一时期被人们称为学习型组织的酝酿期。

20世纪20年代后期，美国哈佛大学教授乔治·埃尔顿·梅奥等人在美国西方电气公司的霍桑厂进行了一系列试验，即有名的"霍桑试验"。在试验中，梅奥教授通过改变工人的工作条件，比如改变照明、增加休息次数、减少工作时间、供应茶点等一系列物质条件的变化，希望找到提高工人劳动效率的具体途径。

试验结果表明，改变工作的物质条件对劳动效率没有多大影响。然而却意外发现，如果改善工人与管理者之间的关系，创造友好和谐的群体环境，使工人心情舒畅地工作，则可以大幅度提高工作的劳动效率。

通过霍桑试验，梅奥等人认识到，工人们的生产效率除了受到生理、物质方面因素的影响外，还受到社会环境、心理方面等因素的影响，从而改变了以往企业管理者只重视物质条件的思想误区。

（2）萌芽期

20世纪60—80年代，新产品、新工艺、新材料大量涌现，产品的寿命周期急剧缩短，企业间的竞争愈演愈烈。为了适应复杂多变的市场环境，这一时期的研究重点从早期重视组织中的个人学习转移到组织中个人学习与组织学习的连接上来。同时组织学习开始受到理论界的重视。1965年，美国麻省理工学院佛瑞斯特教授在《企业的新设计》中提出了学习型组织的概念。

学习型组织最初的构想是由美国麻省理工学院佛瑞斯特教授提出的，1956年，佛瑞斯特在研究通用电气公司的存货问题时有了意外的发现，从此便致力于研究企业内部的发展规律。

1965年，他发表了论文《企业的新设计》，运用系统动力学原理，具体地构想出了未来企业组织的理想形态：领导者和劳动者逐渐由从属关系向工作伙伴关系转变，不断学习、不断重新调整结构关系，这就是关于学习型组织的最初构想。

然而这一时期的学习更多的是一种被动学习、适应性学习，与真正的学习型组织所要求的主动学习、创新性学习还有一定的距离，所以被看成是学习型组织的萌芽期。

（3）发展期

1983年，美国加州大学保罗·罗默教授首次提出"新经济增长"理论，认为知识是推动生产的重要因素。1990年，麻省理工学院彼得·圣吉在《第五项修炼》中对学习型组织进行了详细的阐述，认为学习型组织是一个"不断创新、进步的组织，在其中，大家得以不断突破自己的能力上限，创造真心向往的结果，培养全新、前瞻而开阔的思考方式，全力实现共同的抱负，以及不断一起学习如何共同学习"。

20世纪90年代初，一些企业开始成为学习型组织，如美国的杜邦、英特尔、联邦快递，欧洲的诺基亚、西门子，以及亚洲的三星和新加坡航空等，这些公司看到了学习型组织对企业发展的重要推动力。而学习型组织的建立，也确实让这些公司跑到了同行业者的前面。

学习型理论的提出激起了人们的研究热潮，此后，不仅有大批学者陆续加入对学习型组织的研究中，更有一些企业管理者开始大胆尝试，并取得了良好效果。理论与实践的互相影响，使其不断发展完善，为经济全球化下的企业发展提供了不少帮助。

2015年，整个美国公司在学习项目上的投入接近2 000亿美元，这甚至高出世界上150个国家的年GDP。其中，谷歌、沃尔玛、亚马逊等在学习型组织的建设中都投入了巨大的人力财力，并取得了卓越的成效。

1.2 学习型组织与企业发展

学习型组织的建设必须与企业发展紧密结合在一起，将企业的经营哲学、企业文化灌输到组织学习中，通过不断融合，将两者形成紧密的共同体，这样才可以使学习更好地为组织服务。

在创立京瓷公司前，稻盛和夫曾在松峰工业公司工作。当时，这家公司连年亏损，连工资都不能及时支付。而企业与工会也总是纷争不断，工人时不时就会来一场罢工。稻盛和夫所在的办公室主要负责开发新型陶瓷材料的任务，由于公司缺乏必要的研究设备，要想创造出出色的研究成果，工作者应该抱有一种什么样的心态来投入工作呢？稻盛和夫每天都为这个问题而苦恼不已。而每当有所感悟时，他便把自己的想法记录在一个用于研究实验的笔记本上。

后来，他创办京瓷公司后，也仍然保留了这个习惯，在笔记本中不断地添加自己在经营中产生的新体悟，并将这些经验重新加以整理。在这一过程中，稻盛和夫深刻地领悟了有关工作和经营的基本理念、思维方式以及具体执行方法，最终形成了属于他的经营哲学。

对于这种"哲学"，稻盛和夫不仅亲身实践着，还经常认真地为他人讲解。但是，将这种经营的哲学灌输给人们时，他却常常遭遇到人们的抵制。有的人说："拥有什么经营哲学，难道这不是个人的自由吗？"

事实并非如此。企业是一个由众多分子组成的集体，为了实现远大的目标，企业必须在目标引领下配合协调各个分子，使之不断得到成长。而这就要求企业经营者掌握正确的经营哲学和思维方式，并通过学习教育使企业上下将其作为共同的标准，理解并赞同其思维方式，从而统一全员的行为方向。

特别是公司领导者更要充分理解公司的思维方式，真正与公司的经营哲学产生共鸣。如果公司的领导者不认同企业的经营哲学，那么公司的各种力量自然也无从凝聚。因此，让全员拥有相同的经营哲学思想，是很重要的。

企业同时也是一个有机体，像其他任何有机体一样有生命周期，会经历出生、成长、老化、死亡的生命历程，而企业寿命的长短则是企业成败的标志。2017年3月，普华永道会计师事务所发布《中国企业长期激励调查报告》，报告中指出，我国数以千计的企业平均寿命仅为3.5年，日本和东欧公司的平均寿命为12.5年，而跨国公司平均寿命也只有40~50年。但也有一些长命百岁甚至几百岁的企业，美国超过100岁的企业有上万家，英国还成立了"300年俱乐部"，吸收300岁以上的企业参加。

在《跨越世纪的成功》一书中，记载寿命超过100年的企业有200多家，其中瑞典的斯多拉（Stora）公司已经存在了700多年。

那么是什么原因可以使这些公司在时代变迁中生存下来呢？德赫斯在《长寿公司》一书中指出，首要原因就是强应变力，即它们都是学习型公司。

随着科学技术的发展，企业将面临一个无法选择的生存环境。为了在这种环境中生存下来，就必须根据环境的变化不断地自我调整。尤其是知识经济时代下，价值创造方式要求企业不断进行学习，成立学习型组织。

学习是企业增强整体能力的源泉，在知识社会中，企业只有不断地学习创新，才能生存下来，才能具备竞争优势，实现可持续发展。

如何才能在企业内部建立学习型组织？彼得·圣吉提出了建立学习型组织的五项修炼，分别是：自我超越、改善心智、建立愿景、团队学习、系统思考，这五项修炼与企业的发展息息相关。如图1-2所示。

```
                建立学习型组织的五项修炼
        ┌──────┬──────┬──────┬──────┬──────┐
      自我超越  改善心智  建立愿景  团队学习  系统思考
```

图 1-2　建立学习型组织的五项修炼

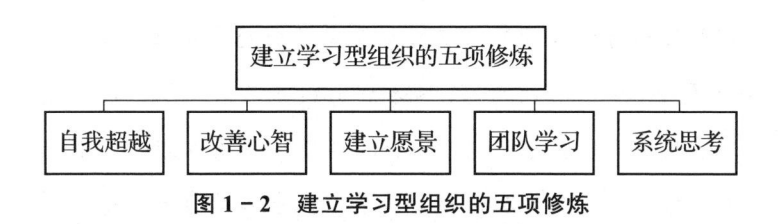

（1）提倡自我超越，实现内心愿望

自我超越是指不论在什么样的情况下，都能清醒地认识到自己的优势和不足，采取措施、战胜自我。在这个过程中，员工需要不断理清到底什么是最重要的，并不断学习如何才能更清楚地看清目前的真实情况。通过员工个人的不断超越，建立企业内部的学习型组织。

日本京都陶瓷的创办人兼社长稻盛和夫曾说过："不论是研究发展、公司管理，或企业的任何方面，活力的来源都是'人'。而每个人有自己的意愿、心智和思考方式。如果员工本身未被充分激励去挑战成长目标，当然不会成就组织的成长、生产力的提升和产业技术的发展。"

（2）改善心智模式，开发员工潜能

心智模式是指主体看待外部世界的角度，影响其采取行动的方式。在企业发展中，改善心智模式即是人力资源管理的过程。通过对人和事的管理，处理人与人之间的关系以及人与事的合理搭配，充分开发员工的潜能，以实现组织的目标。如果心智模式有缺陷的话，员工个人和企业都会受到损害。

值得强调的是，人力资源管理不仅注重人与事的搭配，使事得其人、人尽其事；更注重人与人之间的和谐、人性潜能的释放和发展，以促进组织革新，提高组织效率，激励员工成才。

3M是全球性的多元化科技企业，公司管理层十分重视员工的职业生涯规划，人力资源部门尽力对员工职业生涯发展中的各种作用关系进行协调。

从20世纪80年代中期开始，3M公司成立员工职业生涯咨询小组，开始致力于给个人解决职业生涯问题。通过人力资源分析过程，各级主管对下属进行评估。公司采集有关职位稳定性和个人职业生涯潜力的数据，通过电脑进行处理，然后用于内部人选的提拔。

（3）树立共同愿景，推动企业发展

学习型组织的特征之一就是有一个普遍赞同的共同愿景，也就是说，企业当前的宗旨目标和战略是员工普遍赞同的，为了实现目标，大家会努力学习，追求卓越，不是因为他们被要求这样做，而是因为衷心想要如此。如果缺少共同愿景，那么充其量员工只会进行适应性学习。

第二次世界大战结束后，索尼公司在一片废墟上成立。面对市场一片萧条、消费者对日本产品不抱有期待的情况，索尼公司成立初期便放弃"价格低、质量差"的日本仿造品，立志生产"质量好、技术好"的日本造，并在公司内部达成了共同愿景，希望重新打造民众信得过的日本品牌。

实际上这是战后日本民族潜在自尊心和自信心的复活，有着深厚的社会文化基础。在共同愿景的领导下，终于到20世纪80年代，索尼成为一家举世闻名的跨国公司，成为一家在视听产品领域的世界领导者。

（4）提高团体学习能力，树立终身学习观念

团体学习是一个团队配合，实现共同目标的过程，需要自我超越和共同愿景的支撑。通过创建学习型组织，开发企业智商，使企业成为一个全员学习、全过程学习、终身学习、善于学习的团队，激发企业的创新活力。

杰克·韦尔奇是美国通用电气董事长兼CEO，他曾经说过："公司文化的核心在于所有员工达成一个共识，那就是：组织的学习力以及将所学知识快速转化成行动的能力是企业最大的竞争优势。只有不断提高组织学习能力并且学以致用，才可以使企业一直保持高度活力。"

除此之外，杰克·韦尔奇还在20世纪90年代提出"无边界"的工作模式，主张消除相互之间不必要的等级差别和部门间隔，作为一个团体开展工作，自由地交流与对话。

（5）进行系统思考和全面分析

当我们面对一个复杂问题的时候，习惯将其分割成几个简单的问题进行思考，然后逐一击破。这是解决复杂问题的一个思路，但是这也使得我们难以看到各要素之间的联系。而系统思考则是看得见整体的一项修炼，是一个架构，它能让我们看见相互关联而非单一的事件，看见渐渐变化的形态而非瞬间即逝的一幕。

系统思考是其他四项修炼的基石，如果没有系统思考，各项学习修炼到了实践阶段就失去复合到一起的方法。而管理层是企业的掌舵者，只有掌握系统思考的方法，才能保证企业持续航行。

彼得·圣吉曾说过："学习型组织的构建有赖于一系列修炼方法的完善和配合，系统思考是五项修炼的核心。"在企业的管理中，如果不能从系统的高度处理好组织和环境的关系，就无法保证企业的持续健康发展。

彼得·圣吉提出的五项修炼之间联系非常紧密，只有不断加强五项修炼、持续学习，才能慢慢建立学习型组织。建立学习型组织不是企业的最终目的，最终目的是通过建立学习型组织，引导出一种不断创新、不断进步的新观念，从而使企业持续进步，不断适应时代、创造价值。

1.3 学习型组织的成熟度分析

建立学习型组织是企业在经济全球化下的发展要求，处于变革时代的我们，只有建立学习型组织，才能比竞争对手学习得更快。认识到这一点后，各大企业纷纷开始建立学习型组织。民族品牌海尔正是在这种形势下成立海尔大学，通过以变制变、变中求胜，从一个濒临倒闭的小工厂发展成为如今的行业领先品牌。

正如《财富》杂志上所说的："21世纪最成功的公司，将会是那些建立了学习型组织的公司。"而如何才算建立了一个成熟的学习型组织公司呢？下面将从创建模型和评估模型两个方面进行分析。

（1）学习型组织成熟度的创建模型

鲍尔·沃尔纳采用实证研究方法，对企业的教育培训活动进行考察分析，最终归纳出学习型组织模型的形成过程，就是学习与工作逐渐融合的五个阶段，如图1-3所示。

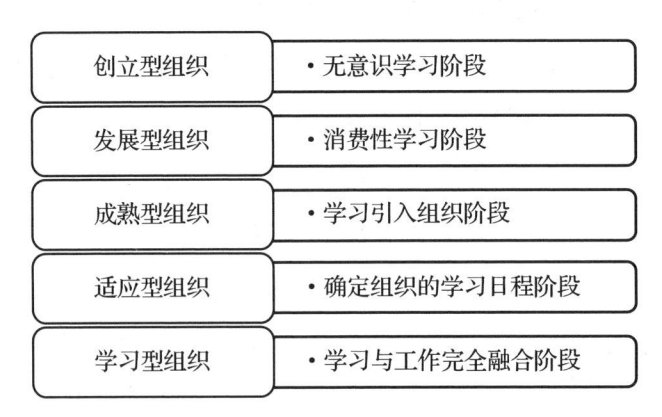

创立型组织	·无意识学习阶段
发展型组织	·消费性学习阶段
成熟型组织	·学习引入组织阶段
适应型组织	·确定组织的学习日程阶段
学习型组织	·学习与工作完全融合阶段

图1-3 学习型组织形成五阶段

而约翰·瑞定则从战略规划理论的角度，分析学习型组织的各种模式和学习型企业的基本特点，提出了学习型组织模型，它包含四个基本特点：持续准备、不断计划、即兴推行和行动学习，如图 1-4 所示。

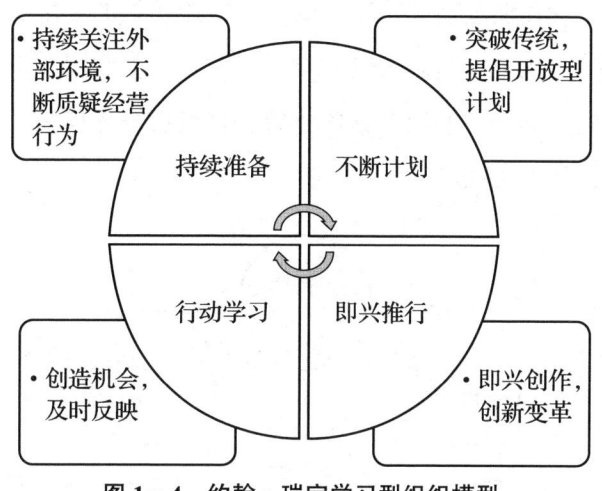

```
• 持续关注外          • 突破传统，
  部环境，不            提倡开放型
  断质疑经营            计划
  行为
        持续准备    不断计划

        行动学习    即兴推行
• 创造机会，          • 即兴创作，
  及时反映              创新变革
```

图 1-4　约翰·瑞定学习型组织模型

瑞定模型认为组织经过持续准备、不断计划和即兴推行三个阶段，完成了一次又一次的改革，同时又为下次的改革做好准备。这样随着时间的推移，组织通过不断的战略改革，在一次次的行动学习中进行创新的发展，使组织能够很好地适应组织内外环境的变化要求，最终成长为学习型组织。

（2）学习型组织成熟度的评估模型

建立学习型组织是一件非常复杂的工作，需要长期的准备和实践，在这个过程中有很多不确定因素，也会受到各种各样主观性因素的制约。究竟怎样才算建设了成熟的学习型组织？保罗·赫塞和肯尼斯·布兰查德将成熟度定义为：企业员工对于自身行为负责的意愿和能力。

学习型组织成熟度可以分为员工的工作成熟度和心理成熟度两部分。工作成熟度指的是企业员工的工作技能，成熟度高的人可以靠自己的能力完成既定的任务，不需要任何人的帮助；心理成熟度指的是企业员工做事的意愿，心理成熟度高的人不需要外部的监管和刺激，可以凭借自己内心的意愿完成任务。

那么在学习型组织建设的过程中，如何评估员工的工作成熟度和心理成熟度呢？美国学者瓦斯金斯和马席克提出学习型组织的七维度评估模型，包括创造持续的学习机会、提高咨询和对话、鼓励协作和团队学习、创造争取和共享学习系统、准许人们迈向集体愿景、将组织与环境联系起来、为学习提供战略领导。如图1-5所示。

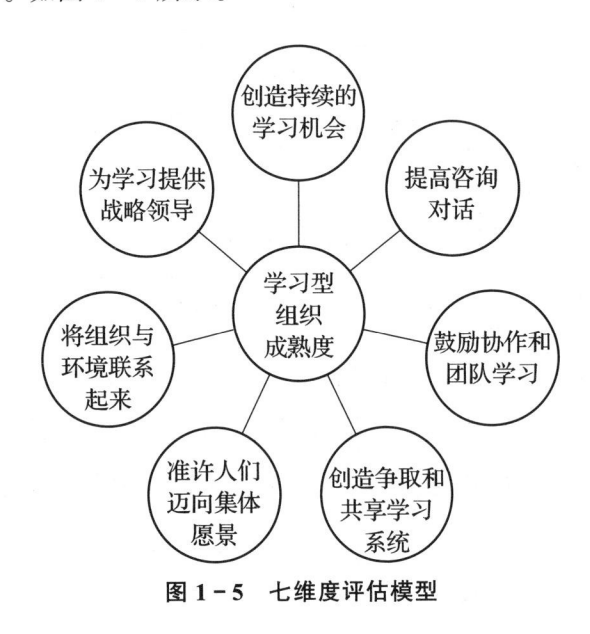

图1-5 七维度评估模型

学习型组织成熟度的评估包括很多方面，但当一个组织满足了这七个维度的需求之后，它将基本被定义为一个成熟的学习型组织。

2. 学习型组织的建设

学习型组织是指组织内的每个人都有强烈的学习意愿和能力，并且可以在学习、合作的过程中不断激发灵感，使得组织可以由此取得进步和成长。自从彼得·圣吉将"学习型组织"系统化、概念化之后，各个企业争相建立学习型组织。试图通过打造学习型组织，拥有比竞争对手更强的学习力，以适应千变万化的时代潮流，那么如何才能建设学习型组织呢？

2.1 学习型组织的管理要素

彼得·圣吉在提出学习型组织概念的同时，还提出了五项修炼，以帮助企业更好地进行组织学习，建设学习型组织。然而在经过十几年的实践与摸索后，人们认识到，学习是一个组织内外各层次个体学习相互作用的复杂过程，仅有五项修炼不足以保证完成学习型组织的建设，还需要综合运用各种技术，系统地管理组织知识。如果没有这些大视野和全局观，企业在创建学习型组织的实践中只会困难重重、四处碰壁。

美国乔治·华盛顿大学的人力资源教授迈克尔·马奎特在全球化、国际人力资源管理等方面享有盛誉，他在研究全球100多家顶级学习型组织，分析无数学习型组织相关学术研究之后，在1997年与美国培训发展协会（ASTD）合作出版的《创建学习型组织五要素》中提出了"学习型组织系统"模型，为企业提供了使学习型组织从理想变为现实的详细步骤。

"学习型组织系统"模型是一个理解和构建学习型组织的综合模型。在该模型中，包括五个子系统，即学习子系统、组织子系统、人员子系统、知识子系统和技术子系统，它们动态关联、彼此互补，并相互支撑、共同聚力，促进组织学习的发生和发展。这五个子系统也被称为学习型组织的管理五要素。如图1-6所示。

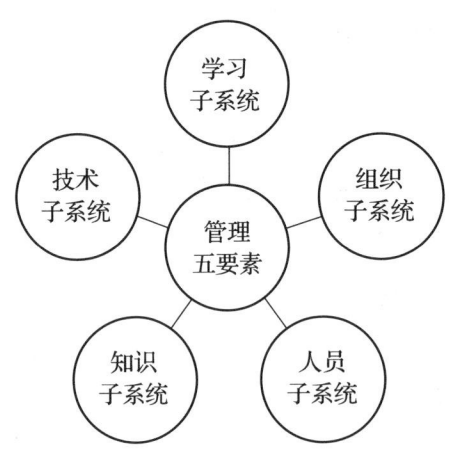

图 1-6 学习型组织的管理五要素

（1）学习子系统

学习子系统是学习型组织的核心要素，审视了学习的层次、类型与技能（即彼得·圣吉的五项修炼），尤其是对行为学习法进行了详细论述。按学习层次划分，包括个人学习、团队学习和组织学习三个互不相同却又互相关联的层次。按学习类型划分，包括适应型学习、预见型学习和行为型学习三种。虽然每一种都有差别，但三者之间也经常相互交叠、互为补充。如表 1-1 所示。

表 1-1　　　　　　　　　　学习子系统内容划分

	个人学习	团队学习	组织学习
按学习层次划分	通过自学、借助技术的教导和观察，取得技能、洞察力、知识、态度和价值观等方面的改变	团队内部完成的在知识、技能和能力等方面的增长	通过在组织内部倡导并推动持续改善而获得智慧、能力和生产效率的提升
	适应型学习	预见型学习	行为型学习
按学习类型划分	对过去的经验进行反思，然后修正我们未来的行动	从预想的各种未来情况中获取知识的过程	对当前的、实时的事实进行研究和反省，并运用知识以发展个人、团体和组织

推动组织学习并使之最大化,需要具备五种关键学习技能:系统思考、心智模式、自我超越、自主学习和深度会谈。

(2)组织子系统

组织本身包含了各种要素和过程,它也是学习型组织的一个子系统。这个子系统包含四个关键要素:愿景、文化、战略和结构。如表1-2所示。

表1-2　　　　　　　　　　　组织子系统四要素

关键要素	具体行为
愿景	愿景是一个公司的希望、目标和未来的方向。在学习型组织中,随着全体员工不断进行创新,并改进产品和服务,公司的愿景也会不断进化。
文化	文化指的是企业的价值观、信仰、实践、惯例和习惯。通过鼓励诸如团队合作、自我管理、授权和共享等价值观,这种适应性强的企业文化创造了良好的人际关系,并促进了学习。这与封闭的、僵硬的、官僚气息浓厚的传统文化氛围是截然不同的。
战略	战略指的是行动计划、方法论、战术策略以及实现企业愿景与目标的行动步骤。在学习型组织中,战略能够优化整个公司运作中的知识获取、传递和使用。
结构	组织结构包括公司的部门、层次和构造。学习型组织是一个流线型的、无边界的、扁平状的结构,能够最大程度促进组织内外的联系和信息流动,唤起每个人的责任感,实现紧密协作。

(3)人员子系统

学习型组织中人员子系统包括管理者和领导者、员工、客户、业务伙伴和联盟者、供应商和经销商、周边社区等。每一个群体对于学习型组织来说都很有价值,必须充分地予以授权,并促使其学习。他们之间的关系如表1-3所示。

表 1-3　　　　　　　　　　人员子系统参与者价值体现

参与者	价值体现
管理者和领导者	管理者和领导者既是学习者,又要担负起训练、指导和示范的作用。他们的首要责任是为员工及周围的人创造并强化学习的机会。
员工	员工要被充分授权,并明确规定其具有学习的义务,他们自己规划其未来的竞争力,勇于采取行动、承担风险、解决问题。
客户	客户通过识别需求、接受培训等方式,与学习型组织之间建立联系,从而构成组织学习系统的一部分。
业务伙伴和联盟者	业务伙伴和联盟者通过与组织分享能力和知识从而获益。
供应商和经销商	供应商和经销商可以参与企业的学习项目,并对之有所贡献。
周边社区	周边社区,诸如社会组织、教育机构和经济中介机构,能够共同学习和分享知识。

（4）知识子系统

学习型组织的知识子系统是对组织获取和产生的知识进行管理。它包括知识的获取、创造、储存、分析和数据发掘、传递和分发、应用和确认。这几个要素是持续的和相互关联的,而不是顺序的、相互独立的。

（5）技术子系统

技术子系统由支持学习和信息访问与交换的支持性技术网络及信息工具所组成。它不仅包括技术过程、系统、协作的架构、训练、协作和其他的知识技能,还包括电子工具和先进的学习手段,如仿真技术、计算机会议等。所有这些技术集成起来,可以创造知识的"高速公路"。技术子系统可以划分为两个主要的构成要素：管理知识和促进学习。

五大管理要素构建的学习型组织模型被当前全球管理学界和企业界认为是开发学习型组织的最有效模式之一,其最主要的价值不仅仅在于所倡导的把学习作为生存和发展手段的理念,更在于为创建学习型组织提供了一幅现实的、可追寻的"全景图"。

2.2 组织学习的不同发展阶段

在学习型组织的管理要素中，学习子系统是五项要素中最核心的部分。而组织学习也有其发展规律，在不同的发展阶段，有不一样的理论支撑。如图 1-7 所示。

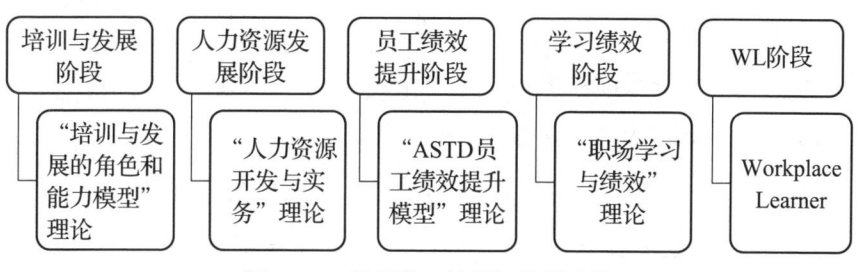

图 1-7 组织学习的不同发展阶段

（1）培训与发展（T&D）阶段

1978 年，"培训与发展的角色和能力模型"理论对组织学习下的定义为"诊断和改正组织错误"。在这一时段里，组织学习的核心只是培训活动，特点表现为通过培训为个人提供其完成工作所需要的知识、技能和态度，培训改变的仅仅只是个人。

这一阶段也被称为单循环学习阶段，即通过个体培训，将组织所需的知识、技能或规则植入组织，同时不改变组织现有形态特征的学习活动。

（2）人力资源发展（HRD）阶段

1989 年，"人力资源开发与实务"理论提出，认为组织学习应该是对培训、组织发展和职业生涯发展的整合运用，通过改变现在和未来的行为，改变个人，也改变工作环境。

HRD 阶段的组织学习相对于 T&D 阶段是高层次的学习，又被称为双循环学习，除了发现并改正组织错误外，还可以对组织现有的规范、流程、政策以及目标提出异议和修正。

（3）员工绩效提升（HPI）阶段

1996 年，"ASTD 员工绩效提升模型"理论产生，工作绩效成为这一理论的重点。这一阶段组织学习最核心的问题是识别员工绩效问题的根源，并且找到消除根源的解决办法或干预措施，以提高员工的工作绩效。在 HPI 阶段，组织学习的关注重点为学习后的评估效果及学习转换，而非学习活动本身，通过某些方式取得理想的效果，比如心理干预等，而不仅仅只采用学习活动。

（4）学习绩效（WLP）阶段

1999 年，"ASTD 员工绩效提升模型"的升级版——"职场学习与绩效"理论提出，第一次把职场学习与工作绩效紧密联合，借助 HPI 赋予 HRD 新内涵，强调把职场学习作为组织环境下提升工作绩效的工具。在这一阶段，组织学习不再仅限于培训活动，与培训不同的是，培训是作用于人，而学习是通过人产生作用的。

（5）WL 阶段

WL，即 Workplace Learner，这是组织学习在新时代新背景下兴起的新阶段。在这一阶段，职场学习者关注的是通过学习，而不是通过培训来改变个人和组织，学习只是实现绩效提升的一种手段。这一转变意味着对培训者、人力资源开发专职人员、员工绩效提升从业者或职场学习者的全新定位。

在这个阶段，职场学习者致力于挖掘员工学习的动力，使其成为更有效的学习者和知识消费者，使每个人成为主动学习的人，从而打造组织的学习氛围，推动学习型组织的形成。

2.3 以企业大学为引擎的组织学习

在经济全球化的今天，组织学习成为企业生存发展的重要法门，那么企业如何才能对组织学习进行科学、有效的管理呢？一系列实践证明，企业大学成为企业发展的关键战略。在美国的上市公司中，拥有企业大学的上市公司平均市盈利比没有企业大学的市盈利明显要高。企业大学体现了最完美的人力资源培训体系，是最有效的学习型组织实现手段。

1956年，GE（美国通用电气）成立了世界第一所企业大学。最初GE企业大学只承担企业培训的职能。随着企业大学在推动企业发展中的作用越来越明显，20世纪80年代之后，GE企业大学开始逐渐成为GE推动企业变革的中心。

企业大学在企业中的地位及作用并不是一成不变的，随着企业和企业大学的发展，企业大学在企业中扮演的角色会发生变化，发挥的作用也越来越重要。企业大学在企业各个时期的作用，如图1-8所示。

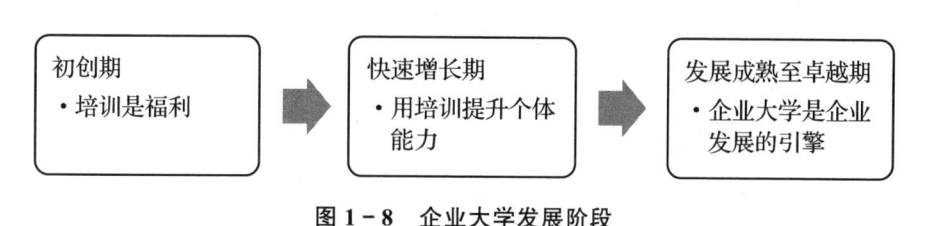

图1-8 企业大学发展阶段

（1）企业初创期——培训是福利

企业初创期，培训是作为员工福利而存在的。在此阶段，企业内部的各种正式组织、规章制度和经营方针尚未健全，管理上人治色彩浓厚，多属经验管理，不可能设立专门的教育培训部门，一般由人事部门兼管。而且此时企业的战略是求得生存与发展，通常还没有足够多的资源用于培训。

因此，在管理者的理念里，此时的培训投入是成本、是给员工的福利，而培训部门也仅仅只是培训动作的实施者，并不关注员工能力提升的重要性，也不看重培训对企业的作用。此时培训的基本原则是将有限的资源发挥最大效用，即在培训项目和内容选择上做到贵、精而不在多，并且一定要达到快速学习、立竿见影的目的。

（2）企业快速增长期——用培训提升个体能力

在企业发展成熟期，企业的组织形态走向正规化，机构相对完善，规章制度不断建立和健全，企业也开始注意自己的形象，企业文化开始形成。此时，企业已经具备设立专门的培训部门的能力，可以开展系统的、有组织的专业培训。

在企业发展的过程中，管理者会看到员工能力提升对企业发展的重要性，意识到人力是企业发展的资源，重视员工能力提升对创造价值的作用。此时的培训部门，是培训体系的组织者、培训计划的实施者、培训结果的简单评估者，主要工作在于组建起企业的培训体系，能够按照员工需求组织培训。但由于经验的欠缺及资源的不足，尚不能建立起强大的内训体系，需要大量使用外部资源进行培训。

（3）企业发展成熟至卓越期——企业大学是企业发展的引擎

随着企业发展进入成熟期，培训部门所担负的责任越来越重要，此时应该成立企业大学，由企业大学对企业的组织学习进行管理，承担战略落地、文化转型、塑造企业形象、知识管理等责任。

企业发展到特定的阶段，对企业人才战略发展和培训的要求就不同了，企业大学自然而然就迈上一个又一个新台阶。如果把一个企业比作一辆汽车，那么企业大学就是这辆汽车的灌能引擎，它将任何形式的能量转化为"机械能"，驱动企业前进。

作为中国最大的商业银行，中国工商银行近年来的显著业绩与其 20 多年来长期坚持的"人才兴行，教育为本"发展战略密不可分。该战略不仅让工商银行有了自己的学习品牌，还不知不觉成为我国金融系统的"黄埔军校"。

全员参加培训，每年 200 万人次的培训规模，8 天左右的人均培训时长……如此广的培训覆盖面、如此高的培训强度，不仅在国内金融同业的企业培训工作中首屈一指，就是放眼国内企业界也是遥遥领先。它就是中国工商银行达到的培训高度。

在企业大学看来，人力资源是企业的资本，企业需要通过组织学习提升企业绩效。在此过程中，企业大学既是企业能力体系的组织者、能力问题的分析者、解决方案的策划者，又是课程开发的设计者、强有力的实施者和多角度的评估者，更是变革与创新的推动者。

众多企业高层的参与，让企业大学成为企业战略创新的策源地，从而为每个岗位提供契合企业发展战略的学习活动，挖掘并扩散企业的隐性知识，形成共同愿景、共同基因和行为方式，将个体能力整合为组织体系能力，为组织培养学习能力，将企业打造成真正的学习型组织。

3. 面向价值的学习管理

企业能否创造价值，关键在于员工能否创造价值。而员工能否创造价值，关键在于企业是否为其提供了合适的组织学习平台。只有在适当的组织管理下进行组织学习，并将所学知识转化为工作行为，才能实现企业和员工的双赢。

3.1 组织中个体学习现状

在目前的组织个体学习过程中，由于缺乏高层管理者的支持，加上学习参与者对学习结果不负责任，把正式学习仅仅当作一次性活动，导致学习动力不强、学习效果不显著，渐渐使得个体学习变成一种任务，而不是自发性的自我提高行为，最终出现效率低下的现状。

同时，学习参与者"我就是我的职位"的思想根深蒂固，甚至对与职位相关联的部分都漠不关心，只关注当下的有效性，缺乏长远规划，对培训更加丧失信心。面对这种情况，需要从两方面抓起。一方面改变员工对培训的认识，另一方面改善学习环境。

任正非认为能够通过自我培训帮助自己成长，实现自己在企业的更大价值的员工，值得公司给出更好的待遇，反之，不能够通过学习跟上企业节奏的员工就会被淘汰，他说："你想提高待遇，你就得多学习，提高自我是必不可少的。如果不提高，就可能被淘汰，而培训是公司提供给你的一个提升机会。"

1998 年，胡卓义（化名）应届毕业加入了华为工作，本想做硬件开发的他，却被安排去做互联技术，因为与自己所想相距太远，没过几天他就向研发部申请换岗，但因为种种原因没能换成，导致他很长一段时间都心情苦闷，感觉做自己不喜欢做的事情非常煎熬。他的上级见他失去了工作的热情，了解了他的诉求，给他做心理疏导，告诉他互联技术是硬件开发在物理层的二次开发，实际上是国际上非常先进的技术，也许是因为华为在这方面刚起步，让他觉得从事这项工作没有太大的价值，但要目光长远，看到未来的发展，并强调不管在哪个岗位、哪个部门、做的是什么工作都要对自己的职业生涯负责。

胡卓义经过主管的提点打开了心结,并惊觉自己如果早早放弃了努力,就等于放弃了自己在华为的发展,于是他开始努力学习业务知识,热情投入每一天的工作之中。由于他的突出表现,第二年他就被派往美国做了一个多月的开发工作,在国外的环境中他发现这项技术大有潜力,这也让他更加热爱自己从事的工作。

在胡卓义的努力下,他开始学习更多领域的知识和技术,并先后在基础业务部、中央硬件部、中央研究部等部门工作过一段时间,当他也成为一名干部后,面对心思各异的下属,他一次又一次地强调:"很多机会是需要自己去主动努力争取的。如果你做了,你可能会失败,但如果你不做,就一定会失败。"

2008年7月,胡卓义已经成为中研北研分部部长,这为他的事业又添上了辉煌的一笔。

事实上,华为给员工提供了很多学习的机会,比如上面的胡卓义就有了海外工作的学习机会,而在华为内部,也常常有培训和学习交流平台,甚至有收费学习的"华为大学",这些无时无刻不提醒着华为员工自主学习,抓住机会实现自我成长。只有重视培训、重视自主学习,才能在众多人才中脱颖而出。

同时,在组织学习的过程中,员工对待培训学习的态度还受到应用新的学习内容能力的影响,主要包括四个方面,如图1-9所示。

另外,还要注意改善学习中对个体产生负面影响的环境因素。环境因素主要包括上层领导、同事下属以及奖励系统。

其中,上层领导对组织学习的影响主要体现在其对学习的关心和支持力度方面；同事下属的影响体现在个体发生学习变化时，对其的反应状态；奖励系统主要指的是学以致用后是否得到该得到的奖励。

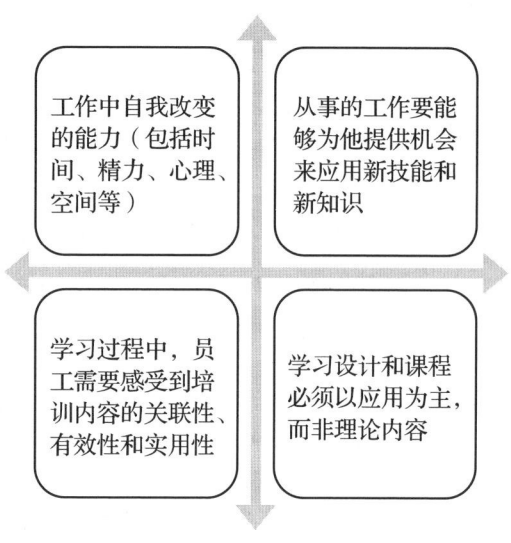

```
┌─────────────┐  ┌─────────────┐
│工作中自我改变│  │从事的工作要能│
│的能力（包括时│  │够为他提供机会│
│间、精力、心理、│  │来应用新技能和│
│空间等）      │  │新知识        │
└─────────────┘  └─────────────┘

┌─────────────┐  ┌─────────────┐
│学习过程中，员│  │学习设计和课程│
│工需要感受到培│  │必须以应用为主│
│训内容的关联性│  │而非理论内容  │
│有效性和实用性│  │              │
└─────────────┘  └─────────────┘
```

图 1-9　影响应用新学习内容的四个因素

只有从改变员工对培训的认识和改善学习环境两方面入手，才能逐渐改善目前组织中个体学习状态不佳的局面。

3.2　组织学习的转化需求

组织是一个商业联盟，需要从经营的角度考虑学习效果，如果每个个体都取得了进步，但没能转化出结果，那么对组织来说，这场学习仍旧是失败的。因此，组织对学习的转化需求是极为强烈的。

转化结果则是由学习内容和转化内容相乘得来的，简单来说就是：

学习 × 转化 = 结果

从这个公式中可以看出，影响转化结果的因素有两部分，除了个体的学习内容也就是学习能力之外,转化能力也是影响结果的一个重要因素。在学习过程中,即使学习量是10,如果转化量是0,那么最后相乘的结果依然是0。

在实际的组织学习过程中,很多企业仍把重点放在学习内容上,而忽略了转化内容。他们认为只要把学习内容做得足够深刻、足够有吸引力,那么就可以达到理想的效果。一旦学习效果不显著,则是学习内容上出了问题,完全联系不到转化的过程。

在学习能力和转化结果上,任正非强调,不论一个人掌握了多少知识、能力有多大,如果他对公司没有贡献,那么就没有任何意义。任正非做了一个形象的比喻:一个人有一肚子墨水,但不产生绩效,就如同茶壶里的饺子,倒不出来也是不被承认的。

如表1-4所示,在组织学习的过程中,应着重关注组织学习的操作、绩效考核的管理和运营以及人才的管理部分。如有必要,应重新调整学习中的资源配置,改善学习转化。

表1-4　　　　　　　　需要继续扩展的模块

维度	组织学习	绩效考核	人才管理
管理	需加强	重点关注	需加强
运营	已实现	重点关注	已实现
操作	重点关注	需加强	已实现

在关于学习内容和转化结果的关系中,咨询师和畅销书作者约翰·伊佐这样解释道,"学习就像是撑着雪橇从山顶上滑下来,第一次会开辟出新的轨道。但第二次滑行则会沿着第一次的轨道,后面的滑行只会使第一次的轨道越来越深。"如果这几次滑行没能让你学会滑雪,那么接下来,你只会不断重复之前的动作,学习内容没有进行结果转化,那么再多的学习体验也没有用。

培训之前，学习管理工作者可以通过打造学习品牌、动员管理者参与、提供有效的课前作业来提高学习者的热情和参与度；培训之后，学习管理工作者应与人力资源部合作，改进传统的绩效考核方式，实行促进学习转化的新型绩效方式，如表1-5所示。

表1-5　　　　　　　　　绩效考核方式改进前后的差别

传统组织学习特点	新型绩效评价维度
学习与绩效关系不大	将学习和绩效作为常规评估
学习和实际工作联系较少	学习与集体业务紧密相连
被定义为培训，需人力资源部同意	认为与绩效改进相关，需运营主管同意
参与者重视程度不高	参与者需做大量准备工作，并定期汇报

无论是组织学习的参与者还是管理者，都需要在学前和学后提供充足的支持和准备，并不断改善绩效考核方式，使其与学习活动紧密相连，只有这样，才能最大化地提高组织学习的转化率。

3.3　组织学习管理的困境

在组织学习的过程中，之所以会出现个体学习效率低下、结果转化率不高的情况，与学习管理分不开。组织学习管理的问题主要出现在哪里？经过管理界50多年的讨论，总结了四方面的原因，如图1-10所示。

（1）教育学习的协同管理不到位

在组织学习的过程中，因为对培训的认知不够到位，管理部门认为培训是培训部门的责任，和业务部门无关，这种推卸责任的行为使得组织管理的责任变得不明确。

吉姆·特琳卡曾经说过："通常情况下，业务部门经理都认识到培训或学习很重要。但是，他们却说：'是的，培训很重要。但是你看，我非常忙，我只能将这个工作交给培训部门来做。这是他们的工作，不是我的。'"

实际上，培训应该是业务部门和培训部门的共同责任。两者就像平衡木两端的玩家，任何一方缺失，这个平衡木便转不起来。只有双方互相合作、共同努力，才能解决好管理问题，才能在培训中取得成效。

组织学习管理问题：
- 教育学习的协同管理不到位
- 学习内容与行为练习脱节
- 学习发展体系设计不完善
- 绩效管理支持力度不够

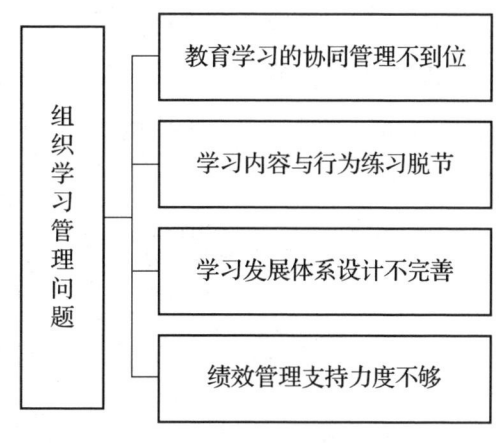

图 1-10　组织学习管理问题

在华为公司的培训职责分工中，由人力资源部确定人才培养的总体规划和方向，建立和完善并推行有利于员工成长的职业发展路径。以华为大学为依托，对员工进行公司知识、企业文化、管理技能和工作技能等能力的培训。同时加强与业务部门的联系，专业性较强的学习部分由各个部门自行负责，根据自身的发展需要，开展相应的针对性培训。华为大学、人才发展部和片区培训部的关系如图 1-11 所示。

在这样的情况下，身为学习管理工作者需要在组织内部建立良好的转化氛围，将不利于学员知识转化为工作的因素规避掉。其中，学员的直属上司对学员的影响力巨大，可以直接破坏学员的努力结果。优秀的学习管理工作者总是不断努力，让公司的管理者接受培训，相信培训的力量。除此之外，组织环境、同事的态度等都是影响学员学习的重要因素。

（2）学习内容与行为练习脱节

在培训学习的过程中，会有无数障碍阻止学习与工作实际相结合，而不联系实际，学习则没有任何意义。因此在学习时，必须有匹配学习迁移的工作场景。同时学员需要认识到学习新技能是一个持续的过程，学习活动要有耐性，像健身一样长期坚持才有效果。如何才能做到将学习内容与行为练习紧密连接？简单来说，需要做到以下几点，如图1-12所示。

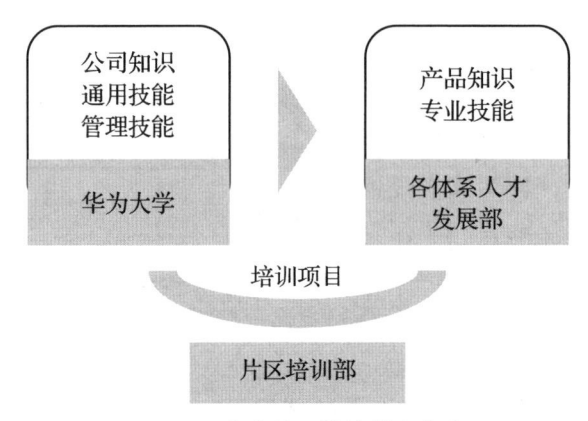

图1-11　华为公司的培训职责分工

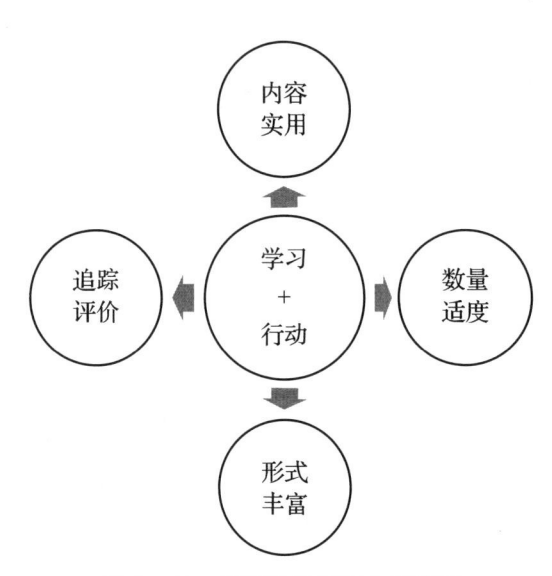

图1-12　加强学习与行为的联系

- **内容实用**：在进行组织学习的过程中，学习管理工作者的主要工作就是从学员的实际情况出发，联系组织的战略目标，确保学员所学内容可以与实际工作联系起来。
- **数量适度**：开展培训学习的过程中要避免一次性加入过多新知识和新内容，以免学员没有足够的时间和能力来消化所学知识，甚至打击其学习的积极性。
- **形式丰富**：讲师授课时应注意形式的丰富性，多利用适当的案例和故事，将学员的学习和工作穿插连接起来，充分发挥案例教学的优越性。
- **追踪评价**：追踪评价是整个培训学习过程中必不可少的一环，学习管理工作者应该建立合适的学后评价体系，在了解学员学习状态的同时，实现自身的发展和进步。

（3）学习发展体系设计不完善

因为组织学习发展时间较短，所以在学习体系上不够完善。随着学习发展体系自身优越性的展现（如表1-6所示）和学习转化率的提高，这一系统问题将逐渐得到改善。

表1-6　　学习发展体系与传统培训相比的优越性

传统培训	学习发展
与需求度结合不足	与需求度紧密结合
学习资源分布无规律	学习资源规划整合有序
培训规划无目的性	以学习发展为核心
员工被动接受	员工主动学习
讲师为中心	学员为中心
培训内容枯燥无味	培训内容丰富多彩
学习方式死板	创新学习方式
……	……

（4）绩效管理支持力度不够

管理者对组织学习管理有至关重要的影响，他们控制着学习资源。管理者的态度将决定学习能否进行，以及能否有结果。

美国运通公司的创始人之一亨利·威尔士曾经说过："直系领导可以决定任何培训项目的成效。"因为管理者是员工待遇的发放者，所以管理者的态度就是员工努力的指示灯，如果管理者对学习培训表示重视，那么员工则会花成倍的努力汗水在组织学习当中。

同时，绩效支持体系也是促进学员开展学习的一大因素。无论是精神层面还是物质层面，让学员可以在第一时间体验到成功感是极为重要的，反之，学员可能很快就放弃。因此缺少激励措施和相应的鼓励手段，也不会有好的转化。

4. 学习管理面临的挑战与建设

随着学习型组织的慢慢发展，制度体系日益完善，企业大学在员工个人发展和企业发展中扮演着越来越重要的角色。而这就要求企业大学拥有一位兼具忠诚和经营意识，并能进行系统思考、做出正确战略决策的领导者，也就是首席学习官（CLO）。

正如首席财务官（CFO）需要对企业的财务资源负责一样，首席学习官需要站在组织战略的高度，综合管理企业的各种智力资源，传播企业文化、制定科学规划、开展有效培训。

4.1 学习管理工作者的职责

企业大学仍在不断发展，首席学习官体系处于尚未完善阶段，各个企业大学的首席学习官也都各自为政，没有形成一个统一的工作范式，工作内容和主要职责也都存在些许差别。

首席学习官（CLO）是指那些战略理解能力、领导组织学习活动能力和资源整合能力突出，在组织学习发展过程中可以建立并优化组织学习发展体系，推动组织变革、前进以及业绩提升的高级管理人员。

综合整个发展趋势来看，首席学习官肩负着以下几项职责，如图1-13所示。

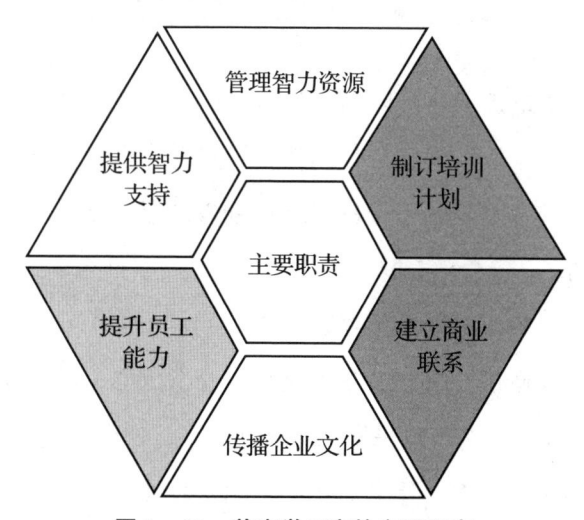

图1-13 首席学习官的主要职责

从工作内容上来看，企业大学的首席学习官既是领导者、企业战略伙伴，又是学习专家。在组织的学习发展过程中，作为领导组织学习活动的复合型高级管理人才，首席学习官需要做到以下几点。

（1）**统领组织战略方向**：一个有凝聚力、向心力的组织必定有一个共同的愿景，而这个理想化的学习目标将由首席学习官来制定。通过统领组织明确战略方向，提高学员的学习动力。

（2）**制订企业大学学习计划**：首席学习官作为企业大学的领导者，他的使命和职责决定了他必须从整个组织的战略角度出发系统思考，制定企业大学的学习计划，将企业大学的学习和企业发展联系起来，推动员工个人成长和企业前进发展。

（3）**管理企业智力资源**：制定学习计划之后，下一步就应该协调组织计划所需的各方面资源。主要包括三方面：一是图书、场地、器材等物质资源；二是授课讲师、授课助理等人力资源；三是来自客户等各方利益相关者支持的社会资源。只有具备了这三大资源，才能保障培训学习发挥最大功效。

（4）**组织开展培训项目**：除培训学习的前期准备之外，首席学习官还应负责领导学习，使其按计划进行。同时，要建立一个利于学习的环境，在学习过程中，要以身示范鼓励学员进行思想碰撞，课程结束后，还要对学习活动进行分析总结。

（5）**评估学习效果**：组织学习、开展学习、评估学习是一整套培训学习流程，首席学习官通过分析学员学习过程，开发建立一套操作性强的评价体系，以进行学习评估，并将成果和学员一起分享，便于查找不足，持续进步。

（6）**建立学习型组织**：建立学习型组织是企业培训的终极目标，通过建立学习型组织，在企业内部营造良好的学习氛围，调动员工主动学习、交流，并将所学知识进行应用。

4.2 学习管理工作面临的挑战

2010年，侯鄂博士在研究首席学习官的任务与挑战时，对400多名

CLO 进行了问卷调查，除了总结其主要职责之外，还发现了他们需面对的共同挑战。大致可以分为以下几个方面，如图 1-14 所示：

（1）**通过培训学习实现组织战略目标**：如何通过组织培训学习来实现组织的战略目标是 CLO 所要面对的最大挑战，其他所有挑战都是为它服务的。

（2）**开展针对性培训，取得显著效果**：如何实现对员工进行针对性培训，从而使其能力、业绩得到显著提升，而不是进行简单的通用性培训，这是组织重点考虑的问题，也是 CLO 面临的一大挑战。

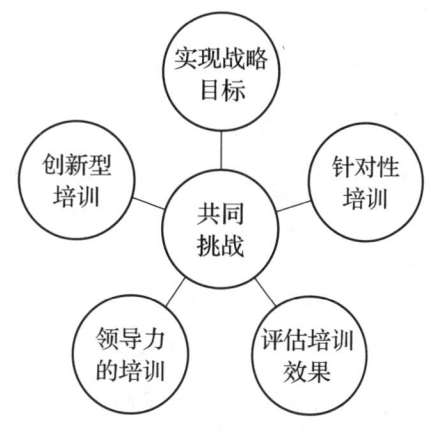

图 1-14 首席学习官面临的挑战

华为为了使新员工更快地了解华为文化、融入集体，为其准备了一整套关于职业技能提升与成长阶梯的流程化培养模式。和其他技术骨干、老员工的培养模式不同的是，培训过程推行导师制，从入职引导、主管沟通开始，到文化融入、知识技能提升、氛围营造、转正答辩、结果沟通等。通过这一系列完整而具体的新员工培养方式，使其更快融入华为公司。

（3）**有效评估培训效果**：培训是为了取得成效，这是组织管理者建立企业大学的目的之一，因此培训学习完之后如何有效评估培训效果是 CLO 需要重点关注的。

（4）**领导力的培训**：IBM 全球人才管理副总裁唐纳·赖利（Donna Riley）曾说过："如果领导力还停留在过去，而我们的业务在转变，那么我们就会遇到问题。"领导力适用于所有的领导和管理者，它反映了公司的战略要求

035

以及岗位的管理要求,用于对所有管理者的测评和发展。

从20世纪90年代至今,IBM遭遇了两次重大转型,但都取得了巨大成功。一个大型企业经历了两次方向性的变革仍取得成功,这与IBM组织领导力和领导人才的培训密不可分。

1993年,IBM从一个硬件制造公司转型至咨询顾问公司。在领导力上体现为由个人英雄主义转型为团队领导力,由监控结果变为激励过程,由关注内部流程变为关注外部市场。2003年,IBM实现了第二次转型,从顾问咨询公司变为解决方案即时提供商,推出了"随需应变"的战略,管理层也相应地重新定义了这一战略目标下的领导力行为。

(5)**创新型培训**:在培训学习中,CLO除了开展传统性培训之外,更重要的是开发更多创新型培训,使得组织员工能更有效地获得知识、提升能力。传统的培训教学方式下,学员的获取能力差,这很大程度上是教学方式造成的。因此,CLO应学会创新教学方式,使得员工可以真正学到知识,并将所学应用到实践中,其中大致有以下几个方面需要注意,如表1-7所示。

表1-7　　　　　　　　创新教学方式的表现

序号	重点	具体表现
1	培训内容适中	过重的培训压力会导致学员无法完全接纳,吸收太多的知识点和新内容会使得学员没有时间进行练习和应用,在心理上也会造成一定的压力
2	明确培训重点	培训应有明确的主题和重点,不能泛泛而谈。同时需注意培训方式,可以适当提供案例和故事,不止简单的纸上谈兵,会收到不错的效果
3	建立评价体系	培训结束后应建立合适的评价体系,并实时追踪学员的态度

综合来看，首席学习官身为企业大学的领导者，需带领企业大学前进，为企业打造学习氛围，建立学习型组织。但与此同时，首席学习官也面临着诸多挑战，需要不断沉淀、创新，才能完成此项任务。

4.3 让组织学习与业务发展同步

培训的目的是更好地为个人发展、企业发展服务，而只有让组织学习和业务同步发展，才能推动项目所需的商业措施，才可以实现企业的战略目标。

例如，在一次组织学习过程中，如果CLO实施了一项特殊程序，这个行为是CLO认为应该这样做的，而不是从企业的战略目标出发，没有将学习和业务联系起来，就会导致学习和业务出现偏差，产生与企业战略目标的不一致。

如何才能做到让组织学习和业务同步发展呢？身为首席学习官需要具备扎实的业务能力和对商业挑战的理解力，具体表现如图1-15所示。

（1）明确企业的战略目标

明确企业的战略目标是CLO的第一要务，所有的组织学习都需要围绕企业的战略目标来进行。

Old Mutual是欧洲一家大型保险和金融服务公司，其首席学习官在制订培训学习计划时，首先要充分了解公司人力资源战略和部门单元战略。在此基础上，制订增强个人、部

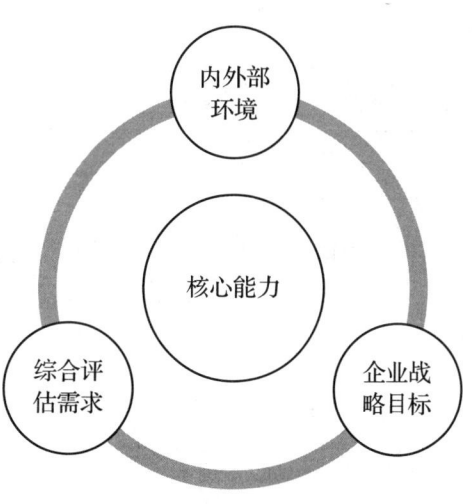

图1-15 将学习项目与业务结合的关键点

门、企业实力和胜任力的学习计划，最终形成了一套完整的企业学习框架和部门学习框架，企业范围内的学习问题和部门中的业务问题都得到了解决。

（2）充分了解企业的内外部环境

每一个行业都会面临各种各样的挑战，身为CLO必须对这些行业挑战了如指掌，同时需要了解组织内部存在哪些问题，企业面临哪些挑战，组织如何做才能适应市场需求等诸如此类的问题。

（3）综合评估需求

为了最大限度地让组织学习和业务同步发展，CLO在制定学习计划时需要综合各方面评估需求，以达到学习和发展的平衡。综合评估需求是一项复杂的工作，需要遵循以下步骤，如图1-16所示。

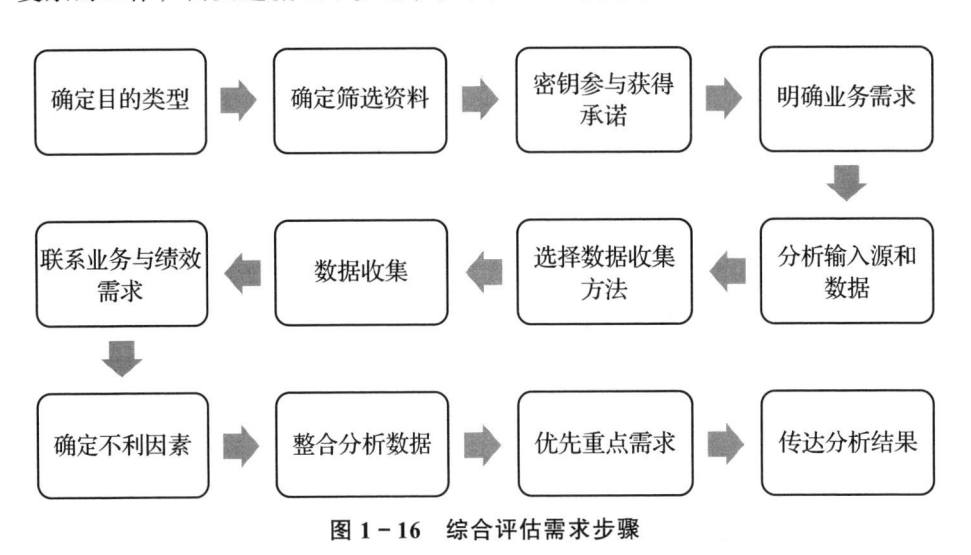

图1-16 综合评估需求步骤

在制订学习计划时，首先要明确企业的战略目标，一切学习活动都要围绕战略目标进行；其次要充分了解组织内外部环境，知己知彼百战不殆；最后要综合评估需求。只有做到了这几点，才能尽可能让组织学习和业务同步发展。

第2章
基于战略的学习体系

  在处于动态变化的市场环境中,学习力是第一竞争力。于是,越来越多的企业开始重视学习体系的建设,然而大多都收效甚微。究其原因,很多企业只将建设学习体系作为一项事务性工作来展开,没有结合企业的战略业务目标,导致学习体系无法发挥出其价值。因此,学习管理工作者要在建设学习型组织的过程中融入企业战略目标,为企业的发展带来强大的动力。

第 2 章 基于战略的学习体系

1. 企业战略与人才建设

在知识经济时代，人才的作用越来越明显，企业的竞争归根结底是人才的竞争。如何挖掘人才、建设企业人才体系，是每个企业都必须重视的问题。在目前市场竞争如此激烈的情况下，只有以企业战略作为指导，通过培训学习、体系创新等寻找人才建设的新方法，才能实现企业持续稳定发展。[1]

1.1 学习管理的对象群体

想要实现业绩提升、企业持续稳定发展，除了加强培训学习、建立学习型组织之外，还需要明确学习管理的对象群体。从核心对象到普通大众，几乎所有的群体都需要不同形式的学习，如图 2-1 所示。

学习管理工作者要为企业主航道业务培育和输送人才，让员工有

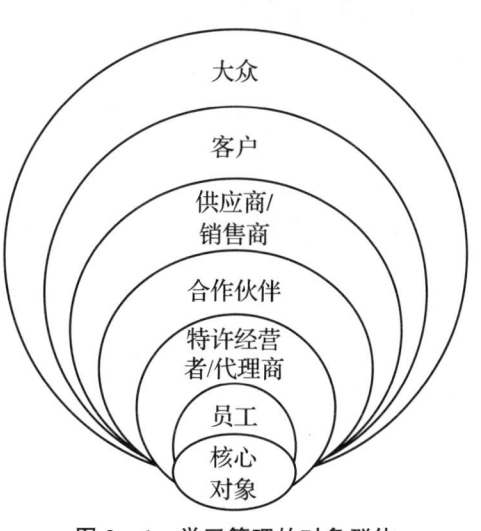

图 2-1 学习管理的对象群体

---

[1] 参见［美］塔马·埃尔克莱斯、杰克·菲利普斯：《首席学习官——在组织变革中通过学习与发展驱动价值》，吴峰译，35 页，北京，教育科学出版社，2010。

足够的能力支撑公司文化和管理平台。因此，员工是企业学习管理的核心对象，无论是一线员工，还是中高级管理人员，都需要接受学习管理，只有这部分核心力量取得进步，企业才能取得进步与发展。

除了企业内部员工以外，特许经营商、合作伙伴、供应商、客户、大众等都是企业学习管理的对象群体。

自华为大学成立以来，其服务对象就不只是包括华为内部的员工和管理者，还包括客户和供应商的相关人员。作为行业的领导者，华为拥有巨大优势，这也意味着在产业链条中，华为承载着相当大的责任。因此，华为也一直致力于为产业链培养人才。

21世纪以来，华为与西班牙展开了一系列关于人才培养的合作。在过去10多年里，华为在西班牙已累计培训了20 500人。

华为从2013年开始开展"未来种子"项目，西班牙的大学生可以利用华为提供的奖学金来到华为总部，参加新技术知识培训。到目前为止，已经有60多名西班牙大学生获得了奖学金，并得到培训的机会。

2014年，华为与马德里理工大学又开展了"引领LTE时代"项目，让62名研究生获得了参与项目的机会。华为还与西班牙国立远程教育大学合作，推出"云计算和大数据教授"培训计划，借助于该计划，已经有超过300名西班牙学生获得了培训。此外，华为还在西班牙开展了"智能巴士：教育未来一代"等多个项目。

华为在西班牙一系列的培训项目不仅仅是为华为和行业培养人才，创造就业机会，更是通过"通过教育创造机会"这样一个理念，展现了华为作为一家国际化的大企业担负社会责任的态度和决心。除此之外，华为还与行业内合作伙伴展开合作，共同培养 ICT 产业人才，以实现互利共赢。

2016 年 3 月，华为企业业务中国区合作伙伴大会在成都举办。华为向参会者公布了华为针对合作伙伴的新举措。一是针对渠道政策"局部优化"，坚持"被集成"战略不动摇；二是成立合作伙伴大学，继续投入渠道建设，进一步提升合作伙伴的能力。这表明了华为企业业务中国区的雄心和目标——成为国内企业用户的首选合作伙伴，成为中国 ICT 市场的领导者，与合作伙伴实现互利共赢。

华为中国合作伙伴大学今后将成为华为面向合作伙伴培训、赋能的总接口部门。华为专门为该大学准备了充足的资源，包括师资、培训、课件开发等等。华为中国合作伙伴大学的成立，证明华为在培育合作伙伴能力、实现共赢方面不遗余力。因为合作伙伴能力提升了，华为在企业级市场才能走得更远，对用户和行业的理解才能更加深入。

虽然并不是所有组织都需要对这些对象群体进行培训，但是作为 CLO 必须要了解自己所管理的学习对象包括哪些，力求在效益最大化的情况下，为各类群体提供学习服务。

1.2　从企业发展看培训使命

如果把企业比作一个"人"，那么培训则是企业的内脏系统，通过培训不断进行新陈代谢、更新发展。在这个不进步就意味着退步、被淘汰的社会，从企业发展战略的角度来看，培训将肩负起企业生死攸关的使命，如

图 2-2 所示。

（1）通过培训，传播企业文化、增强企业凝聚力

企业文化是一个企业的灵魂，是推动企业前进发展的不竭动力，培训肩负着传播企业文化、增强企业凝聚力的使命。通过培训向员工传递企业价值观，并以此约束其行为，督促其学习，创造和谐、向上的工作氛围。同时，一致的价值观可以加深员工对企业的认同感，形成一致愿景，增强两者的凝聚力。

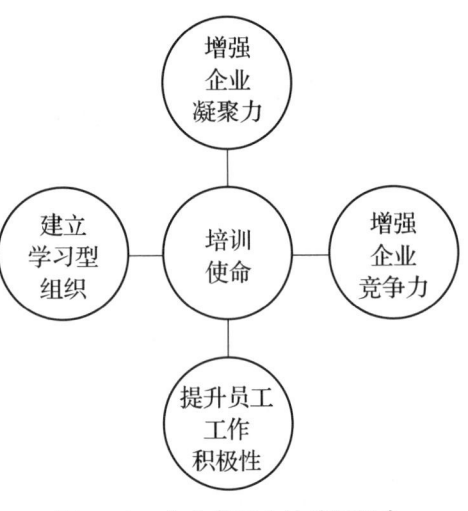

图 2-2 企业发展中的培训使命

华为作为国内企业的学习标杆，特别重视文化和价值观的传承。所有刚进入华为的新员工都要接受长时间的入职培训，第一周培训的主要内容就是华为的企业文化和核心价值观。在新员工培训期间，华为会组织他们观看一些与企业文化相关的电影，例如观看《那山，那狗，那人》这部电影，电影讲述了一个山区邮递员的故事，影片所倡导的敬业精神，也正是华为追求的价值观。在新员工观看电影后，华为还要求他们写观后感等，这就是在传递企业文化。

（2）通过培训，增强企业竞争力

曾就职于麦肯锡公司和惠普公司的管理学专家吉姆·柯林斯曾这样描述培训和员工的作用，"任何卓越公司的成功飞跃，靠的不是市场、不是技

术、不是竞争，也不是产品。有一件事比其他任何事都举足轻重，那就是培养和留住好员工。"

任正非创业时东拼西凑了2.1万元作为创业资本，到现在华为已经成为年营业收入超6 000亿人民币的国际知名企业。就是因为华为从一创立就承认和重视知识资本的价值，吸引了一大批知识分子投身于华为的事业，通过文化融合使得这些追求个性化的知识型员工能抱团打天下。

创业伊始，任正非就主动到华中理工大学、清华等高校邀请老师带学生去华为参访并寻求技术合作，招揽人才，这就奠定了华为成长的人才基础。现在华为的高管团队大部分是1989—1995年改革开放后最早的一批名牌大学的硕士、博士毕业生。

企业的竞争归根结底是人的竞争，随着时代发展更是如此。知识和技术不断进步，员工也需要不断进行培训才能够掌握知识，驾驭技术，实现技术与需求的匹配。通过培训，不但能提高员工的执行能力，还可以加强其对企业战略方向的领悟能力，做出与企业方向一致的判断，增强企业竞争力。

（3）通过培训，提升员工工作积极性

通过培训，建立能有效提升员工工作积极性的晋升激励机制，让员工可以清晰看到自己发展的愿景，从而为其努力。瑞士信贷银行商学院院长齐格弗里德·亨利曾表示："富有才干的员工期望得到为他们职业发展量身定做的支持，瑞士信贷银行通过完善和整合了全球流程和在线申请系统，让我们的管理者能够进入全球人才库，获得透明一致的继任者计划。"

员工培训不仅是一项人力资源上的投资，更是一种激励方式。当然这种激励方式不是立马见效的，需要长期坚持，需要员工在奋斗的过程中越来越接近看到的愿景。

（4）通过培训，建立学习型组织

建立学习型组织是企业发展的方向，通过管理创新，在变化万千的市场竞争中生存下来具有重要的战略意义。想要建立学习型组织，不仅要开展各种形式的培训，更重要的是在培训中激发员工活力、帮助员工养成自主学习的习惯。

莱芜钢铁集团是全国规模最大的粉末冶金生产基地，在进行企业内部培训时，莱钢集团不局限于一般意义上的集体学习，转而侧重对员工自身的完善、突出团队学习并讲究与实际工作的密切联系。于是在培训的基础上，慢慢形成了立体的学习网络，拓展员工学习途径，逐渐把莱钢企业办成了一所大学。

员工培训不仅是提升员工个人能力的重要途径，更重要的是在培训的过程中实现组织效益提升，这也是员工培训所肩负的使命。

1.3 基于企业战略的人才建设

企业追求持续化发展，根本在于持续创新，以适应不断变化的市场要求，而创新的根本在于人才队伍的建设。为了更好地为企业服务，人才队伍的建设需要基于企业战略开展。

在具体的实践中，华为以业务战略为牵引，以干部标准为依据，以AT（行政管理团队）运作为基础，以后备干部总队为支撑，通过资源池管理、任用管理和在岗管理三个环节，完成干部的选拔、任用、评价、发展和监察（如图2-3所示），为企业业务发展和战略目标的实现持续提供合格干部。

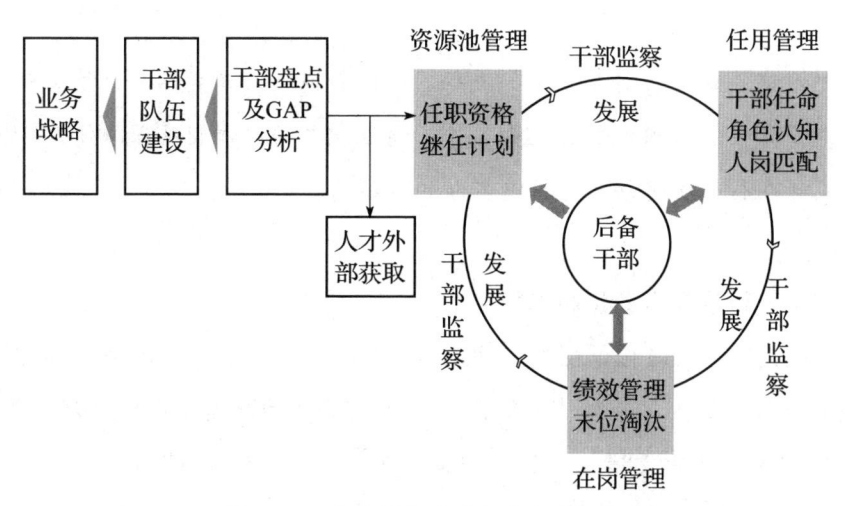

图2-3 华为后备人才与人力资源池

华为基于战略的后备人才队伍建设使得华为在业务不断壮大的同时，人才能力也能及时跟得上，确保业务健康有序地发展。企业必须从业务战略出发，把人才建设放在战略中的优先位置，通过制度、培训体系的完善，不断创新人才队伍建设。基于企业战略的人才队伍建设要求如图2-4所示。

（1）建立完善的人才制度保障体系

成熟的企业不再依靠人来治理，而是具有完善的制度体系，人才建设也是如此。在企业战略的基础之上，建立完善的人才制度保障体系是十分必要的。人才制度体系应包

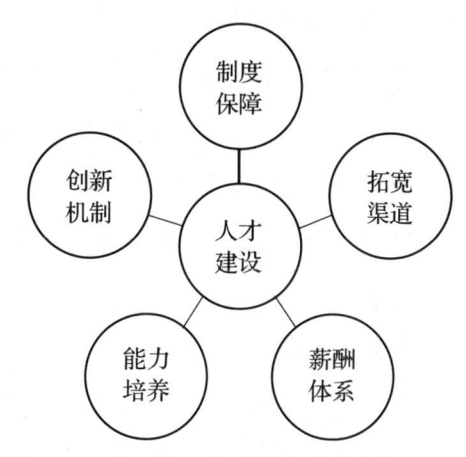

图2-4 基于企业战略的人才队伍建设要求

括人才的选拔、激励以及培养等方面，通过规范、合理以及完整的体系制度，保证人才得以挖掘、得以人尽其用。

中国建筑集团秉承着"以人为本、价值创造、关注个体、科学发展"的战略，广泛吸引海内外各类优秀人才，通过完善的人才制度保障体系，不断优化人才队伍，将其转化为持续不断的创造力。

（2）积极拓宽人才招聘渠道

招聘是吸纳人才最便捷也是使用范围最广的途径，然而随着市场竞争愈演愈烈，普通的人才招聘将不能满足人才所需，因此需要在现有基础之上，不断拓宽人才招聘渠道。对外可以通过专业化的人才招聘网站开展校园招聘、社会招聘，对内则进行内部竞聘、择优上岗。同时为了避免资源浪费，需要在纷繁复杂的选择中合理挑选最优的组合方式开展招聘。

马云和任正非都说过，企业不挑最好的人，只愿意挑选最适合的人。而什么样的人是最适合的，简单地讲可以分为三个方面：契合公司的企业文化，有强大的学习能力，可以胜任本职工作和岗位要求。

（3）建立完善的薪酬体系激励人才

要充分发挥人才的创造力，除了需要引进人才之外，还需要留住人才，而完善的薪酬体系则是留住人才的关键。完善的薪酬体系，一方面让人才的付出得到回报；另一方面使得人才发挥价值，既起到为公司创造利润的作用，又能够让人才对公司产生认同感。

薪酬体系不但包括物质奖励，还包括"优秀员工""劳动模范"等精神表彰。除此之外，薪酬体系还应与公司的实际情况相符合，根据岗位、工作内容、工作年限等因素制定合适的激励体系。不同行业的激励制度也是不同的。

战略性薪酬制度是华为进行薪酬管理的新理念，其核心目的是保证企业的核心竞争力——人才。通过员工为公司做出的贡献定报酬，通过员工承担的工作责任定待遇，不吝啬每一分钱，鼓励员工充分发挥其工作能力。

将薪酬付出作为一种投资行为，一改传统企业中短期绩效的管理方式为长期绩效的管理方式，鼓励员工留守公司。同时，强调动态管理，积极创新改进薪酬体系方式。甚至通过在名牌大学设立奖学金等方式吸引人才。目前，华为企业已经形成90%以上大学学历的人才规模。

（4）通过培训加强人才能力培养

外部人才总归是有限的，而且人才争夺越来越激烈，如果单纯从外部挖掘人才将浪费巨大的人力财力，因此企业需要建立完备的培训系统，通过科学有效的培训，从公司内部挖掘人才。

在建立培训系统的过程中，需要从实际出发，结合企业的战略要求，不能盲目撒网。要有计划性、针对性地开展培训工作，让培训发挥效果。同时，这样做，在企业内部还可以形成竞争意识，促进员工不断进步。

雀巢作为一个不歧视性别、年龄、民族的公司，通过其博大的包容性，吸引了来自世界各地的人才。同时，雀巢也十分重视员工的培训，通过集体培训、个人培训等方式，支持员工进步。雀巢公司与洛桑大学一起成立了国际经济管理与发展学院，面向社会，为世界上许多大中型公司培养了一批优秀人才，而雀巢也通过此举在行业内赢得了口碑。

（5）创新人才制度体系，充分挖掘潜力

企业想要持续发展，人才建设就必须作为一项长期性工作进行。而一种人才制度保障体系并不是适应每一个时代的，需要不断更新，进行整体机制的创新，以适应市场的变化。

人才是企业的核心竞争力，是企业能否持续发展的关键。因此必须将企业战略与人才战略结合起来，通过完备的制度体系开展人才建设，充分挖掘潜力，实现企业的持续发展。

2. 组织能力与人才发展规划

人才发展规划是企业经营战略规划的一部分，因此人才发展规划具有战略牵引性，也就是说，企业的人才发展规划要为企业的经营战略服务。而做好人才发展规划工作之前，首先就要了解组织的现有能力，结合企业的战略目标以及业务发展对人力资源的需求等情况确定最终的人才培养计划。

2.1 组织能力扫描与清单

所谓组织能力扫描，是构建学习地图中战略联动的一部分，主要工具是SCL（Strategy Capability Competency Learning）模型，即从企业战略出发，审计组织能力，用学习帮助战略落地。组织能力主要分为文化力、领导力和专业力三部分。

（1）文化力

组织文化力主要包括核心价值观、企业的共同愿景、企业文化等。海尔集团将"三观"作为自己的企业文化：是非观——以用户为是，以自己为非；发展观——创业精神和创新精神；利益观——人单合一双赢。

1985年，海尔集团引进了世界一流的冰箱生产线，但一位用户向海尔反映这条生产线产出的冰箱有质量问题，首席执行官张瑞敏经过检查后发现存在质量问题的冰箱还有76台。这76台冰箱都存在着不大不小的刮痕，不过不会影响其制冷功能，可以正常使用。但经过深思熟虑之后，张瑞敏决定在员工大会上将这76台冰箱当场砸毁。在物资匮乏的年代，张瑞敏的决定遭到了很多人尤其是海尔老员工的不解和质疑。但从此之后，质量成为海尔的一个标签，借此机会，海尔集团在全国人民心中树立了质量第一的品牌影响力。这也为海尔的质量文化奠定了坚实的基础。

（2）领导力

组织领导力主要指的是共同的企业战略、部门之间的协同合作、产品服务创新以及发展组织人才等。

华为特别注意提倡部门之间的协同合作，甚至是企业之间的合作，华为都坚持开放的态度。任正非说："开放与合作是未来的大趋势，只有加强合作，你中有我，我中有你，才能把蛋糕做大，获得更大的共同利益。所以这种广泛对等的合作，使我们的优势很快得到提升，可以迅速推出很多新的产品，在很短时间内提供和外国公司一样的服务。"因此，华为与众多合作伙伴、客户等展开了开放性的合作，不断培育它们的能力，为实现共赢而不遗余力。

同时，华为在干部领导的选拔上也有一套完整的机制，核心价值观、品德作风、绩效和干部四力是选拔标准，用人所长、能上能下、循环流动为选拔原则，通过对决断力、执行力、理解力和人际链接力的考察进行选拔。

(3)专业力

组织专业力主要包括战略品牌管理、销售计划与分析、渠道分销、品牌传播等共七个方面,具体以某副食品企业为例,如表2-1所示。

表2-1　　　　　　　　组织专业力的七个方面(示例)

专业力	具体内容
品牌的战略性方向	创造能力;产品定位能力;研讨分析能力
生产能力	产品研发、设计、策划能力
品牌公关	公共关系能力;新媒体营销能力;传统媒体营销能力
销售能力	预算策划能力;库存管理能力;经营能力等
渠道分销	产品销售能力;店铺经营能力;渠道运营拓展能力
外包生产	质量监管能力;生产计划管理能力
物流管理	信息管理系统能力;仓库管理能力;物流规划能力

任何一个企业一旦具备了文化力、领导力和专业力,它将在人才发展和组织发展上取得先机。

2.2 人才发展推进业务增长

人才是企业的核心力量,想要实现企业业务增长,必须持续不断地实现人才发展。而学习是人才发展的必经途径,是企业人力资源管理的重要组成部分,是不断推动企业发展、实现战略目标的关键一环。

任正非说道:"我们正面临历史赋予的巨大使命,但是我们缺乏大量经过正规训练、经过考验的干部。华为现在夺取市场的关键,就是后备干部的培养。""公司在发展过程中到处都缺干部,干部培养不起来,那我们就可能守不住阵地,可能要败退。"

任正非的一番论述证明了人才对于一个企业的重要性。如何才能实现人才发展呢？

诺华制药是全球医药健康行业的三大药企之一，有多元化的业务组合，在许多领域处于世界领先位置。为了发展人才、推动企业进步，诺华制药为现任以及未来的领导者提供了持续学习的机会，使得这些领导者在自己可以不断学习的同时，带动属下一起学习，最终推动企业进步。

诺华制药认为，领导者的发展需要通过多样化的手段，从研讨会、树立模范、反馈与辅导、现职发展到新岗位提升分别对持续学习产生越来越大的影响，于是便遵循这一规律设计学习活动内容，并在设计内容的同时将实现团队共同愿景和有效沟通充分结合起来，最终取得了显著的效果。

诺华制药为人才提供了多样化的学习机会，通过不断地培养人才，推动企业业务的发展。在华为的人才培养上，任正非表示："过去我们的干部都是'直线'型成长，对于横向的业务什么都不明白，所以，现在我们要加快干部的'之'字形发展。"华为在人才培养中采取"之"字形的职业发展路径，如图2-5所示。

任正非指出："市场部要加强全员培训，造就一批营销专家，创造宽松的人才环境，引入竞争机制，敢于委以重任，大力吸引优秀人才，充实、激活整个市场系统，市场部各部门主管，包括片区工程部、办事处主管都负有对其下属培训的职责，要利用每一件投标来普及培训基层干部，通过合同评审来使每一个营销者知道下一件事如何去做，持之以恒地培训营销人员。在21世纪末，要产生五六名指挥全球战略的高级营销专家，几十名指挥国内、国外战役的'将军'。"

图 2-5 华为人才发展路径图

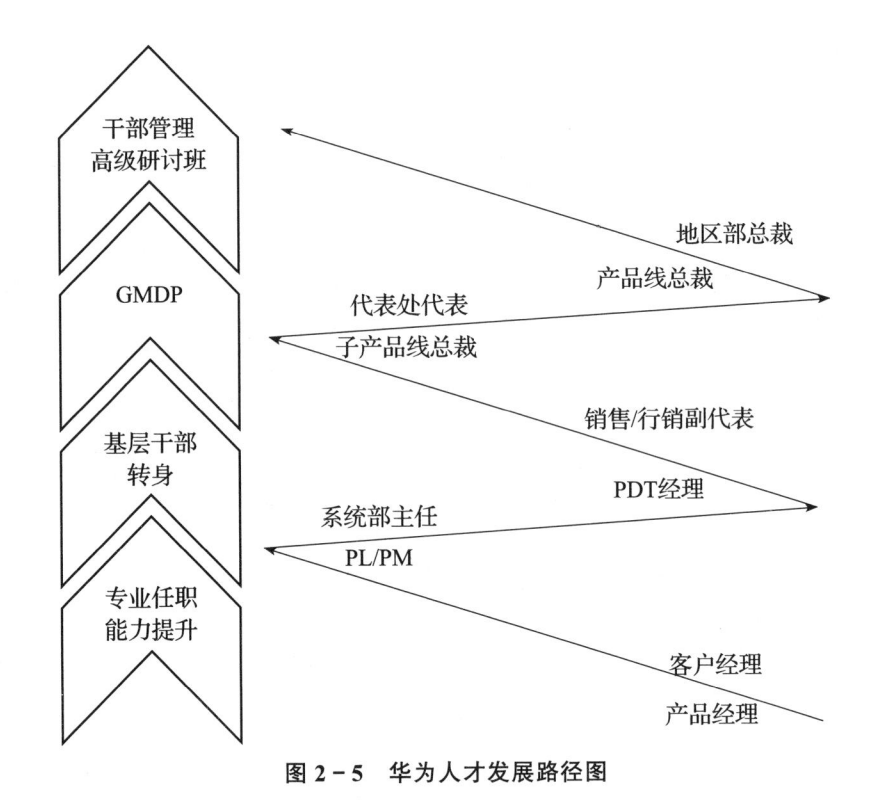

华为通过基层锻炼选出有潜力的人才，然后进入训战结合阶段，由公司提供专门的赋能训练，再加上理论培训的指导，扩大其视野，提升其能力，最终实现人才发展，企业进而获利。

2.3 从组织出发，制定年度学习规划

制定年度学习规划时，需要遵循一个原则，即从组织出发。首先，我们要明确组织的业务战略，以具体的业务场景为导向进行管理能力定位，确定业务发展所需的管理能力，并针对该结果制定结构化的学习规划方案；其次，在设计学习规划方案时，要全方位考虑各种教学手段，既要有理论知识

的授课，也要结合岗位实践工作，确保员工通过这些方式能够实现能力提升；最后，针对员工的晋升要设计不同的转身计划，为新晋干部提供全方位的辅导，帮助新晋干部更快地适应新岗位的工作。

通用电气公司（GE）非常注重人才发展的各个环节，包括吸引人才、培养人才、管理人才和留住人才。GE的领导力开发与整个人力资源管理体系密切衔接在一起，例如C会议（Session C）。每年4月或5月，通用电气公司CEO以及人力资源部门的SVP（高级副总裁）将在各个职能部门主持C会议。会议包括以下目标：

（1）审议战略前景和人才的潜在影响；
（2）评审组织绩效、改革计划以及高管方面的发展需求；
（3）关键个体的绩效回顾；
（4）识别高潜力人才，并规划高潜力人才的培养；
（5）针对前20%和后10%的员工制定战术；
（6）规划重要岗位的继任和后备计划；
（7）特别关注重要的公司或业务信息。

通过C会议，CEO和人力资源部门的SVP将在员工年度发展行动规划上达成共识，确保公司能够识别其最具能力的员工并保证其明确的发展道路。

正如杰克·韦尔奇强调的那样："通用电气公司是一家学习型的企业，我们当今真正的核心竞争力并不在制造业或者服务业方面，而是在全世界范围内吸引和培育全球最优秀的人才，并进一步激发他们努力地去学习，争创出色的业绩和把事情做得更好。"

3. 培训体系的内涵与发展

培训是人力资源为提高员工素质、提升公司业绩而进行的有目的、有计划、全面而又有所侧重的训练活动。而培训体系则是为了实现既定的培训目标，将培训要素融合起来形成的一种指导性计划。培训体系有狭义与广义之分。

3.1 狭义的培训体系

建立培训体系，开展培训活动，可以培养组织员工胜任工作的能力，从而实现企业和员工的共同发展。狭义上的培训体系包括六个方面，如图 2-6 所示。

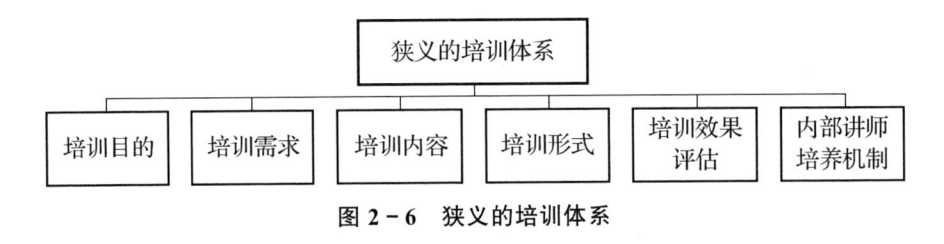

图 2-6 狭义的培训体系

（1）培训目的

知识决定高度、思想创造价值，建立培训体系之前须明确培训的目的是促进员工和企业的共同发展，而每一场培训都需要一个明确的培训目标，确定通过培训所要达成的效果。

（2）培训需求

在制定培训需求时，需要考虑员工个人需求、企业业务发展需求以及外部市场需求等方面的因素，具体实施过程包括前期准备、需求调研、确认结果三部分。

(3)培训内容

不同层次、不同业务类型的员工需要不同的能力,企业需要有针对性地设计分层分类的培训内容。

(4)培训形式

随着时代的发展和变迁,培训形式不再仅仅是传统的面对面授课,还包括各种新的培训形式,如角色扮演、案例化教学、微课、沙盘演练等,这些生动化的培训形式不仅丰富了教学手段,而且提高了员工参与培训活动的积极性。

(5)培训效果评估

每次培训结束之后,企业需要对培训是否达到预期效果进行分析总结,既是总结当次培训的优缺点,也为后续培训工作的开展提供好的经验。

(6)内部讲师培养机制

企业需要培养一些内部讲师,鼓励员工独立开发课程,提升自我能力。

在建设培训体系的过程中应该注意兼顾企业的共性和员工的个性,在促进全员发展的同时注意核心团队的培养,将目前工作与未来职业规划相结合,在培训体系的运行中逐渐形成闭环体系。

3.2 广义的培训体系及发展

广义的培训体系基本包括:培训制度体系、培训课程体系、内部讲师的培养制度、培训评估。

第一,建立培训制度体系。通过梳理培训工作流程,制作相关的表单,搭建培训制度体系,从而规范培训活动,保障培训工作的顺利进行。培训制度体系包括:培训计划、工作流程、培训管理办法、培训评估办法及内部讲师制度等，值得注意的是，培训过程管理与培训效果评估需要结合员工的绩效考核，这样才能取得更好的效果。

第二，开发培训课程系列产品。通过问卷调查、面对面访谈等形式确认员工的培训需求，制订相应的培训计划，以此作为培训课程设计的基础，包括课程设计、课件制作、脚本编写、学员手册设计等。

第三，内部讲师培养制度。讲师作为课程的演绎者，需要将培训知识的精髓准确、有效地传递给学员，因此，企业在选拔内部讲师时，要设置相关条件，不是所有人都能成为企业内部讲师。同时给予内部讲师一定的物质激励和精神激励，提高他们的积极性和参与热情。

第四，培训评估。培训评估包括两个部分：课程评估和培训效果评估。课程评估主要是针对培训内容展开的，评估培训内容是否与目标相吻合。培训效果评估则关注的是员工知识和技能的提升。

而在建设培训体系的时候需要从组织、内容和方式三个角度展开，综合分析，如表2-2所示。

表2-2 培训体系建设的基本思路

基本思路	具体表现
组织上	实行责任到人制度，确立体系建设的第一负责人，由相关项目的主管担任，其他部门配合推进。人事部门在这个过程中担任指导和服务的角色，而不是全程包办。
内容上	体系建设的重点放在岗位的任职资格、职业发展规划、培训课程设计、讲师队伍建设以及相关的管理制度上面来。
方式上	先建设有把握的部分，然后以点带面。同时，人力资源部可以通过开展项目交流、经验推广、学习分享、评比表彰等方式推动培训的进行。

培训是保持企业活力的源泉，可以提升员工能力、加强企业竞争力，只有持续不断地开展培训，才能使企业在激烈的市场竞争中不败下阵来。

3.3 培训体系成熟度模型

培训体系的建设是一件长期的工作，不是一朝一夕就可以建成的。简单来说，培训体系的发展成熟伴随着人力资源一起进行。从培训体系即组织体系、课程体系、讲师体系、支持体系成熟度模型的评判角度来看，具体的培训体系大致可以分为五个阶段，如图2-7所示。

初始启蒙阶段 → 体系始建阶段 → 专业分工阶段 → 战略变革阶段 → 实践优化阶段

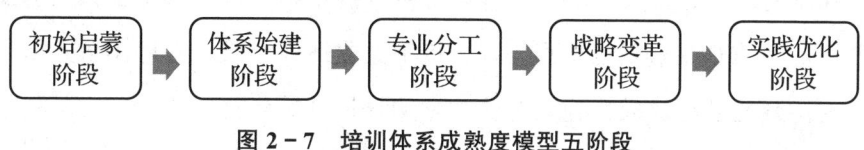

图2-7 培训体系成熟度模型五阶段

（1）初始启蒙阶段

初始启蒙阶段企业对培训并不在意，没有专业的培训人员，由人力资源部门人员兼任，且没有明确的培训制度。以培训技术为主，主要为解决临时出现的问题。

讲师由企业内部的管理层或者技术人员担任，主要课程内容为传承技术经验，没有相关的设备支持。这个阶段的公司以中小企业为主，没有鲜明的企业文化，一切都处于初始发展阶段。

（2）体系始建阶段

随着企业的发展壮大，各部门主管开始承担起管理员工的责任，出现了明确的培训部门，并开始进行规范、有序的培训工作。在体系始建阶段，企业开始由专职人员建设企业课程，并选派相关人员进行公开课的外出学习。

讲师体系方面，企业内部讲师队伍逐渐壮大起来，并遵循着培训行业中7∶2∶1的黄金比例，建立起辅导员体系、教练体系，开启学员在岗学习有管理、有评估状态。另外，培训体系中相应的配套设施也建立起来了。

（3）专业分工阶段

进入专业分工阶段后，员工的岗位进行了细致化的梳理，较为大型的企业建立了两级以上培训机构，此时的培训已经成为直线经理职责的一部分，培训工作没做好，不再全部是培训部的责任。培训工作做得好坏已成为直线经理绩效考核的一部分。而随着培训体系的日益完善，内部专业化分工开始进一步细化，此时的工作重点是系统地进行培训工作。

企业内部出现了大量讲师，基本上可以满足企业自身的需求。竞争变得激烈，讲师的专业素养也得到提升，讲师文化逐渐形成。支持体系方面，完备的支持系统已经建成，建立企业大学的目标开始确立。

（4）战略变革阶段

进入战略变革阶段，企业的培训上升到知识管理阶段。培训部门变为企业大学，肩负起传播企业文化和培育优秀人才的责任。培训部已经具备自主开发和设计课程的能力，开始关注"标杆学习"和"快捷学习"，而管理人员也开始从企业战略的高度开展培训。

内部讲师的配置趋于合理，能力也得到大幅度提升，企业内部员工开始争先恐后抢当讲师。广东移动基于战略发展要求，为了有利于"人才经营"的理念，为实现公司基层员工素质和能力的迅速提升，建议开展内部知识管理、专家授课和建立人才学习体系，开始打造"金讲台"内部讲师体系建设项目，取得了极佳的效果。

（5）实践优化阶段

进入实践优化阶段后，企业人力资源与培训将根据时代的变化不断更新，形成良性循环。企业内部自主研发课程向精品靠拢，企业品牌和知识产权建立起来，开始到外部企业进行经验分享。讲师体系庞大，大学教授、社会成功人士等纷纷加入。

培训体系成熟度的发展并不是一个十分明确的过程，在这中间会经历模糊的过渡演变阶段。认清各阶段的目的不是对号入座、照方抓药，而是要清晰前进的方向，把力气用在正确的地方。

4. 培训体系的构成

如何才能建立行之有效的培训体系？首先要弄清楚培训体系是由哪些部分组成的，换言之，也就是要弄明白"要做哪些事"。培训体系由三部分组成：员工能力体系、培训资源体系、培训运营体系。

4.1 员工能力体系

员工能力体系指员工胜任工作的能力和未来发展的能力，不仅指基层员工，还包括管理层等，需要参与培训的学员大致分为五个部分，如图 2-8 所示。

针对具体的培训对象，员工能力可以从两个维度来进行培养：职业生涯规划与成长通道和企业人才梯队建设。

（1）职业生涯规划与成长通道

职业生涯规划与成长通道指的是企业为员工提供的自我成长、自

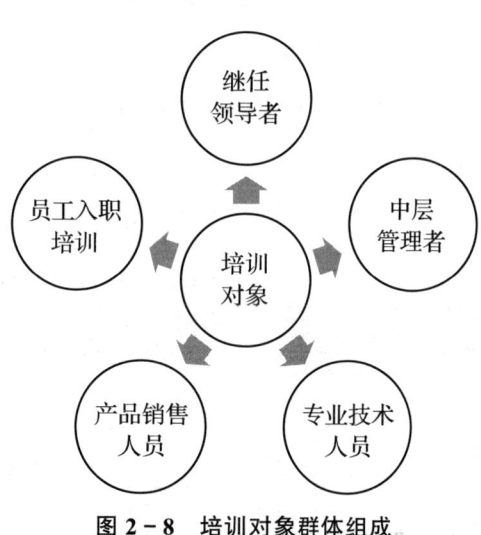

图 2-8 培训对象群体组成

我管理和规划的方案，在组织内基本存在四种规划方案，如图 2-9 所示。

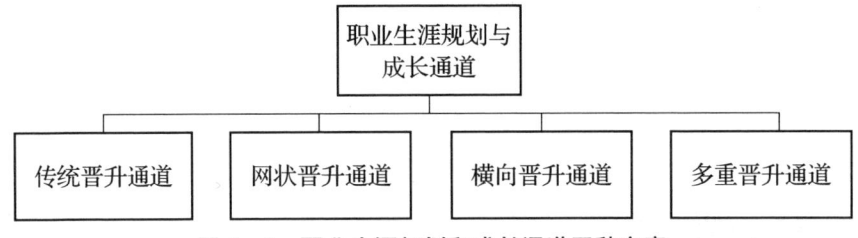

图 2-9 职业生涯规划和成长通道四种方案

传统晋升通道指的是员工慢慢地从下面某个职位一点点向上晋升的方式，是最传统的发展模式，慢慢由低等级向高等级晋升。

网状晋升通道是指对各个岗位进行了行为需求分析之后设计的发展通道。它的模式为：管理者将各岗位所需要的技能进行分析之后，将同类岗位进行划分归类，最后按照分类进行职业生涯规划设计。

横向晋升通道扁平化是现代中小组织流行的一个趋势，在这种形式的组织中，不存在大量晋升机会。这时，为了防止长时间进行同样工作而产生倦怠心理，组织会进行横向调动，使其充满活力。

多重晋升通道多指一些先进企业为了挽留高尖技术人才而采用的方式，这些高尖技术人才由于专业性较强，只适合做专业工作，不存在晋升为管理层的可能性。

不同的职业生涯规划与成长通道有着不同的优缺点，如表 2-3 所示。

表 2-3　　　不同的职业生涯规划与成长通道的优缺点

成长通道	优点	缺点
传统晋升通道	目标明确	形式固化、缺少机会
网状晋升通道	方便找到自己的兴趣工作	无固定晋升通道
横向晋升通道	工作充满趣味性	没有晋升和加薪
多重晋升通道	解决专业技术人员流失的问题	……

（2）企业人才梯队建设

所谓人才梯队建设即做好人才储备，培养具备接班能力的领导人。当人员变动时，储备的人才可以迅速接替原领导人的位置，避免出现人员断层的现象。

印度斯坦利华公司属于联合利华集团，在印度有200多万家零售实体店，在大力进行清洁用品创新、推动品牌推广的同时，不忘进行人才梯队建设，未雨绸缪。

进行人才梯队建设时，印度斯坦利华公司把培养最高领导人作为建设任务，通过招聘和培训培养了大批人才。由于有大量的人才储备，该公司几乎未曾出现过公司高管出面救场的情况。同时，该公司人力资源部门每天进行考察，不断完善更新员工的工作方式，在实训中培养专业经理人的品质。

人才梯队建设是一个长期的过程，不仅能够发掘、培养人才，而且可以激发人才的创造能力，使之成为企业的一笔宝藏，因此，需要将其提升到企业战略的高度。

4.2 培训资源体系

培训资源有广义和狭义之分，狭义的培训资源只包括学习内容和学习资料，而广义的培训资源则是一个完整的体系，是提供学习、支撑学习、改善学习等一系列动作的总称，可以分为五个方面，如图2-10所示。

（1）硬件资源

硬件资源是培训资源体系的基础，主要指的是进行培训活动的空间环境、设备设施等。

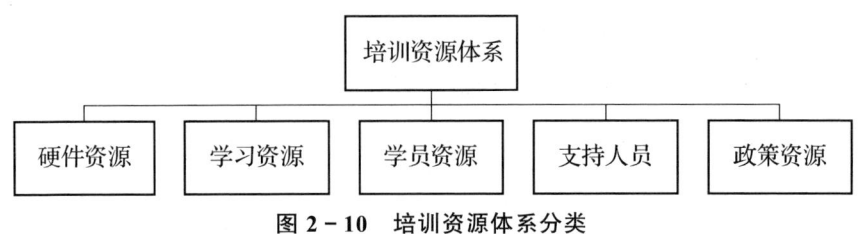

```
                    培训资源体系
   ┌─────────┬─────────┼─────────┬─────────┐
硬件资源   学习资源   学员资源   支持人员   政策资源
```

图 2-10　培训资源体系分类

（2）学习资源

学习资源与硬件资源相辅相成，指学员在培训过程中可以利用的一切学习知识资源，包括技术、信息等。

（3）学员资源

学员资源即培训资源体系中的培训对象。培训学员作为学习者，其学习需求和学习特征具有稳定性、专业性和不可替代性，这就决定了学员资源将成为一种重要的资源。

（4）支持人员

支持人员是培训体系的串联者，在一定程度上决定了培训活动的效果。主要包括培训讲师、管理人员以及其他工作人员等。

（5）政策资源

政策资源指的是支撑培训顺利开展的政策、规范等，包括培训标准和政策两个方面，同时保证培训过程的统一、有序。

腾讯自成立以来，非常重视员工的学习与发展。2007 年 8 月，腾讯学院正式成立，为所有员工的学习与发展搭建平台，致力于成为互联网行业最受尊敬的企业大学。经过多年的实践，腾讯建立了多元化的学习小组，发展出多元化的人员培养模式：

新员工"导师"辅导

腾讯除了为每位新员工配备一位导师，在辅导专业技能的同时帮助新员工了解腾讯文化外，还会安排新员工参加一系列丰富完整的新员工培训，其中有工作经验的新员工会参与一个项目——"腾讯达人"访谈。新员工入职的第一周可自由组合，随机采访公司内的老员工，请他们讲述在腾讯的经历和故事，感受老员工对腾讯文化的切身体会。最后，新员工要把访谈结果带到"企业文化"课堂上，与同学们分享达人故事。经过几年的积累，腾讯将这些案例整理成书——《达人秘笈》。

核心人才需重点培养

腾讯一直都非常注重从内部盘点和发掘有潜质的员工，并重点培育，特别加强在实际工作中的岗位锻炼，以培养出一支核心人才队伍和优秀的管理人员。

2006年腾讯开始推出"潜龙""飞龙""育龙"系列，不断培养内部不同层级的储备干部。后续又推出"攀登""飞跃"项目，不断培养专业技术人员中的潜才。通过评测中心、行动学习、面授课程、研讨沙龙、标杆学习、压担子等多种培养形式的混合设计，全面快速地提升核心人才的相关能力。

创意马拉松

腾讯学院会定期在员工内部发起创意马拉松，将有想法、有兴趣的员工组成不同的创意战队，每个战队都将经过几十个小时的连续作战来实现他们共同的创意，最后，向公司的核心专家团汇报，评选出最优项目。这些项目可能会帮助公司的某些产品找到新的发展方向。这个活动也有效营造了公司的创新氛围。

多元化的学习小组通过灵活可变、更有针对性的学习形式，满足了员工对培训资源的需求。面对当今日新月异的环境，这种更加灵活、更加具有针对性、能快速提升组织绩效的新型学习形式值得我们学习。

4.3 培训运营体系

对从生产到流通各个环节的把控叫作"运营管理",而培训运营体系指的是企业培训部门对整个培训过程进行动态的审视和把控管理,争取安排合适的人在合适的时间进行合适的培训,这对培训过程十分重要。

培训运营体系是为了保证企业培训质量而建立的体系,一般由培训需求、培训计划、培训实施、评估反馈以及在线学习这五个部分组成,如图 2-11 所示。

（1）培训需求

培训需求指的是培训目标与培训者之间的能力差距,制定培训需求时需要根据需求的主动性和被动性进行具体的分析,选择合适的手段解决问题。在进行培训需求运营时,可以通过问卷调查法、访谈法、观察法等多种方法确定培训需求。

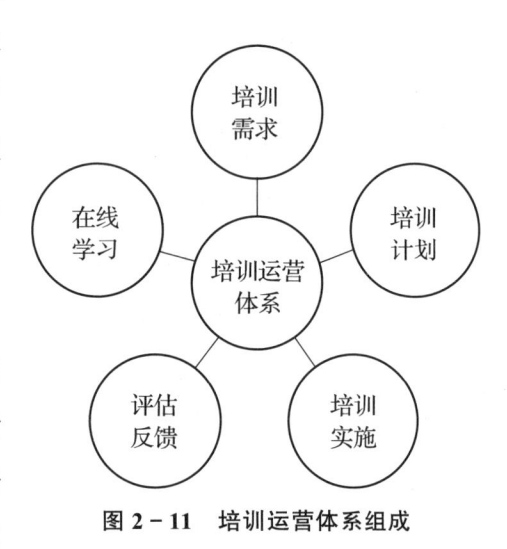

图 2-11　培训运营体系组成

武汉健民药业有限公司在进行年度总结时,总经理对技术部工作不太满意,技术部经理虽然是技术大牛,但在管理上还有很多欠缺。在通过问卷调查了解到这一情况之后,培训部对其进行了管理学方面的培训,取得了明显效果。

（2）培训计划

培训计划指的是从企业的战略角度出发,通过分析培训需求,提前从培训人员、时间、地点、内容等方面制订培训计划。

培训计划对整个培训过程具有指导意义，制订培训计划的过程同时也是培训部领导者系统思考如何开展培训活动的过程。

（3）培训实施

确定了培训需求和培训计划之后，要想使培训取得显著的效果，就需要进行培训实施运营，确保培训得以实施，收到理想效益。

在倡导建立学习型组织的今天，很少有企业能真正做到实际性学习。美国通用电气公司推行"行动中学习"的理论，通过展示如何在"行动中学习"将学习方法推广给员工，使其将所学知识融入工作中，又从工作中吸取知识，形成良性循环，使得公司收入大幅度增长。

（4）评估反馈

培训结束后，需要对整个培训过程进行评估反馈，具体可采用柯克帕特里克的四层次标准方法，如表2-4所示。

表2-4　　　　柯克帕特里克的四层次标准方法

层次	评估内容	评估时机与方式	评估建议
反映层次	受培训者在培训过程中的投入程度、主动参与性	培训时观察法 培训后问卷调查法	建议在培训结束前进行评估
学习层次	受培训者是否学习到培训的知识	培训前后进行，测试法、问卷调查法、模拟训练法	实用性较强的部分可通过模拟训练法评估，实用性偏弱的部分可通过测试法评估
行为层次	受培训者能否将所学知识应用于实际工作	可通过培训前后进行比较分析	要考虑惯性的因素，不能急于求成
结果层次	培训结束后对企业发展的影响	需要一段时间考察	培训开始前应有明确的目的，需要考虑到影响企业的其他因素

（5）在线学习

为最大程度发挥培训的作用，在培训结束后，可将培训内容制作成线上学习内容，以避免同类内容重复培训，造成资源浪费。

5. 培训制度与培训计划制订

为了使培训过程有组织、合理高效地进行，需要对培训制定相应的规章制度，这就是培训制度。而培训计划指的是在全面分析培训需求之后，对培训内容、时间、地点、人物进行逻辑性排列。

5.1 培训制度全貌图

开始培训前，需要对培训过程做一个整体的制度规范，大致包括七个方面，如图 2-12 所示。

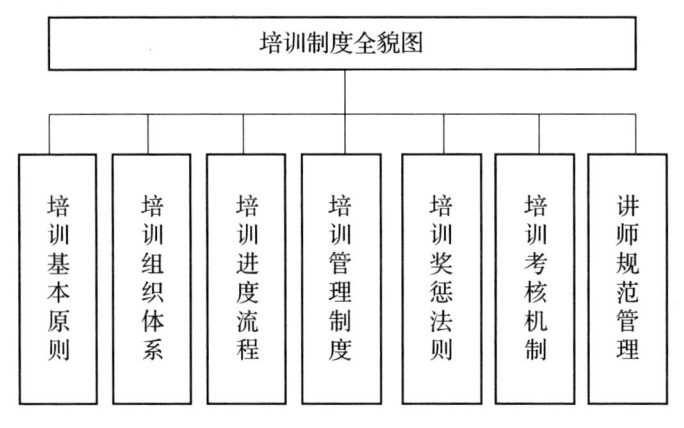

图 2-12 培训制度全貌图

培训制度全貌图包括：培训基本原则、培训组织体系、培训进度流程、培训管理制度、培训奖惩法则、培训考核机制、讲师规范管理。

(1) 培训基本原则

培训要有针对性，针对实际需求、实际人群开展；培训要有计划性，培训开始前要制订合理的计划，并严格执行；培训要有追踪性，培训结束后，需要将所学知识运用到实际工作中。

(2) 培训组织体系

除了由人力资源部门进行企业日常培训管理之外，还需要在企业内部建立权责明确的培训组织体系和讲师队伍，各职能部门均需设立培训管理员，负责日常培训的辅助工作。同时，需要加强对培训的重视程度，将培训效果作为年度考核标准之一，效果显著的部门予以奖励，未达到标准的部门予以惩罚。

沃尔玛作为世界性的连锁企业，是百货行业中的佼佼者。在进行员工培训时，沃尔玛将培训效果纳入绩效考核和晋升制度中，使培训效果显著，企业员工整体素质取得大幅度提升。

(3) 培训进度流程

建立规范有序的培训流程，保证培训高效进行是十分有必要的。制订培训进度流程时，需要考虑以下几个方面，如图 2-13 所示。

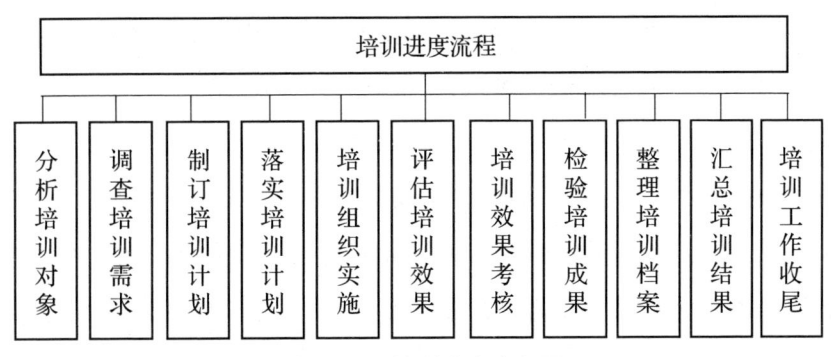

图 2-13 培训进度流程图

（4）培训管理制度

企业培训种类多种多样，分为岗前培训、在岗培训、转岗培训等，需要根据不同的培训内容制定相应的培训管理制度。

（5）培训奖惩法则

合理的奖惩法则是促进培训完美落地的得力助手，对培训过程中不遵守规章制度的行为进行惩罚，相反地，对表现突出的行为予以奖励。

（6）培训考核机制

为保证培训效果，培训结束后需要对所有参与培训的学员进行考核、追踪，建立测试题库，通过测验、模拟练习等方式进行考核，并将考核结果纳入绩效管理。考核过程注重公平公开公正。

（7）讲师规范管理

企业内部进行讲师选拔、培养，是建设学习型组织的必经之路。而培养内部讲师需要有一套严格的规范和标准，主要从工作能力、工作年限、学历水平等方面进行约束，而讲师的选拔和定级也需要严格把关。

5.2 培训计划分类及制订

培训计划是指为了实现预定的培训目的，在培训开始前按照一定的逻辑顺序进行的计划。按照不同的维度，可以分为多种类型。

（1）根据培训内容分类

根据培训内容的不同，可以将培训计划进行分类。将同样的内容放在一起管理，避免出现企业资源浪费，同时也有利于培训活动的统一管理，例如市场营销类培训、人力资源类培训、专业技术类培训、通用知识类培训。

（2）根据培训方式分类

不同的培训项目有不同的培训方式，简单来说，培训方式有讲演法、视听法、案例研讨法、讲授法等。每种培训方式都有优势和不足，为了更好地发挥培训效果，有时需要多种培训方式一同使用。

案例研讨法是培训师最喜欢用的方式之一。培训过程中，培训师会提出一个需要学员参与的大案例，学员们一起讨论、分析，最终得出结果、总结经验。这种案例研讨法是由哈佛大学法学院的案例法演变而来的。

（3）根据培训级别分类

根据培训级别的不同，大致可以分为企业级培训和部门级培训两类。

在培训计划的制订上，大致可以按以下九步展开，如图2-14所示。

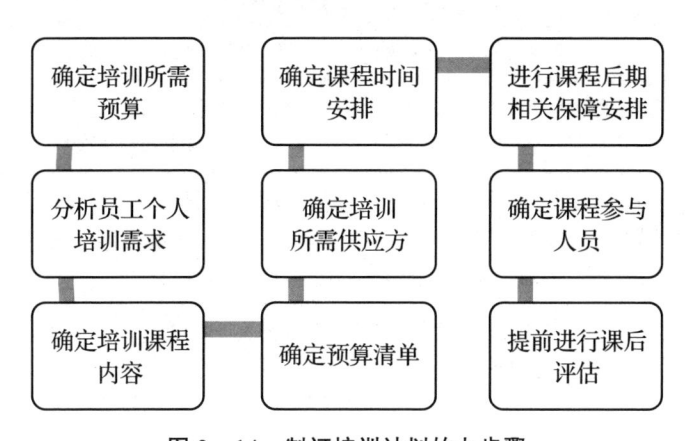

图 2-14　制订培训计划的九步骤

培训计划的制订要考虑多重因素，除了培训本身的课程设计之外，还要考虑到整个管理系统，或者受训人特定的需求。在充分考虑了各种因素之后，再由开发设计人员根据培训需求，设计开发培训课程，并培养内部讲师。

同时，为了最大限度地发挥培训的作用，可以在培训结束后让受训者填写课程评估表格，作为对讲师授课质量的检查标准。如果好评较多，则证明课程有意义；如果差评较多，则需要根据评价做相应的改变。最后，还可以组织安排培训总结会，交流分享培训心得，以及如何将所学内容运用到工作中。

5.3 年度培训计划编制

年度培训计划是每一个企业都要开展的年度计划，在制订时应该遵循以下原则，如表2-5所示。

表2-5　　　　　　　编制年度培训计划时需遵循的原则

原则	具体表现
系统性	系统性，简单来说就是在合适的时间、合适的地点开展合适的培训活动。
全面性	制订年度培训计划时应该全面考虑整个企业各个部门的情况需求，需要考虑不同工种、不同培训对象，培训计划应该具有较强的实践性。
有效性	培训不能好高骛远，要从企业目前的真实情况出发，制订合情合理的年度计划；培训计划应该具有发现问题的能力，主要针对发现的问题进行培训；培训计划实施后，应该可以产生正面积极的影响。
标准化	"无规矩不成方圆"，培训也应该有一套完整的规章制度，规章制度的目的主要是为了促使培训产生效果，提升企业的标准化水平。

制订年度培训计划是一件庞大复杂的工作，需要考虑众多要素和关键点，如表2-6所示。

充分考虑了各方面因素之后，在制订具体的年度培训计划时，应该从以下几个方面进行分析。

表 2-6　　　　　　　　　制订年度计划需考虑的要素

要素	具体表现
流程范围	年度计划是由企业培训部在分析企业培训需求的基础之上制订的，主要由培训部和人力资源管理部负责。
控制目标	深化培训的重要性，使其上升到企业战略的高度；培训计划应以推动企业发展、实现企业战略为目标。
涉及部门	包括战略部、培训部、人力资源部。

第一，企业发展战略。这是制订培训计划时首先要考虑的问题。要对企业的发展战略十分明晰，培训计划应为发展战略服务。

第二，企业外部环境。企业外部环境主要指行业环境、竞争对手的变化以及客户的需求。行业环境主要注意的是国家的法律法规、行业的先进技术以及发展趋势等。竞争对手需要注意的是竞争对手是谁、其发展管理模式怎样、有没有采用先进的培训方式等。而客户主要考虑的是客户真正想要的是什么、客户关心的重点在哪里。

第三，辅助培训部门。培训想要顺利开展，除了战略部、培训部、人力资源部的推动，还需要其他职能部门的辅助工作。制订年度培训计划时要考虑各辅助职能部门需要做的准备工作，能否清晰传达培训计划等。

第四，受训员工。受训员工是培训的主体，在制订年度培训计划时需考虑其职业发展愿望、发展能力和发展意愿等。

总之，培训年度计划是为了呈现未来一年培训工作的整体思路和具体工作计划，从而获取领导对培训工作的支持。

第3章
人才盘点与岗位学习地图

人才是企业发展的动力，如何才能留住人才、创造人才？除了合理调整薪酬福利之外，个人的长远职业发展也是不可或缺的因素。只有充分考虑人才的价值取向和成就动机，才能让人才发挥最大的功效，而人才盘点与岗位学习地图则是人才发展的路径之一。

1. 人才盘点的价值和方法

人才盘点指的是对人力资源的摸底调查，通过绩效管理、能力测评等各种考核制度，分析员工的总体情况，针对性地开展技能提升等活动。

1.1 基于战略目标的人才盘点

企业人力资源管理必须了解业务发展战略情况，才能真正结合战略目标，预测出每一步需要什么样的人才作支撑、人才需求数量是多少、何时引进比较合适和人力资源的成本如何等内容，然后才能做出较为准确的人力资源规划，满足企业在战略发展过程中对人力资源的需求。

人才盘点是对人才进行系统管理的一种方式，在这个过程中，可以了解组织的人才状况，包括人才结构、人才绩效、关键岗位继任计划、晋升和激励等内容，在此基础上，组织可以制订详细的行动计划，确保业务战略的实现有足够的人才支撑。

通过人才盘点，组织可以实现人才战略，使企业的战略方向转化为竞争优势，进而实现组织整体战略目标。首先，人才盘点可以识别出企业目前的人才分布情况，包括人才数量、质量、成熟度、潜力等；其次，组织通过业务战略分析，可以发现企业目前所需的人才要求，包括核心岗位、关键能力、能力转变等;最后,通过对比人才盘点结果和业务战略分析结果,找到两者的差距,制订组织的人才发展计划,促进业务战略目标的实现。人才盘点操作模式如图 3-1 所示。

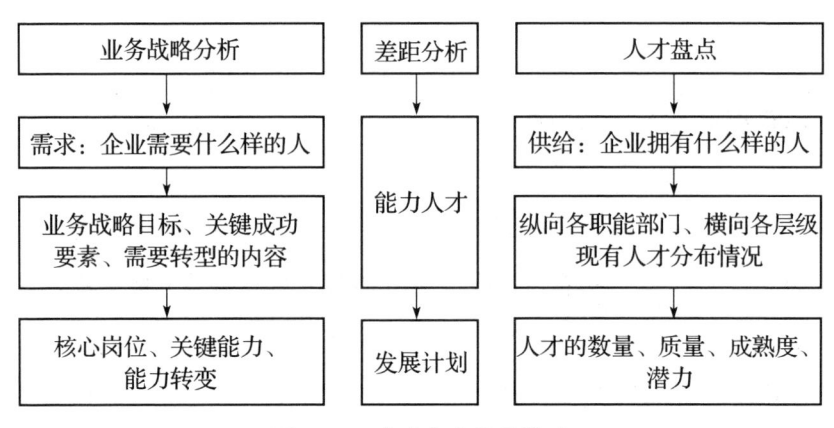

图 3-1 人才盘点操作模式

人才盘点可以帮助企业突破人才瓶颈、培养人才,实现企业发展,不论对公司还是对员工自身而言都有非凡的意义和价值。人才盘点是发现人才、培养人才的关键,而人才盘点的价值主要体现在五个方面,如图 3-2 所示。

第一,建立统一的人才标准。 建立统一的人才标准可以在公司内部形成凝聚力,在未进行人才盘点前,公司内部没有统一的人才识别标准,导致无法形成合力。通过进行人才盘点,在公司内部建立统一的人才标准,并用这套标准进行选

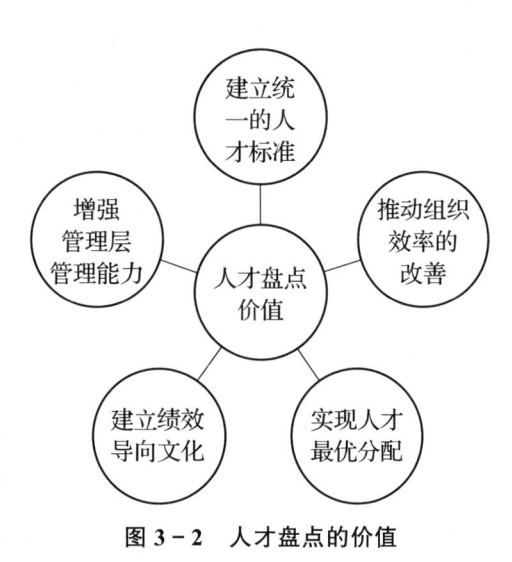

图 3-2 人才盘点的价值

拔、评价、考核等，有助于公司的稳定发展。

第二，**推动组织效率的改善**。一个公司的成功不是仅仅堆积人才就能实现的，除了人才的积累，还需要考虑工作效率、各个岗位的人才分配比率等问题。而进行人才盘点可以重新调整每个岗位上的人才比率，使其达到最为高效、合理的比例。

第三，**实现人才最优分配**。在进行人才盘点的过程中可能会用到一系列人才测评的工具，组织可以借此机会对公司员工有一个客观、全面的了解。同时，人才盘点不仅可以识别人才，还可以识别不那么突出的员工，以及他们的潜力所在。对这部分员工进行改造，可以实现更大的效益提升。

第四，**建立绩效导向文化**。创造绩效、当前能力、未来发展潜力是人才盘点的三大核心，通过人才盘点，对绩效好、能力强、潜力大的员工进行有针对性的激励，同时对相对较差的员工进行培训和适当优化。通过建立绩效导向文化，激发人才潜力，实现举贤用能。

第五，**增强管理层管理能力**。人才盘点可以帮助管理层更好地识别人才、使用人才，使得管理层在建立人才队伍的同时，推动自身能力的提升。

1.2 人才盘点的关键环节与流程

人才盘点是每一位管理者日常工作的一部分，是管理者识别人才、任用贤能的管理意识体现，是员工选拔、评价和发展体系中的核心能力。如何开展人才盘点呢？在人才盘点项目的操作流程中，大致可以分为项目规划、人才评价、人才培养和人才晋升这四个步骤，如表3-1所示。

表 3-1　　　　　　　　　人才盘点项目流程

项目流程	具体措施	参与者	项目依据
项目规划	确定各级岗位的发展路径和胜任力模型。	高层管理者	胜任力模型 员工档案
人才评价	提名；胜任力测评；360°评价；绩效—潜能矩阵分析。	储备人员	
人才培养	培养计划；360°评价；绩效沟通；沟通反馈。	HR 部门	
人才晋升	排序分析；对比分析。	业务主管	

人才盘点对整个企业组织来说意义非凡，不仅需要储备人员和 HR 部门的参与，还需要各部门的业务主管参与，高层管理者也需要投入支持。然后再根据胜任力模型和员工档案等资料，进行人才盘点。

从新进人员到内部人员、高级管理人员的人才盘点有一套完整的体系，如图 3-3 所示。

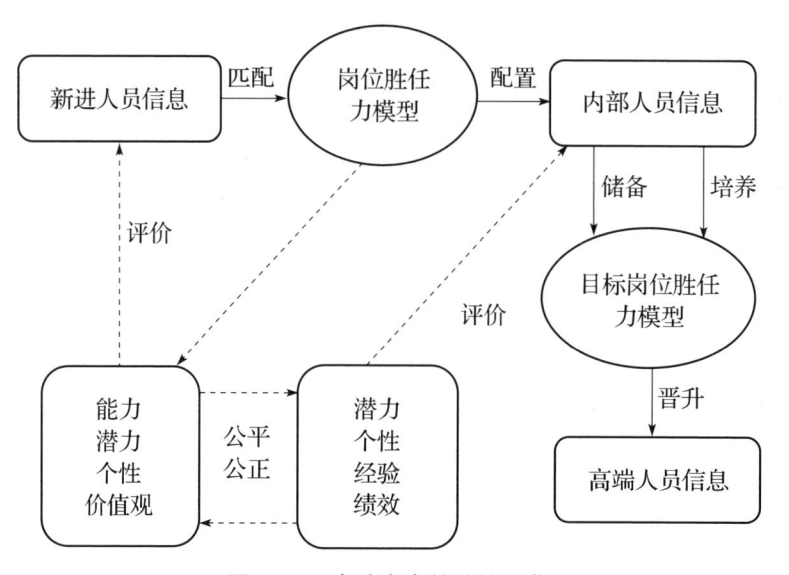

图 3-3　人才盘点的关键环节

不论是管理层、技术人员还是普通员工，都存在初级人才池、中级人才池和高级人才池，三者是相互关联、循序渐进的过程。对于新进人员，通过岗位胜任力模型，进行能力、潜力、个性和价值观等的考察评价，将其配置到合适的工作岗位以及相应的人才池。经过一段时间的针对性储备和培养，通过目标岗位胜任力模型评价，将具备能力的员工晋升到更高一级的岗位，这就是人才盘点过程中的关键环节。

1.3 人才盘点的核心工具

企业在开展人才盘点工作过程中需要借助专业工具更为准确地评价人才，目前应用较为广泛的人才盘点实用工具包括潜力评价、九宫格、经验地图等。

（1）潜力评价

相关研究表明，识别并长期培养员工的潜质将为组织带来丰厚的回报。因此，潜力评价是人才盘点的核心工具之一。那么，如何判断员工的发展潜力呢？一般来说，高潜力人才评价标准包括五个方面：成就动机、学习能力、思维方式、人际理解和影响力，具体如表3-2所示。

表3-2　　　　　　　　　　核心潜力指标

潜力指标	具体表现
成就动机	有强烈的发展欲望、渴望挑战更高的机会、敢于承担风险和挑战
学习能力	好奇心强、涉猎范围广、快速掌握知识能力强
思维方式	反应快、考虑问题角度不同、善于透过表面发现本质
人际理解	心理承受能力强、可以换角度思考问题、乐观开放
影响力	人格魅力强、可以通过对他人施加影响以让其接受自己的想法

（2）九宫格

九宫格通过两个维度对人才进行区分，即能力和业绩，基于此将人才区分为九大类，如图3-4所示。

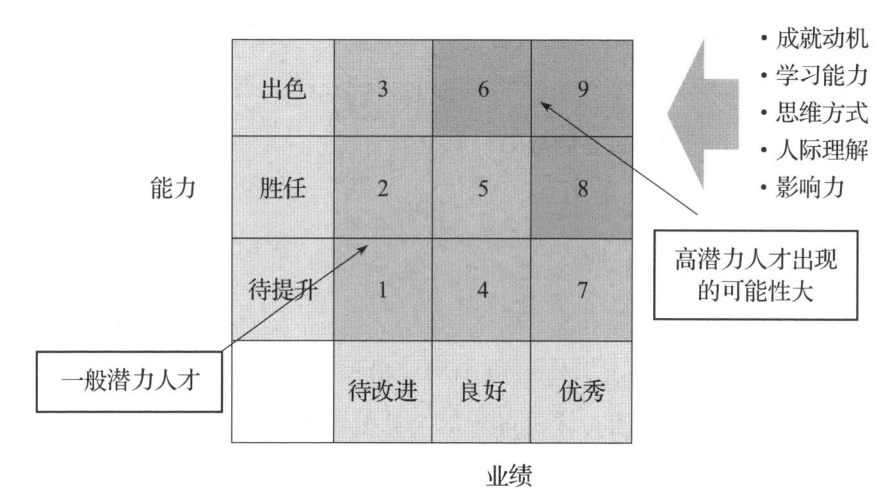

图3-4 九宫格示意图

能力维度：出色、胜任、待提升
业绩维度：待改进、良好、优秀

九宫格分布：
- 出色行：3、6、9
- 胜任行：2、5、8
- 待提升行：1、4、7

高潜力人才出现的可能性大（指向6、8、9号格）
一般潜力人才（指向1号格）

高潜力人才特征：
- 成就动机
- 学习能力
- 思维方式
- 人际理解
- 影响力

通过能力和业绩的综合判断结果可以识别员工的发展潜力，6、8、9号格出现高潜力人才的可能性较大，9号格的员工是高潜力人才，6、8号格的员工是有发展潜力的人才。九宫格是动态的，员工的判定结果并非一成不变，9号格并不意味着可以马上升职，而是组织会将注意力更多地放在6、8、9号格人员的培养和发展上。

2013年6月，京东公司以圆桌会议的形式，对700名管理者进行了盘点，盘点采取九宫格评分方式，盘点过程严格按照机制公平、流程透明的要求执行。经过盘点，京东最终形成由168名HIPO（高潜）经理和31名HIPO（高潜）总监组成的人才池。

（3）经验地图

经验地图是以公司某项工作要求为基础，描绘出与其匹配的高级人才需要具备的工作经验路径，主要以所在岗位或岗位类为要求。目前，国内运用经验地图比较多的是联想公司。联想始终认为绝大多数学习和发展都发生在工作中，最好的发展方式是基于经验或实践的发展。联想人才经验地图如图 3-3 所示。

表 3-3　　　　　　　　　联想人才经验地图（示例）

经验类型	典型岗位	解释
前端	销售、一线服务	客户界面类岗位，了解客户对业务的直接感受，体验业务增长的压力，了解公司战略对一线的意义。
后端	职能类、研发类	非客户界面类岗位，作为公司内部运营的一部分，了解业务协作，提升服务意识等。
扭亏为盈	亏损地区负责人	面对业绩下滑，在时间压力下完成对组织、团队、个人方面的困难决策，考验个人能力。
市场开拓	地区营销中心负责人	根据对市场机会的判断，通过多种途径，与当地政府、企业打交道，获取或储备关键资源，发展客户。
全球项目	项目负责人	完成跨区域、跨职能的项目，持续时间超过一年，如主持或作为主要成员参与重大项目的谈判等。

基于经验地图，组织可以确定员工需要提升的经验类型。例如，在人才盘点时，发现华中区总经理岗位的继任者缺乏前端岗位的经验，组织可以尽快安排他进行一段时间的前端岗位轮岗。当候选人弥补了缺乏的经验后，他在继任者名单上的位置也将实现提升。

2. 人才盘点指标与能力差距分析

企业需要及时对内部的人才进行盘点，摸清企业的人力资源现状，盘活企业内部的人力资源，使其能够更好地为企业服务。因此，企业要设计人才盘点的相关指标和路径，筛选出高潜人才，以匹配企业的战略发展需要。

2.1 潜能指标设计与高潜人才筛选

岗位普遍要求的所有特质即为员工的潜力标准。组织在人才选拔时，需要综合考虑这些潜力因素，科学地甄选人才，确保人才在组织内部通过合理的方式实现流动，最大化发挥员工的价值。不同岗位对人才的要求不同，其潜能指标设计也就不一样，具体如表3-4所示。

表3-4　　　　　　　关键岗位人才潜能指标（示例）

等级	指标	指标维度
一线经理	领导技能	工作计划、知人善用、分配任务、激励员工、教练辅导、绩效评估
	时间管理	时间规划
	工作理念	管理性工作意识
部门总监	领导技能	甄别人才、授权能力、评估一线经理、教练辅导、全局性思维
	时间管理	时间规划
	工作理念	管理者思维

华为针对人才潜力的评估与测度设计了一个学习力（潜力）评价表，如表3-5所示。

表3-5　　　　　　　　学习力（潜力）评价表

学习力	思维心智	人际理解	变革创新	结果导向
能力	在相关专业领域有较强的专业能力和视野	对于人际关系有较高的敏感度	不满足于现状，持续改善	有较强的自我驱动力和能动性
得分				

续前表

学习力	思维心智	人际理解	变革创新	结果导向
能力	具有解决问题的有效方法	能够通过交流有力地影响他人	愿意迎接挑战，不轻易放弃	愿意付出努力，能吃苦耐劳
得分				
能力	能够从容面对复杂模糊的环境	能够倾听和接纳不同意见和负面情绪	善于引入新的观点和方式	高标准绩效要求，并激励团队
得分				
能力	可以向他人清晰解读和思考	能够察觉内在情绪并自我进化	热衷于尝试新鲜方案和创意	鼓励他人和自己发挥潜力
得分				
能力	善于发现错误并及时改正	善于组织和协调各方	能够推动变革	结果导向，不拘泥于方式方法
得分				
总分				

华为学习力（潜力）评价表从思维心智、人际理解、变革创新、结果导向四个方面，对员工能力分别做出五个维度的划分，每个维度可以打 1～5 分。根据总得分，对 20 分及以上、14～19 分、8～13 分、7 分及以下的员工分别给出高、中、低、弱潜力的评价结果。通过此种方式就可以筛选出组织的高潜力人才。

2.2 人才盘点路径和分层管理

近年来，随着企业对于人力资源理解的加深，越来越多的企业认识到人才盘点的重要性。人才盘点分为封闭式盘点和开放式盘点。所有的人才评价和盘点结果生成一份报告，只有一部分人知道报告的内容，这是封闭式盘点。而开放式盘点通常参与者比较广泛。在进行开放式盘点时，一般以人才盘点会（Talent Review Meeting，TRM）的形式分层分级进行。

在华为，实施人才盘点需要做好三个方面的准备工作。

一、明确评价标准并收集评价结果。那些知名企业根据自身的实际情况，都有一套适合自己的评价标准，不同的标准侧重点也不尽一致。当然，如今也有许多通用的人才测评模型，适合于中小型企业。比如凯洛格提出的"3P模型"，该评价模型主要包括三个方面的内容：潜力（Potential）、业绩（Performance）以及岗位经验（Position）。

二、用于盘点的表格需要简单、明确。用于盘点的表格应该能够直观地呈现测评的内容，并且便于理解和讨论。此外还要承载测评需要的内容，内容既不能过多，也不能太少。

三、做好内部沟通。由于人才盘点涉及公司内部绝大部分部门，并且大多是所在部门的管理者，所以在进行人才盘点前应该向其他部门阐明人才盘点的重要性，确保人才盘点能够顺利推行。

在人才盘点的过程中，组织采用统一标准来对企业人才的工作表现和潜质进行评估，以识别出高潜力的关键人才。这个统一标准一般包括三个维度，即业绩、能力和潜力。业绩是员工过去取得的绩效考核结果，能力是员工过去取得业绩结果过程中的具体行为表现，而潜力则是预测员工未来的发展。人才盘点路径及培养管理模型如图3-5所示。

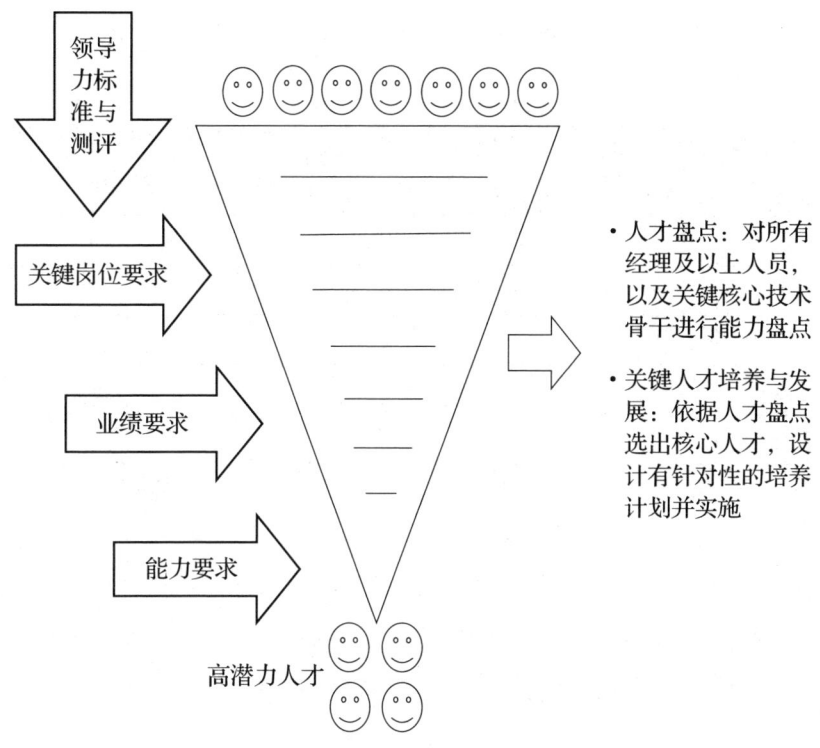

图 3-5 人才盘点路径及培养管理模型

2.3 人才盘点和能力差距分析

通过人才盘点，企业能够及时、准确、全面地了解到内部的人力资源现状，对比岗位能力需求，然后对人力资源配置进行优化。同时，组织还可以根据盘点的结果建立"继任人才库"，当人力资源出现变动时，也可以很快地做好相应的准备。

与业务部门识别出关键岗位之后，华为通常会对关键岗位的继任人才梯队进行盘点，看有哪些干部和员工有能力接任关键岗位，哪些有潜力但还未达到岗位的要求。华为按照能力准备程度将继任梯队的人才分为三个等级，分别是 Ready-now、One-job away、Two-job away，如表 3-6 所示。

表 3-6　　　　　　　华为关键岗位的继任人才梯队

职位	岗位数	现任（已任命）	Ready now	One-job away	Two-job away
X1 地区部					
X2 地区部					
X3 地区部					
X4 地区					
X5 系统部					

Ready-now 指员工已经达到目标岗位所需的全部标准。对于达到 Ready-now 等级的人才，华为采取聚焦精准的策略，也就是说，基于关键岗位的关键职责对其进行赋能，甚至直接让他履行岗位的职责，在实践中学习和提高。

One-job away 是指员工离目标岗位标准还差 1～2 项关键能力，还不足以担当岗位的职责，尚需要 1～2 年的时间进行提升。对于 One-job away 等级的人才，华为采取聚焦发展的策略，制定未来 1～2 年有针对性的个人培养计划。

Two-job away 指员工离目标岗位标准还欠缺比较多的关键能力，但已表现出一定的潜力，需要 3～5 年的时间去提升。对于达到 Two-job away 等级的人才，华为采取聚焦潜力的做法，识别该员工所需要的关键经验和能力，并制订未来 3～5 年的职业发展计划。

在明确了继任人才与岗位要求的差距后，为了确保继任梯队的人才能够顺利接班，组织必须有针对性地制订个人培养与发展计划，并持续跟进培养计划，确保组织内部的高潜力者顺利成长。

3. 基于素质词典的分层能力建设

不同职类职种的岗位以及组织在不同的发展阶段对岗位能力素质的要求和侧重点都有所不同。企业可以从素质词典出发，构建员工的学习内容，提升员工胜任岗位的能力。

3.1 素质和素质模型分类

素质是在特定的企业环境中，在具体的工作岗位上，驱动一个人做出优秀业绩所需的知识、技能和行为等特征的集合。不同的员工在素质方面的差异是客观存在的。随着企业对员工能力素质的要求变得多样性，从20世纪50年代开始，西方企业将素质作为一种管理工具，并在实践中不断总结，以提高其科学性和实用性。

哈佛大学教授戴维·C.麦克利兰（David C. McClelland）在20世纪70年代首先提出了胜任素质的概念，这一概念旨在帮助企业找出那些与员工个人能力相关，并能够协助企业提高效益的因素。麦克利兰的研究提出了著名的"冰山模型"，即将个体素质的不同表现形式划分为表面的"冰山以上部分"和深藏的"冰山以下部分"。"冰山以上部分"包括基本知识和技能，这些外在特征比较容易了解和测量，且可以通过培训来改变和发展；"冰山以下部分"包括社会角色、自我形象、特质和动机，这些内在特征难以通过外界的影响而得到改变，但却决定了个体的行为与表现。

不同的组织由于外部环境、战略、内部文化等诸多因素的不同，会形成独有的素质要求，进而形成素质模型。素质模型的分类如图 3-6 所示。

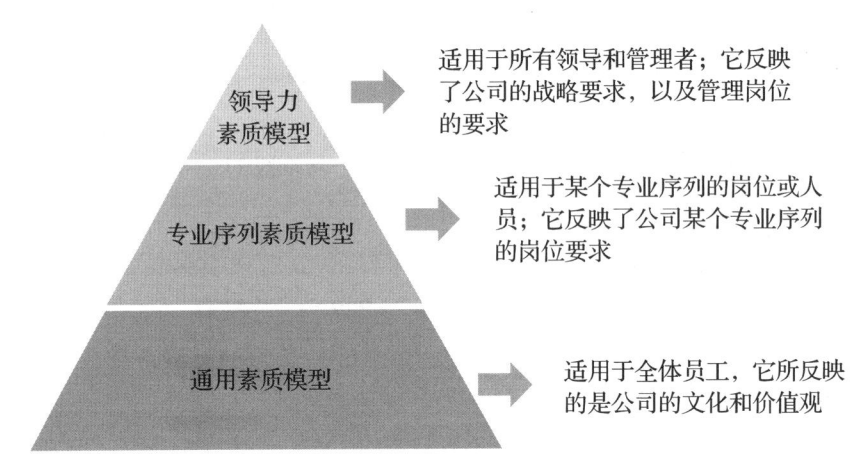

```
                    ┌─────────┐
                   /领导力     \  → 适用于所有领导和管理者；它反映
                  / 素质模型    \    了公司的战略要求，以及管理岗位
                 /───────────── \   的要求
                / 专业序列素质模型 \ → 适用于某个专业序列的岗位或人
               /                  \   员；它反映了公司某个专业序列
              /────────────────────\  的岗位要求
             /    通用素质模型       \ → 适用于全体员工，它所反映
            /                        \   的是公司的文化和价值观
           /_____\
```

图 3-6　素质模型的分类

华为较早引入了素质模型，对员工的职业成长进行管理。华为的素质模型分为两大类：通用素质模型与基于职位族的素质模型。华为基于职位族的素质模型不仅明确定义了每项素质的内容，还对素质进行了细致和精确的分级。比如，研发人员的"思维能力"分为四个等级，每个等级都有对应的描述以及针对性的案例分析。根据描述和案例分析，员工就可以知道自己某项素质属于哪一级。

思维能力、成就导向、团队合作、学习能力、坚韧性和主动性这六项特征是华为研发人员最重要的素质。在这些素质当中，思维能力通常用专业性测验或试题来考查和评估。成就导向、学习能力、坚韧性和主动性这四项主要反映个人动机和行为意向，团队合作的能力则可以通过日常工作侧面了解。

成就导向：对成功完成任务或在工作中追求卓越的愿望。

团队合作：个人愿意作为群体中的一个成员，与群体中的其他人一起协作完成任务，而不是单独地或采取竞争的方式从事工作。

学习能力：积极获取与工作有关的信息和知识，对获取的信息进行提取和加工，不断地更新自己的知识结构，提高自己的工作技能。

坚韧性：在非常艰苦或不利的情况下，克服外部和自身的困难，坚持完成所从事的任务。

主动性：投入较多的精力发现和创造新的机会，提前预计到事件发生的可能性，并采取行动提高工作绩效，避免问题的发生，或创造新的机遇。

素质模型的应用非常广泛，包括职位描述、招聘选拔、任职资格管理、后备干部管理和培训。根据素质模型确定培训需求，并在此基础上对员工进行职业成长管理，这是增强培训效果的关键，不仅可以大大降低培训成本，而且还可以形成明确的培训目标，使培训有据可依。

3.2 从素质词典出发构建学习内容

素质决定绩效，因此企业需要设立详细的标准及行为模式，明确每个工作岗位的关键素质能力，形成岗位胜任力素质词典。

哈佛大学教授麦克利兰经过不断的研究，共提炼形成了21项通用胜任素质要素，构成了胜任素质词典的基本内容。这21项胜任素质要素概括了人们在日常生活和行为中所表现出来的知识与技能、社会角色、自我概念、特质和动机等特点，形成了企业任职者的胜任素质模型。

值得注意的是，素质词典与组织战略、业务特点、管理行为、地域文化等都有直接联系。麦克利兰所提出的胜任素质词典具有广泛适用性，组织在构建素质词典时，要形成自己的特色，综合考虑行业特性、企业成长阶段等因素，深入分析企业文化和业务战略，进而进行胜任素质词典的构建。构建素质词典需要考虑的要素如表3-7所示。

表3-7　　　　　　　　构建素质词典需要考虑的要素

序号	维度	具体要求
1	充分考虑到企业文化	能力素质模型应该考虑到人才对于文化的兼容性，促进公司形成符合战略需要的文化
2	以战略为导向	从行业、企业成长阶段出发，能力素质模型必须反映战略对于人才的需求
3	以职位要求为依据	能力素质模型必须从职位的实际出发，以完成职位的工作任务为标准
4	考虑到公司的成长阶段	能力素质模型必须反映公司的成长阶段，以适应公司的发展需要

素质词典可以作为构建员工学习地图的基础，通过在组织内部沟通与研讨，并对比实践案例，确定每项素质所要达到的学习目标、内容等级、学习要点，最终输出各素质对应的学习内容。从素质词典出发构建学习内容如图3-7所示。

基于素质词典，组织可以发现员工现有工作状态的不足和差距，配合一定的培训和学习模式，培养员工提升企业所需的核心专长与技能，引导员工实现能力的提升，从整体上提升组织的绩效水平，从而强化和提升企业的核心竞争力，最终实现企业的战略目标。

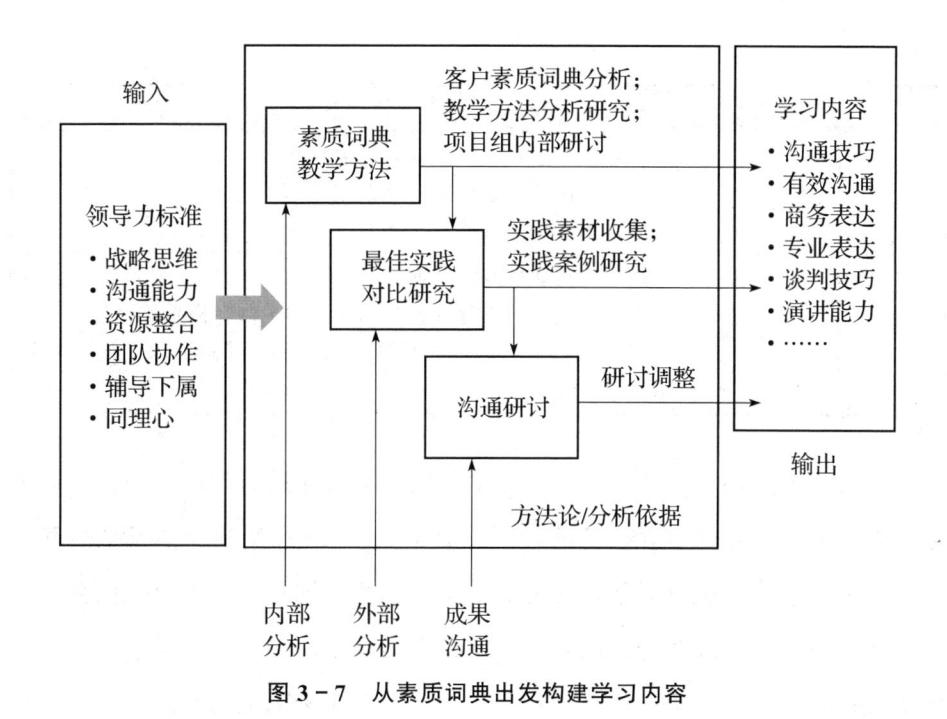

图 3-7 从素质词典出发构建学习内容

3.3 基于专项素质能力的层级考量

不同的岗位对某项素质的要求不一，因此，组织需要根据每个素质所含典型行为的复杂程度、完整性以及范围广度，对专项素质能力进行分级描述。一般来说，专项素质能力可以划分为四个层级，如表 3-8 所示。

表 3-8　　专项素质能力的层级水平划分

序号	层级	具体要求
1	基础水平	• 完成岗位绩效/任务所必须具备的素质水平 • 不能产生高绩效，或对他人和组织产生重要影响 • 需要为处在该水平的人员制订能力提升计划
2	胜任水平	• 能完全胜任岗位要求，能够有效完成任务 • 有较大提升空间

续前表

序号	层级	具体要求
3	优秀水平	• 绩效水平达到了大家公认的高水准 • 展现了持续的、稳定的高绩效 • 表现出非常显著的专业能力
4	卓越水平	• 达到了最高标准的绩效要求 • 大家一致公认该管理者在这个素质上具有卓越的优势 • 在辅导其他人如何提升素质水平时,通常参照处在该水平的人员楷模

目前,国内外知名企业都在使用素质词典对人才进行管理,华为公司也不例外。为了更好地培养、管理人才,华为曾对几十位有着卓越绩效表现的中高级干部进行访谈,对他们各方面的工作进行归纳总结,找出他们身上具备的优良素质以及成功的原因,最终总结了成功干部需要的九项素质。虽然华为在后来的发展过程中经过了各种管理变革和对干部能力的迭代,但这九项素质仍然是华为干部群体的基本能力要求。

华为干部的基本素质要求涵盖了发展客户能力、发展组织能力以及发展个人能力三个核心模块,发展客户能力包括关注客户以及建立伙伴关系;发展组织能力涵盖团队领导力、塑造组织能力以及跨部门合作;发展个人能力包含理解他人、组织承诺、成就导向以及战略性思维。其中,每项素质都被划分为四个层级。华为干部素质层级划分如表3-9所示。

表3-9 华为干部素质层级划分(部分)

维度	素质	层级划分
发展客户能力	关注客户	层级四:想客户所未想,创造性地服务客户。 层级三:探索并满足客户潜在的需求。 层级二:解决客户的担忧,主动发现并满足客户未明确表达的需求。 层级一:响应明确的客户需求。

续前表

维度	素质	层级划分
发展客户能力	建立伙伴关系	层级四：寻求共识，实现双赢。 层级三：共同发展伙伴关系。 层级二：开展对话。 层级一：对外开放，建立联系。
发展组织能力	团队领导力	层级四：鼓舞士气，影响团队。 层级三：授权团队。 层级二：设定高绩效团队的行为期望。 层级一：任务式领导。
发展组织能力	塑造组织能力	层级四：进行组织或流程的重新设计，建立干部梯队，以持续提升绩效。 层级三：匹配人力资源，发现、培养后备干部。 层级二：指导团队。 层级一：理解执行组织、流程，并识别需要改进的领域。
发展组织能力	跨部门合作	层级四：整体利益最大化。 层级三：主动理解其他部门需要，采取行动提供帮助，寻求双赢。 层级二：处理冲突，愿意妥协。 层级一：尊重他人，并贡献自己的观点。
发展个人能力	理解他人	层级四：理解深层问题。 层级三：理解真实意图。 层级二：理解情绪和表达。 层级一：识别情绪和状态。
发展个人能力	组织承诺	层级四：为公司利益做出牺牲。 层级三：认同及传播公司核心价值观，以实际行动支持公司。 层级二：展现公司形象。 层级一：努力融入组织。
发展个人能力	战略性思维	层级四：对业务重新构思或创造新的业务概念。 层级三：深入浅出地去洞察战略。 层级二：运用复杂的理念去实施战略。 层级一：通过发展趋势来实施战略。
发展个人能力	成就导向	层级四：敢于承受评估。 层级三：做出成本/效益分析。 层级二：设定并实现挑战。 层级一：把事情做得更好。

华为领导力素质模型对于每种能力下覆盖的具体能力要求，皆设定了四个层级能力水平，以便人们界定自己的能力水平。当对专项素质能力进行层级设定后，组织便可开始有针对性地培养企业战略发展所需的各类人才。

4. 关键岗位发展规划与学习地图

基于素质词典绘制学习地图，可以帮助组织更有效地培养和提升员工的能力，为实现组织的战略目标服务。

4.1 学习地图的类型

学习地图是指以员工能力发展路径和职业规划为导向而设计的一系列学习活动，体现了员工在组织内学习发展的路径。

学习地图作为构建培训体系的基础工具，为企业的人才发展和培训活动提供了方向。科学有效的学习地图，使组织的培训活动能够保持稳定有序的状态。因此，绘制学习地图是开展各类学习活动的基础，有了学习地图的指引，电子化学习、场景化演练等生动化的教学方式也能事半功倍。

腾讯学院 Q-Learning 平台为每个员工都配置了"个人学习地图"，"个人学习地图"将员工的个人职级、通道、素质模型与课程匹配，员工进入系统就可以知道自己该学习什么课程。"公司学习地图"则将整个公司的职级、通道、素质模型与课程匹配。这样员工可以根据"公司学习地图"，确定自身的发展方向和目标。员工知道应该学什么课程，而借助于平台，培训部门也能够知道应该开设什么样的课程。腾讯在各业务部门都配备了系统培训管理员，他们主要的任务是了解各业务部门的培训需求，并及时与培训部门进行沟通和反馈。为了配合腾讯的发展战略，培训部门还会主动分析和研究业务部门的潜在培训需求。这样的培训课程受到了员工的普遍欢迎，为组织营造了良好的学习氛围。

目前，国内外知名企业都对学习地图展开了不同程度的研究。总的来说，按学习地图覆盖的不同范围，可以将学习地图划分为不同的类型，包括整体型、群体型、岗位型，具体如表 3-10 所示。

表 3-10　　　　　　　　　　学习地图的类型

类型	具体说明
整体型	体系覆盖范围涉及公司各个业务部门、各个层级，是关注整体的学习地图
群体型	体系覆盖公司中的一些特殊群体，这些群体具有自己鲜明的特点，群体型学习地图为他们提供具有针对性的学习指南
岗位型	体系覆盖公司中的重点岗位，这些岗位对于公司的业务发展具有重要作用

4.2　关键岗位职业发展与学习地图

通过学习地图，员工可以清楚地知道自己在职业发展的每个阶段所应该具备的能力、应该学习的内容，从而构建自己的"个人学习发展计划"，提升自己的能力，快速实现晋升。

宝洁公司采用三全立体培训体系，即全程——职涯时间维度（入职、职涯早期、职涯中期、职涯后期)、全员——职位维度(M职位系列、A职位系列、T职位系列)、全方位——内容维度(基础素养、专业素养、管理素养)。

全程指从新员工入职到退休，宝洁推行全职业生涯规划，在每个阶段都有对应的培训与之配合。对于一个员工进入职业生涯中期，即所谓的职涯平台期后，宝洁鼓励员工横向发展，成为资深的讲师。

全员指公司内所有员工，从生产制造、市场营销到IT服务，所有员工都是宝洁培训体系的覆盖对象。

全方位指宝洁将提高员工素养作为培训的主要任务。将员工素养又分为基础素养、专业素养和管理素养三大类。如图3-8所示。

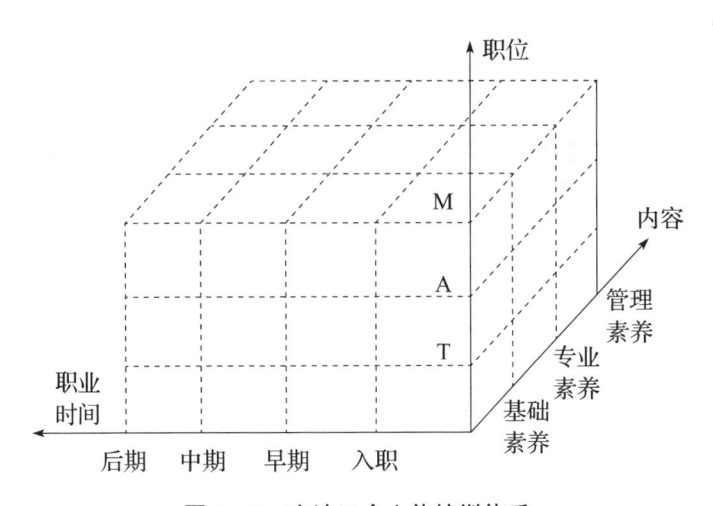

图3-8 宝洁三全立体培训体系

宝洁三全立体培训体系为员工职业发展提供了全方位的帮助，在这样的环境下，每位员工都会根据企业需求来提升自己的能力，实现职位晋升。

根据帕累托"二八法则"，企业80%的营业收入来源于20%的关键员工,而剩余80%的员工只创造企业20%的营业收入。因此,对于组织而言,少数关键岗位是为组织创造绝大部分价值的来源。由此看来,关键岗位的能力发展规划显得尤为重要。

华为大学把自己比作"中国企业的黄埔军校",学校于2005年正式注册成立,为华为员工及客户提供众多培训课程,包括新员工文化培训、上岗培训和针对客户的培训等。为了帮助新员工尽快适应公司文化,华为大学对新员工的培训涵盖了企业文化、产品知识、营销技巧以及产品开发标准等多个方面。针对不同的工作岗位和工作性质,培训时间从1个月到36个月不等,图3-9是华为营销人员的学习地图。

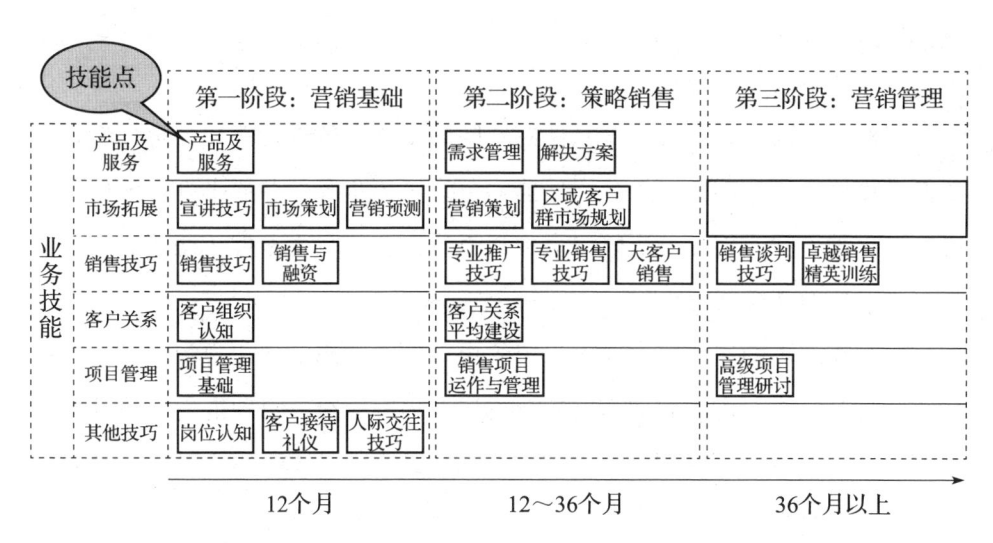

业务技能	第一阶段:营销基础	第二阶段:策略销售	第三阶段:营销管理
产品及服务	产品及服务	需求管理 解决方案	
市场拓展	宣讲技巧 市场策划 营销预测	营销策划 区域/客户群市场规划	
销售技巧	销售技巧 销售与融资	专业推广技巧 专业销售技巧 大客户销售	销售谈判技巧 卓越销售精英训练
客户关系	客户组织认知	客户关系平均建设	
项目管理	项目管理基础	销售项目运作与管理	高级项目管理研讨
其他技巧	岗位认知 客户接待礼仪 人际交往技巧		
	12个月	12~36个月	36个月以上

(技能点)

图3-9 华为营销人员的学习地图

在构建岗位型学习地图时,组织以岗位能力为基础,明确关键岗位的职业发展路径,为员工规划系统的学习路径和丰富的学习内容,使员工在职业生涯发展的每个阶段都有充分的学习资源的支撑。

4.3 基于能力需求构建学习内容

尽管学习地图有不同的类型，但是其绘制方法都是一样的，从岗位工作职责出发，根据工作职责要求分析所需能力，构建相应的学习内容。一般来说，学习地图的绘制包括三个步骤：梳理岗位职责、解析岗位能力要求、构建岗位学习内容。

（1）梳理岗位职责

梳理岗位职责的要求是明晰组织岗位结构，合并工作职责相近的岗位，划分岗位族，并描述各岗位职责说明，在此基础上确定各岗位族的职业发展通道。这样一来，不仅简化了绘制学习地图的难易度，也为员工规划了系统的职业发展路径。

（2）解析岗位能力要求

在梳理完岗位职责后，就要针对不同的工作岗位进行能力分析，包括岗位能力识别、岗位能力分类、岗位能力分级三个步骤。一般来说，解析岗位能力要求的方法有能力分析研讨会、战略研讨会、行为事件访谈等。

（3）构建岗位学习内容

针对梳理出的岗位能力要求，组织可以构建相应的岗位学习内容，其构建步骤包括三个：内容获取、内容分类以及内容分级。每项能力对应的关键学习要点以及受众对象是不一样的，因此，在为每项能力构建学习内容时，首先，要分析能力描述信息，明确学习对象，由此来确定关键学习要点和学习方式。其次，就要搜集组织内已有的学习资源，看是否需要从组织外部购买学习资源，形成系统化的学习内容。最后，就是根据能力的分类与分级，相应地对学习内容进行分类与分级，为不同层级的员工提供不同的岗位学习内容。图3-10为某地产公司项目经理胜任能力课程体系。

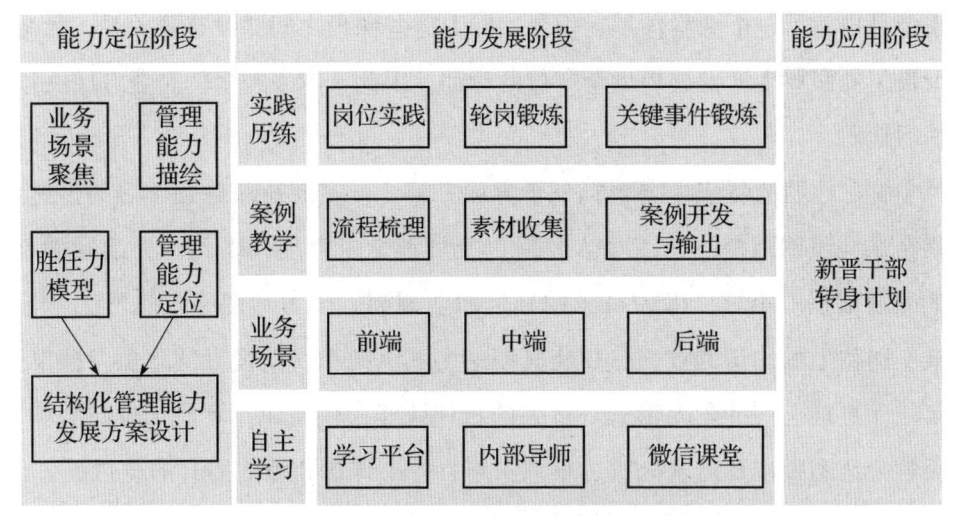

图 3-10 某地产公司项目经理胜任能力课程体系（示例）

学习地图将岗位能力、学习资源和职业发展有机整合在一起，不仅提升了培训管理工作的有效性，而且通过将战略地图转化为能力地图，进而转化为学习地图，加强了公司战略与个人能力提升的关联性。

5. 学习地图应用与学习项目设计

学习地图为培训工作者提供了学习管理的统一视角。培训工作者通过对比员工个人现状与学习地图的内容，即可发现当前的培训需求，并制定系统化的培训计划，为员工提供所需的学习活动。

5.1 学习地图与传统课程体系

过去，很多企业构建课程体系就是对已有的课程进行整理或归类，看起来像是搭建了一个课程体系，但是实际上这些课程之间并没有强关系，无法为员工的职业生涯发展提供全方位的帮助。因此，越来越多的企业开始关注学习地图。

学习地图的特点主要包括三个方面：第一，实现从战略到学习的传递。紧密结合组织战略、员工个人发展以及培训学习管理，以此作为绘制学习地图的依据。第二，考虑员工的长远职业规划。学习地图不仅让员工学习某个岗位上的知识和技能，也将其职业生涯纵向和横向发展纳入学习框架。第三，更加全面的学习形式。过去的培训课程比较僵化，倾向于单向灌输，而学习地图则涉及需求分析、培训实施、效果评估和绩效提升的全过程。

学习地图的涉及范围见表3-11。

表3-11　　　　　　　　　　学习地图的涉及范围

涉及范围	维度	具体说明
学习主体	学习者	作为学习活动的主体，具有多种特性和偏好。对学习者的分析是确定学习方式的重要依据。
学习客体	学习内容	一般而言，学习内容从学习者或岗位能力需求得来。对学习内容的分析也是确定学习方式的重要依据。
	学习方式	学习方式属于客体范围，要响应学习者和学习内容的特点和要求。传统的面授课程属于学习方式的一种，但有很多其他的学习方式可以应用。
学习效果	随课评估	在学习活动结束之后，马上进行的评估行为可以分为对学习活动的评估和对学习者的评估两个方面。
	后续跟进	学习活动结束后较长时间的跟踪行为。既可以是学习过程的延续，对学习效果的加深，也可以是对学习效果向绩效转变的评估。

学习地图对于员工来说，并不仅仅是课程体系，课程只是学习内容的载

体之一,是学习活动中的一个环节。学习地图为员工能力的提升制定了针对性和多样化的学习活动,精准匹配员工的能力需求,能够从更高的层次来实现对员工学习的支持。

5.2 学习地图针对不同对象的应用

在企业中,学习地图针对不同对象有不同的应用。对管理者来说,学习地图是连接企业战略与学习的桥梁;对于人力资源管理工作者来说,学习地图是衡量企业人才的标尺;对于学习管理工作者来说,学习地图是规划员工学习的有效指南;对于员工来说,学习地图是学习的导航系统(见表3-12)。

表 3-12　　　　　　　　学习地图对不同对象的作用

对象	作用
管理者	明晰企业的学习重点;确定培训资源投入的重点和力度。
人力资源管理工作者	帮助人力资源部门完善人才发展体系;成为人才选用育留的参考依据。
学习管理工作者	帮助培训管理部门建立科学、系统的培训体系;为年度培训计划制订提供连续性的依据。
员工	为每个员工指明在企业中的学习发展路径。

不同于传统的培训课程体系,学习地图根据员工的职业生涯发展通道设计了系统化的路径,且随时可根据员工的发展进行调整。例如华为为员工的晋升设计了两条途径,不同的员工根据个人能力有两条职业发展通道可以选择,一条是管理晋升路线,另一条是技术专家路线。在每一个晋升节点上,都对应有相应的课程包,为员工的能力提升提供帮助。对于企业而言,这种晋升方式不但能够充分调动起技术人才的能动性,也不会导致企业管理层出

现冗官冗员的沉疴。华为的双职业通道如图 3-11 所示。

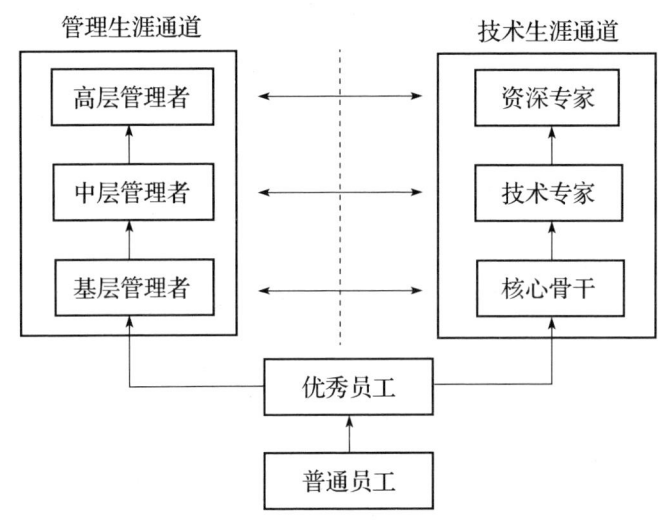

图 3-11 华为的双职业通道

双职业通道模式在为大部分员工提供正常的职业发展路线的同时，也为专业人员设计出一条更适合的职业发展道路。从图 3-11 中可以看出，华为的双职业通道有如下特点：

管理生涯通道的发展路线是：普通员工→优秀员工→基层管理者→中层管理者→高层管理者；技术生涯通道的发展路线是：普通员工→优秀员工→核心骨干→技术专家→资深专家。

在这两种职业通道中，基层管理者和核心骨干、中层管理者和技术专家、高层管理者与资深专家的级别基本对应，并且对应的级别会享受到相同的薪资待遇。

学习地图为员工的职业生涯发展提供不同的通道，适用于任一岗位或职位族的员工，能够让企业中不同特点的员工都能尽其所能。

5.3 建立课程包体系与设计学习项目

课程包体系是学习地图中的核心资源。在进行课程开发之前，课程开发人员不能凭空想象培训需求而进行开发，而是必须弄清楚为什么要开发这门课程，以及这门课程为哪个人群开发，开发此课程是为了解决什么样的问题，能够培养学员什么样的能力等。一般来说，课程开发团队需要通过问卷调查、课程回访等方式向业务部门广泛调研，获得业务部门详细缜密的反馈，将业务部门反馈的信息进行仔细的分析和研究，再进行课程开发。

在课程资源的组织与开发上，组织可以根据自身的实际需要开发与企业相适应的课程，也可以引进外部优秀的课程资源，为企业所用。

"西门子卓越领导"管理培训（Siemens Leadership Excellence）是西门子人才培养体系中最有特色的一部分。该项目是在学习地图方法的指引下，以领导力模型为基础，以职业生涯发展规划为主轴，为管理人员设计开发了与发展节点相对应的学习活动。该项目由五个级别组成（S1—S5），各个级别的管理培训课程与受训员工的职能级别一一对应，例如接受MC课程的员工，其职能级别也在5级。

S5面向具有潜在管理才能的员工，培训目的是提高被培训者的自我管理和团队建设能力，课程内容包括西门子公司及其愿景、价值观和目标、项目管理技巧和自我组织、团队建设和人际沟通、领导风格等。

S4面向高潜力的初级管理人员，培训目的是使被培训者具备初级管理的能力，课程内容包括平衡利益相关方、业务战略实施和团队授权等。

S3 在亚太地区进行，用英文教学，面向负责核心流程或多项职能任务的管理人员，培训目的在于开发他们的企业家职能。课程内容包括有效的企业家管理、行为管理、创新和变革管理、经营战略、领先的财务和股东价值等。

S2、S1 均设在德国的西门子大学进行，用英文教学，面向担任重要职位的管理人员、负责全球性/地区性产品或服务的管理人员、负责两个以上职能部门的管理人员。培训目的在于提高他们的领导能力，TMC（Top Management Course）课程内容包括全球化、电子商务和新经济、领导力和回馈、企业文化和管理、组织战略和变革、地方化经营和文化差异管理等；CMC（Corporate Management Course）课程内容包括人力与战略进程的结合、变革管理与永续经营等。

课程的目的就是将知识和技能通过培训的方式传输给受培训者。作为面向职场人士的培训，课程设计应该符合企业和成人学习的规律。

企业是一个功利性的商业组织，其组织培训的目的肯定是希望通过培训能够实现更多的价值创造，当然，有的企业希望培训能够尽快地输出价值，也有的企业并不会过多地考虑当前的价值输出，而更着眼于未来的价值创造。那么在开发课程时，就必须考虑课程服务的对象以及企业开展培训的目的，这样开发出的课程就更有针对性。

第4章
案例开发与教学应用

组织内部有许多经验丰富的员工，学习管理者可以将这些宝贵的经验萃取出来，编写成优秀案例，并将这些经验推广和复制给更多的员工，从而大大提升组织的绩效水平。将案例进行开发并与教学进行结合应用，可以给参与者提供一个具有真实感的决策机会，同时学习过程也充满了乐趣。

1. 一个优秀案例的标准

简单来说，案例就是对人们所经历的具有意义的事件的描述。一个优秀的案例应该具备以下几点要素：较高的价值、优秀的内容、良好的表达。

1.1 案例的定义和类型

案例是为了实现某个具体目的，围绕某个或某些问题，对某个真实的场景做出的客观性描述，它具有说服、思考和教育的意义。企业内部开发的案例是围绕某个明确目标，对员工身边发生的真实业务场景及相关状况所做的结构化描述。这个描述中通常包含了组织中某个人或某些人在工作中遇到的困难、机会、决策以及解决问题的方案等。

案例的分类方法多种多样，从不同的角度可以将案例划分成不同的类型。但值得注意的是，划分案例类型的界限不是泾渭分明的，而是也存在一些模糊的情况。根据企业开发案例的用途可以将案例划分为阅读型案例和教学型案例，具体如表 4-1 所示。

其中教学型案例又可以按照性质划分为描述型案例和决策型案例，如表 4-2 所示。

表 4－1　案例类型

类型	特征
阅读型案例	适用于自学、阅览等场景；现场只有阅读者一种角色；对内容实用性要求较高；通常以描述型案例为主；建议匹配业务专家的点评；形式多以 word、微信为主。
教学型案例	适用于授课、研讨、会议等场景；现场有引导师和学员两种角色；对场景化要求较高；通常伴随案例引导问题。

表 4－2　教学型案例分类

类型	特征
描述型案例	描述某一事件的全过程，客观呈现事件中的方案、计划、所遇到的困难及解决方法、最终解决结果等描述型介绍。在教学过程中要求案例使用者对整个事件进行评审，指出长处和点明不足，并且两者都要陈述理由。这类案例主要通过描述全过程让学习者加深理解某些理论、该事件问题或困难的解决思路，实现提炼、萃取，重新对原型事件进行反思和建构。
决策型案例	在该情景的描述中隐含一定的问题，案例学习者需将这些问题挖掘出来，探究原因，拟定对策，最后做出决策。案例本身实际的做法并不重要，往往也没有唯一正确的答案。这类案例是管理及业务教学案例中的主流案例，旨在帮助学习者举一反三、触类旁通。

案例有很多种说法，在不同领域人们的认识也不一样，但总的来说，案例就是人们对已发生事情的重新叙述。案例和故事有几分类似，却不等同于故事。

1.2　好故事未必是好案例

案例和故事在某些方面有较强的相似性，但是好故事未必是好案例。案例不是一般课程中的案例，也不是真人真事的简单复述，更不是课堂上讨论的小故事或事，它是"学习性材料"。一般来说，案例主要包含三个核心要素，即挑战性故事、可应用场景、可复制经验，具体如图4-1所示。

（1）挑战性故事

案例中所讲述的事件本身具有一定挑战性，通常包含主人公与相关人物、事件导火索、事件进程、当事人的决策与行动以及最终的结果等事实。

（2）可应用场景

案例学习对象在对案例进行学习后应该如何去应用。应用场景中包含了两个问题——学习对象是谁，案例代表的工作任务或工作场景是什么（如"风险管理""尽职调查""供应链客户销售与维护""处理投诉客户""激励低意愿高能力员工"等）。

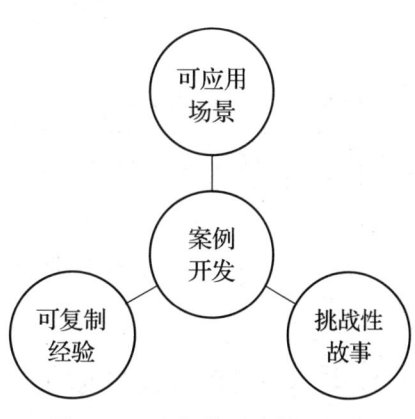

图4-1 案例的三个核心要素

（3）可复制经验

这是案例重要的部分。如果把案例看成是一座冰山，冰山之上可见的部分就是事实部分，即故事，而冰山之下不可见的部分就是学习部分，即学习点。学习点一般为给人启发的内容，包括三个方面：第一，经验，即在某个业务挑战或决策中采用的理念、方法或操作手段；第二，教训，即某次决策失败，在变更行动后实现了成功，由此而产生两种不同结果的根本原因以及改进措施；第三，反思，即如果类似的业务场景再次发生，可以从哪些地方进行改善，从而取得更好的结果。

由此可见，故事和案例之间还是存在较大的区别，而一个好故事如何才能成为一个好案例，则需要进行下面六步提炼，如图4-2所示。

好故事未必是好案例，只有经过经验萃取，将故事中可复制的经验提取出来，将其进行升华，给读者带来启示与体会，才能成为案例。

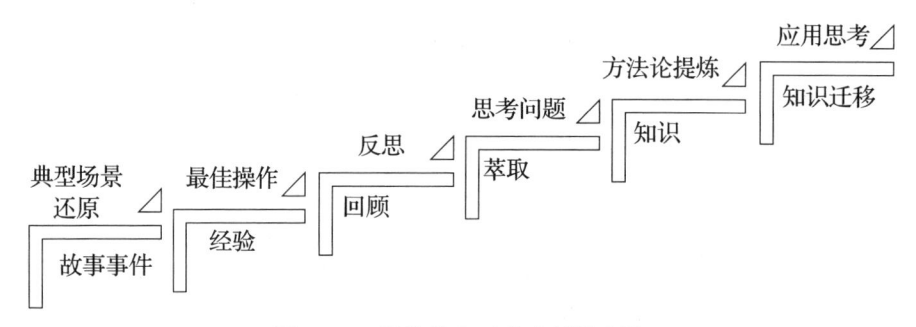

图 4-2 提炼故事形成案例的步骤

1.3 优秀案例的承载与内涵

案例学习能让人有身临其境的感受，它通过模拟现实工作场景，让学习者参与其中，通过分析成功或失败的工作经历，从中产生思考，从而丰富知识、拓展能力。优秀案例对学习者来说，具有非常重大的意义，它可以帮助员工拓宽视野，积累经验，提升自己的业务工作能力等，具体作用如表4-3所示。

表 4-3　　　　　　　　　　　　优秀案例的承载作用

维度	具体作用
积累经验	通过案例学习，员工可以了解不同业务领域的问题、不同管理层级应该承担的责任等，为今后胜任工作提供帮助。
培养思考力	在案例学习过程中，可能涉及多方面的思考能力，包括问题识别能力、数据处理能力、批判性思考能力以及决策技能。
加深理论理解	案例能很好地测试和加深学生对理论的理解，因为本身可能就包含有理论素材，或者随同案例布置的阅读材料包含了理论。案例使理论付诸实践，或识别出实践对理论的需求。
给予实践机会	案例给了参与者一个在实验室的环境中去实践管理的科学和艺术的机会，而不必担心会给公司和个人带来风险。

随着人们对管理认识的加深，越来越多的机构和大学都建立了案例中心，哈佛商学院是世界上最早使用案例教学的机构。尽管案例教学较早地引入了我国，但案例教学得到重视还是近10年的事情。大连理工大学管理学院成立了"中国管理案例共享中心"，这是我国最早应用案例教学的机构。

华为最早启用案例教学的是中研部，中研部采用开放式讲座、研讨会、座谈会等方式进行案例式教学。任正非对中研部的案例教学专门做出过讲话，他说："案例教学不要怕'刺刀见红'，这个案例说这样不行，那个案例说那样不行，案例是从实践中产生的，而实践则是最好的老师。我们自身的经历都是案例教学的好素材，这些案例将来还会被好的大学拿去作教材。"

在任正非看来，哈佛大学的MBA之所以出名，就是因为他们的案例教学办得很好。在哈佛，所有人都可以对案例进行深入的讨论，很难形成定论，但通过讨论案例相互启发了思维。这就是案例教学的意义。

在案例入库之前，需要对案例质量进行把控，确保案例的实用性。一般来说，入库案例需要满足以下几个条件。

第一，真实性。案例必须是真实的、符合现实情境的。凭借案例撰写人员的主观判断构造出来的案例不仅达不到学习效果，反而会对他人的工作产生错误的指引，甚至导致不良的影响。尤其是当使用者发现案例内容有虚假时，可能会对案例教学产生强烈的抵触心理，进而影响经验在整个组织内的推广和传播。因此，在评价入库案例时，一定要把控其真实性，确保案例是有据可依的，增强案例对使用者的说服性。

第二，针对性。为了更好地指导和帮助其他员工今后的工作，入库案例的内容一定要围绕组织发展战略、重点业务和关键难点或者风险点等方面。

只有这样，案例使用者才能在阅读学习后，将经验运用到实际工作当中。

第三，系统性。主要是指案例内容的系统性和案例分析的系统性，从案例发生的背景、过程，到解决方案、最终成果，都要进行详细的阐述，确保前后的一致性。

第四，完整性。入库案例是对组织内部所有人开放的，使用者可能来自不同的部门，对不同业务流程的认识都不一样。因此，要求入库案例所有的基本信息都不能缺失，以帮助使用者更好地理解案例、使用案例。

优秀的案例能够引发案例阅读者自己得出结论或思考下一步该怎么办，它更多是关注经验产生的过程，比如为什么会有这样的结果？还有哪些其他可能的结果？得到这些结果的方式和方法是什么？具体如何去做？正如唯物辩证法指出的那样，人类对于事物的认知必须要通过大量的实践，只有通过大量的实践活动，才能将其整理、总结、升华为系统的理论。理论是将实践中的特例、不同的个例经过整理，转化成具有普遍意义的且具有逻辑性的系统。

2. 案例开发与写作规范

案例开发就是为了实现教学目的，对真实发生过的事情进行客观描述，并进行经验萃取的过程。案例开发已经有100多年的历史，在发展的过程中慢慢有了固定的模式，形成了一定的写作规范。

2.1 梳理事件，确定主题

进行案例开发首先需要梳理工作业务场景，确定案例开发主题。先拆解组织业务流程，明确组织流程管理的基本运行架构，再针对各个环节、各个岗位去分析关键赋能点，找到案例事件，确定案例开发主题。在梳理事件这个环节需要完成以下几项步骤，如图4-3所示。

理清岗位各项任务 → 盘点重要工作场景 → 指向特定工作事项

图4-3 业务场景与岗位任务梳理

（1）理清岗位各项任务

主要是对所在岗位的工作任务进行分类，例如明确属于日常工作的任务、属于重点工作的任务、技能简单易懂的任务、比较考验能力的工作任务、资源协调较少的工作任务、资源协调比较多的工作任务、容易出错的工作任务、经常加班催赶的工作任务等。

（2）盘点重要工作场景

这一步骤包含两个关键动作，一是明确所在岗位的工作任务中，对整个公司的业绩改善最有帮助的三件事情，同时要明确完成好这些事情，需要向什么人协调哪些资源；二是明确所在岗位的工作任务中，经常受到其他部门、领导、客户追问的三件事情，同时明确他们追问这些事情背后的原因。

（3）指向特定工作事项

明确员工在过往的工作中，做过哪些比较让自己自豪或者遗憾的事情，并了解他们自豪或者遗憾的原因。

经过上述步骤后，可以分析和找到组织学习的关键事件。提炼出关键事件之后，就可以对案例时间的来龙去脉、背后逻辑进行梳理，并形成时间线、情节线，从而找到其中的赋能点和学习主题，即通过学习能提升员工在此方面的能力点。

接下来，就要确定案例的主题。每个关键事件可以反映出很多维度的问题，从不同的角度去描述可以实现不同的目的。因此，我们要选择一个最有价值点去描述案例，如从事件挑战和难度最大的环节或发生事件最密集的环节着手，由此确定案例主题，并进一步规划主题，明确案例的可应用场景、学习对象、学习目标等，如表4-4所示。

表4-4 案例主题规划表

案例概述	案例名称	
简要概述案例发生的背景和带来的问题，可以作为案例正文中"引文"的参考范畴	案例主题	
	案例反映的工作任务	
	主人公	
	学习（阅读）对象	
	学习（阅读）目标	
	案例类型	□决策型案例　□描述型案例
	案例篇幅	□短篇□中篇□长篇□超长篇

2.2 结构化设计，萃取案例经验

在确定案例主题后，就要展开具体的素材收集工作。素材收集是对经验发生的具体情境、重要人物、关键事件等核心要素相关资料的有效获取。为了保证内容的真实、可信，在素材收集阶段，需要遵循"全面性""真实性"原则，不随意删减或添加内容，避免让事实去迎合预先设定的结论。

通过对这些素材的整理与分析，识别出经验拥有者的有效做法，并且提炼出通用的经验。一般来说，经验通常可以分为三个层次：第一，直接做法。经验拥有者的有效直接做法，本身就是可以复制的经验。第二，通用规律。就是将有限的直接做法提炼到一个通用规律的层面，适用于更多的行为模式。第三，思维方法。思维层面的通用规律相比行为层面相对更难领悟，但在有的事件中，它比行为层面的规律更重要。

为了方便他人理解、传播经验，需要将案例经验进行结构化的呈现。最常见的方式有四种，包括要点放射式、流程路径式、层次架构式和矩阵象限式。

（1）要点放射式

强调要素的并列关系，例如"目标管理SMART原则"等。

SMART原则的五个字母分别表示：

Specific，目标具体化。要体现出唯一性，即来源唯一、表述唯一，避免模棱两可的情况。

Measurable，目标可以衡量。可衡量目标能给予我们的行为更多的指导。

Attainable，目标是可以实现的。一是目标应该在自己的能力范围之内；二是目标应该有一定的难度和挑战性，经过自己的不懈努力可以达成。

Relevant，目标要具有关联性。工作目标要和岗位职责相关联。如果与工作完全不相关，或者相关度很低，那么即使这个目标被达成，其价值也不大。

Time-bound，目标有明确的时限。根据工作任务的权重、轻重缓急、总目标进度，确定目标完成期限。

（2）流程路径式

强调要素的顺序关系，例如"PDCA""ADDIE"等。

ADDIE 的五个字母分别表示：

Analysis——分析。对所要达到的行为目标、任务、受众、环境、绩效目标等进行一系列的分析。

Design——设计。对将要进行的教学活动进行设计。

Development——开发。针对已经设计好的框架、评估手段等，进行相应的内容撰写、页面设计、测试等。

Implement——实施。对已经开发的课程进行教学实施，同时进行实施支持。

Evaluation——评估。对已经完成的教学课程及受众学习效果进行评估。

（3）层次架构式

强调要素的复杂性关系，例如"商业模式画布"等。

商业模式画布是体现设计思维的创业管理工具。具体来讲，包括如下八个模块：第一，客户细分。谁是你的客户和用户？你的客户和用户希望获得什么？第二，价值主张。你的产品/服务为客户创造了怎样的价值？第三，渠道通路。通过何种渠道通路可以将你创造的价值传递给你的客户？第四，收入来源。你的盈利模式、定价策略是什么？第五，核心资源。需要哪些核心资源来撬动你的商业模式？第六，关键业务。为了运作商业模式，有哪些关键的生产经营活动是你必须进行的？第七，重要伙伴。有哪些个人或机构需要成为你的重要商业伙伴为你的创业提供支持？第八，成本结构。为了实现价值的创造、传递和获取，你需要哪些成本支出？

（4）矩阵象限式

强调要素的细分，例如"SWOT""DISC"等。

SWOT 是一种战略分析方法，通过对被分析对象的优势、劣势、机会和威胁等加以综合评估与分析得出结论，通过内部资源、外部环境有机结合来清晰地确定被分析对象的资源优势和缺陷，了解对象所面临的机会和挑战，从而在战略与战术两个层面调整方法、资源以保障被分析对象的实行，以达到所要实现的目标。SWOT 分别代表：strengths（优势）、weaknesses（劣势）、opportunities（机遇）、threats（威胁）。

通过上述方式，就可以对经验进行结构化的呈现。只有结构化的呈现，受众才能清晰地看见解决问题的具体框架和思路。

2.3 案例正文写作与问题设计

为了保证案例的完整性，在进行案例正文写作时需要遵循一定的结构形式。一篇完整的案例必须包括以下几个要素：背景、主题、过程、细节、结果、议论、反思等，如表 4-5 所示。

表 4-5　　　　　　　　案例正文包含的要素

案例类型	决策型案例	描述型案例
引文	事件导火索	
背景信息	公司背景、人物介绍、产品信息、行业背景等信息	
事件过程	事件演变的过程	
问题或冲突	具体问题症结或现象描述	
备选方案	可能的备选方案，各种方案的分析	真实解决方案的描述
结尾提问	如果你是 xx，你会怎么做？	请分析此过程
附件	与案例相关的其他背景资料	与案例相关的其他背景资料

案例的结构形式是基本确定的，因此在进行案例写作时，为了防止出现千篇一律的情况，可以适当使用一些技巧方式，使其充满吸引力，如表 4-6 所示。

表 4-6　　　　　　　　　　　正文写作技巧

写作标准	写作技巧
过程结构化	正文部分设计感性的小标题
创造代入感	给案例设定主人公，尽量与读者同岗位；从案例读者的角度来写
生动化写作	客观生动叙事，避免用解释性、抽象化、模糊化的语言
制造悬疑感	使用倒叙或插叙；过程中多用疑问句
阅读流畅性	简单的事件以线性叙事为主；复杂的事件以块状叙事为主
信息安全	信息掩饰：对人名、公司名称、部门名称、数据进行替换

为了引导学习者进行思考，将学习者带入决策者的角色，教学案例一般都需要在结尾部分进行问题设计。通过设计问题，帮助读者按照一定的逻辑理解案例中的关键。在设计问题时，需要遵循三个原则：第一，多选用开放式提问，给予学习者更多思考的空间。第二，提问要与教学要点紧密相关，从关键价值点上引发学习者的思考。第三，问题数量尽量控制在 3~5 个，若问题数量不够，可能难以解释清楚案例的价值；若问题数量过多，可能会影响学习者的参与度。

3. 从教学笔记到教学设计

案例教学与传统教学不一样的地方在于，因为授课过程中要根据学生的反应随时做出调整，灵活性较高，因此案例教学授课前需要进行大量准备，这时高水平的案例教学笔记和教学设计就显得尤为重要。

3.1 撰写高水平的案例教学笔记

教学笔记是教师进行现场教学的辅助工具，编写教学笔记时需要注意的是，核心部分应该由教师与案例作者共同编写，以保证案例在符合教学逻辑的情况下保留原始案例的精华。

撰写教学笔记是一件复杂的工作，为了保证案例教学的有效性，撰写高水平的教学笔记需要注意以下几个方面，如表4-7所示。

表4-7 撰写教学笔记需要注意的方面

维度	具体要求
笔记简介	对案例进行简单的介绍，可以自行总结或者直接引用案例的开头作为教学笔记的开始。
教学目标	从技巧、知识和能力三方面来设计教学目标。
紧急问题	紧急问题指的是案例中的第一主人公所面临的核心问题。
基本问题	教师将此案例开发成课程设计的原因，可以通过教学笔记中涉及的主题得以展示。
潜在问题	拓宽学生视野，当课堂上学生讨论的问题离题时，这部分的准备将成为讨论的催化剂。
案例分析	教学笔记中的重点，这部分提供了所讲述案例的答案和分析。
附加观点	案例分析没有标准、统一的答案，附加观点是扩大讨论、拓宽视野的准备，但是这部分讨论不需要过于深入。
教学建议	教学建议的内容比较宽泛，包括阅读方式、计算方法等。
教学计划	教学计划是关于课程的整体安排，包括开课、介绍、讨论、分析、总结等。

教学笔记具有比较强的专业性和针对性，不同的案例作者、不同的案例

主题对教学笔记有很大的影响。撰写教学笔记时，应该针对具体案例，从课程主题出发，全方位考虑上述问题，才可以写出高水平的教学笔记。

3.2 案例教学中的多元化组合

传统的培训形式是以讲师授课为主，员工更多的是扮演受训者的角色。对于员工来说，这种培训方式非常枯燥无味，激发不了学习兴趣。大多数员工只是应付式地坐在培训课堂里，甚至以工作任务太繁忙为由缺席，学习参与度非常低。

如何才能破解这种困境，让员工主动参与到学习中来呢？这时就需要转变思路，讲师不再是学习的主宰者，而是学习的指导者。通过改变学习方式，使员工从接受型的被动学习转变为探索型、发现型的主动学习，让他们在自主学习中积极发展各种思考策略和学习策略，获得积极的情感体验。

案例学习通过贴近业务的真实场景把学习者代入学习中，实现"以学员为中心"的学习方式，案例讲师引导学员在复杂的管理环境下强制性做出决策，探索解决问题的方法。因此，在案例教学中，并不只有案例这一种教学工具，还可以交融使用各种学习技术，包括角色扮演、沙盘演练等（如图4-4所示），使学习课程更加丰富和生动，营造良好的学习氛围。

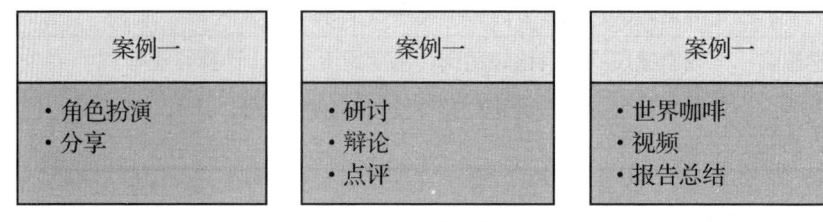

案例一	案例一	案例一
·角色扮演 ·分享	·研讨 ·辩论 ·点评	·世界咖啡 ·视频 ·报告总结

图4-4 某公司一天的案例教学活动设计

（1）角色扮演

角色扮演是一种情景模拟活动，扮演者需要扮演特定的角色，并模拟真实的工作环境，需要采取各种各样的行为去完成不同的任务。根据被试者实际采取的行为以及实际的操作来测评扮演者的能力、技能、心理素质等方面的表现。与传统讲授式教学不同的是，角色扮演是一种体验式学习，它具有很大的开放性和互动性、灵活性。通过角色扮演法，企业可以对被测试的人的行为进行评价，了解其性格、气质、倾向、心理素质以及潜在能力，也可大体判断他在社会判断能力、决策能力、领导能力等方面的潜力。与此同时，企业通过让员工扮演特定的角色，体验某一特定角色的具体实践，也可以帮助其了解该角色需要具备什么样的能力，有哪些方面还存在不足。

（2）沙盘演练

沙盘演练即通过互动式的演练，找到问题的症结点和解决的办法。显然，沙盘演练并不存在标准的答案，不同的学员可以根据自己的特点给出不同的应对方式。与角色扮演不同的地方在于，角色扮演更加侧重于员工个体行为，更加注重细节，而沙盘模拟更多地侧重于宏观层面上，对整个项目、经营计划、战略方向等进行模拟演练。所以，沙盘演练还不失趣味性和对抗性。

在华为大学内部，通常由研究与发展部选出合适的、典型的案例，将案例制作成沙盘演练的课程，包括项目经营沙盘、市场经营沙盘等等。在课堂上，由讲师引导学员对案例进行模拟，提高对管理情境的认知度。任正非也提出华为内部要积极利用沙盘演练，他说："GTS可以自己建立教导队，干部进入你们S2/S3推行的资源池，进行沙盘演练赋能。考试就按你所在的项目进行沙盘的推演，无论是计划，还是预算、核算，都以真实的场景来实行,这样对回去作战有帮助,再根据你实战后的结果来考核,这样员工成长得快。"

案例教学的形式不仅限于上文所述的形式,实践中的案例教学形式各异,包括但不限于:案例复盘、案例辩论、案例报告、案例企业实地考察等。

3.3 以事件节点为顺序,设计研讨层次

综合使用角色扮演等学习技术是为了活跃学习气氛,提升学习者的积极性和参与度,但是这些教学工具无法提升学习内容的质量。因此,在进行案例教学设计时,需要把一个案例拆成若干个场景,按照事情节点顺序,用一个主题把这些场景串联起来,根据不同的节点来设计案例研讨及教学的层次感。

为了更好地梳理事件节点,设计研讨层次,我们可以回顾整个案例的经历,梳理清楚来龙去脉,形成时间线、情节线和决策线,如图4-5所示。

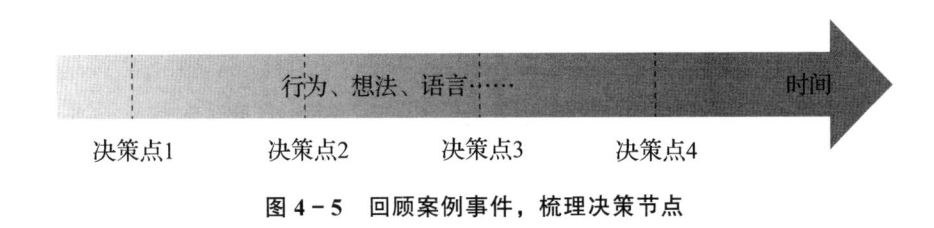

图4-5 回顾案例事件,梳理决策节点

在具体的实践中,华通商学院参与了多个案例开发与教学的咨询项目,帮助客户开发案例,撰写案例教学笔记,设计案例课程。表4-8是

华通商学院协助某地产公司绩效主管设计的《从绩效到管理》案例的研讨层次。

表 4 – 8　某地产公司《从绩效到管理》案例研讨层次设计

研讨阶段	场景/冲突	教学要点	教学策略
公司的绩效困惑	集团评价公司的绩效不及格,但公司部门员工绩效分数却很高	明确组织绩效与个人绩效的关系	课程开始时导入案例全景;分阶段发布案例,开展研讨;每个阶段设计不同的教学工具,包括角色扮演、小组研讨等;课程结束后汇总学员发表的意见和讲师授课要点
绩效管理是什么	人力资源总监召开绩效培训,各部门长对于填写绩效考核表等都没有清晰的概念	如何填写部门绩效考核表	
做好高价值工作	薪酬绩效主管向人力资源总监请教,如何做高价值工作	做薪酬分析,优化薪酬结构,帮助员工实现价值最大化;与业务部门一起制定绩效指标库	
下属辅导有妙招	人力行政部召开绩效会议,大家纷纷发表对绩效达成的看法和意见	面对不同下属采取不同的方式进行辅导:了解下属的特性,不断发掘下属的长板;以战带练,在情景中教学	

4. 案例教学的特点与实践

20 世纪 20 年代,哈佛大学商学院将商业管理中的真实案例搬到课堂,案例教学法首次应用于教学,并在 80 年代得到国内教育界的重视。案例教学是将真实事件进行课堂重现,让学生进入案例场景,通过讨论分析领会知识。案例教学转变了传统的教学模式,是一种新型的、互动开放的教学方式。

4.1 案例教学的特点

和传统的教学方法不一样的是，案例教学基于一定的教学目的，将现实中的案例典型化处理后提供给学生进行研讨，在讨论的过程中提高学生认识问题、分析问题、解决问题的能力。案例教学具有下面几个明显的特点，如图4-6所示。

（1）强调独立思考的重要性

传统的教学模式为：讲师提供一个既定的知识点，讲述给学生之后，学生照做即可。但问题在于，这些知识点学生可能无法理解，甚至无法接受，在现实生活中更无法实践。这种破坏学生积极性的教学模式不仅无用，而且乏味无趣。

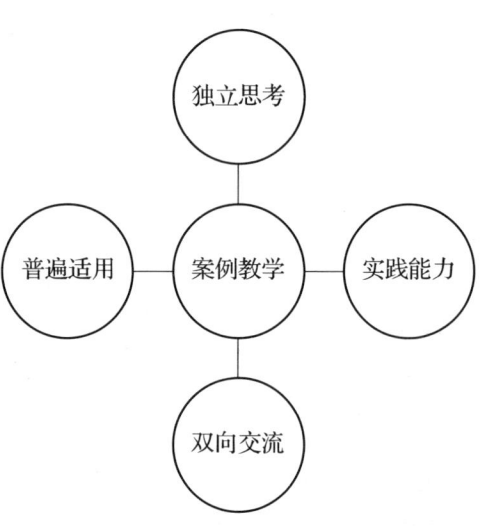

图4-6 案例教学的特点

案例教学中，讲师不会直接告诉学生应该怎样去做，而是通过讨论等方式，让学生独立思考、自己去摸索真理。这种学习模式可以充分调动学生的学习积极性，使得枯燥无味的课堂学习变得有趣，同时加深对知识的理解。

松下幸之助作为松下电器的创始人，特别重视独立思考的重要性。他曾说："发挥无形资本（时间、精力、抱负、思考），辅助有形资本（资金、人力、原料、社会关系），为前人所未曾为，做今人所不敢做的事业。"

(2）强化知识联系实践的能力

学习的目的不在于学到知识，而在于将知识应用于实践。管理也是一样，培训的目的是培养更多的实践人才，而不是空想家。案例教学中，学生通过理解知识，强化将知识转为实践的能力。在提高学生能力的基础上，企业也间接受益。

2000 年初，华为邀请 IBM 资深顾问为其进行引导和案例教学。在付出 20 多亿元人民币的代价下，尽管研发高层集体出走，但华为组织和狼性团队的能力逐渐建立起来，成功化解了互联网的冲击。

(3）重视讲师与学生的交流

传统的教学模式中，基本由讲师讲授，学生听，而学生听懂多少、学到多少却是个未知数。相反，在案例教学中，学生首先要理解讲师提供的案例，然后才可以在课堂上进行讨论分析。这一系列动作都是主动进行的，讲师扮演的是引导者角色。在这种双向交流下，学生的自主学习能力得到提升。

(4）从个案的分析中推导出普遍适用的方法

案例教学中，给学生提供的是基于实际情况的具体案例，是一个个案。但在教学目的的引导下，通过学生的主动分析和讲师的后期指导，将会从个案分析中推导出适用性更高的方法，从而投入实践、解决问题。

除上述几点之外，案例教学还有全员参与、行而知之、求同存异等特点。

4.2 案例教学讲师的角色调整

案例教学和传统的教学有很大区别，一改以往自顾自说的形式，在讲课过程中与学生进行更多的互动。这个时候，就对讲师提出了更多的要求，需要讲师进行自身角色的调适，扮演好如下角色，如图4-7所示。

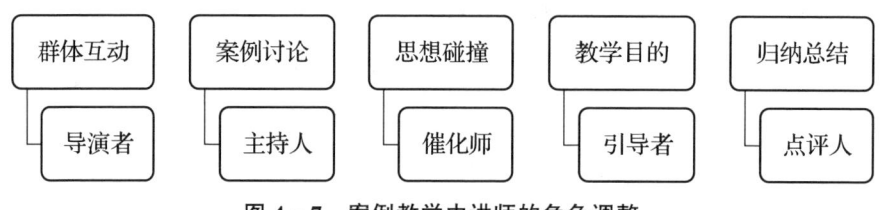

群体互动	案例讨论	思想碰撞	教学目的	归纳总结
导演者	主持人	催化师	引导者	点评人

图4-7 案例教学中讲师的角色调整

第一，群体互动的导演者。讲师作为课堂活动的总导演者，在进行课堂教学及时间分配时要控制好节奏。既要让学生充分参与讨论，又不能浪费时间。当学生遇到棘手的问题时，讲师要出面进行引导；当讨论偏离主题时，讲师要及时将其拉回正轨。讲师要掌控住整个局面，做好群体互动的导演者。

第二，案例讨论的主持人。讲师的任务是在授课的过程中让学生尽可能地讨论、思考，得出结论，做出判断，而不是像传统教学方式中那样做一个发言者。要尽可能地让自己成为一个旁观者，就像活动主持人一样，只要负责串场，并在关键节点进行调控和把握。

第三，思想碰撞的催化师。当学生的观点发表完毕之后，讲师的任务是将其核心观点进行总结归纳，方便学生们相互之间进行辩论和思想碰撞。

第四，教学目的的引导者。是否实现了教学目的是教学成果好坏的评判标准，能否实现教学目的的关键在于课堂上的讨论重点是否围绕教学目的展开，而讲师就是这场讨论的引导者。当讨论冷场时，讲师应及时补充知识点或者进行点拨，保证讨论继续进行；当讨论偏离主题时，讲师应把讨论方向拉回正轨。

第五，归纳总结的点评人。 在学生讨论完之后或者课程结束之后，讲师应对其进行总结归纳。这个过程要注意两个问题：第一，评价重点不在讨论结果上，而在讨论过程中，指出讨论整体的优点和缺点。第二，在总结时，没有严格意义上的对与错，即使是讲师，也不要轻易下结论。

另外，在授课过程中，与学生的互动是非常重要的一个环节，而提问是讲师与学生直接沟通的方式，要重视提问，好问题可以盘活整个教学过程。通过提问，形成学习过程的一个闭环，如图4-8所示。

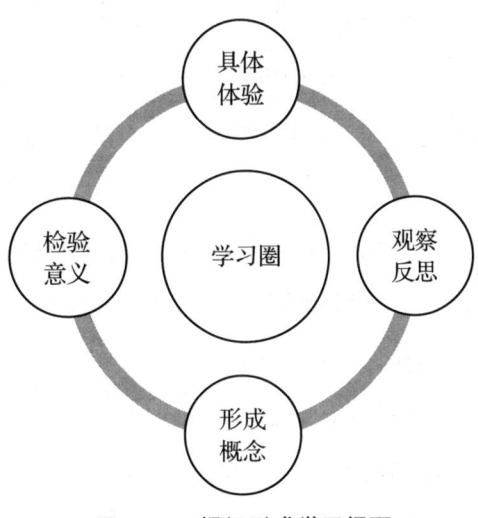

图4-8 提问形成学习闭环

4.3 通过有效的提问，激发学员互动

到底怎样才能进行有效的提问呢？案例教学中讲师最基本的核心行为就是通过有效的提问，激发学员思考和讨论，并且用心倾听和观察学员的语言和行为，通过反馈鼓励和挑战学员、控制方向、归纳总结等。整个案例教学的核心就是通过不断循环以上过程引导学员加深对案例的理解和认识。

在合适的时间、合适的地点进行合适的提问，是一位优秀讲师必备的能力，而问题则可以分为两大类：一般性问题和特定性问题。

一般性问题的适用范围较广，甚至没有案例教学经验的讲师都可以使用。而特定性问题的要求则比较高，需要讲师在授课之前做充分的准备。

教育家叶澜教授曾说过："每个学生都以完整的生命个体状态存在于课堂生活中，教师要有捕捉课堂信息的能力，课堂上，要关注学生，倾听学生，发现学生，研究学生。"除此之外，她还强调让学生参与到课堂中的重要性，"让学生快乐地、努力地参与到课堂教学中去，不断让学生思考，不断感受到挑战。"而有效的提问，就是让学生参与课堂的最好方式。

提问不是一个简单的动作，在提问的同时，需要做好倾听、观察、反馈等一系列动作，如图4-9所示。

在提问的过程中，应该注意以下三个方面的内容。

第一，明确教学目的和侧重点。 明确课堂的教学目的是进行提问的前提条件，只有围绕教学目的进行提问，才能保证提问的有效性，不至于偏离主题。同时，在提问之前要做好问题的导入工作。

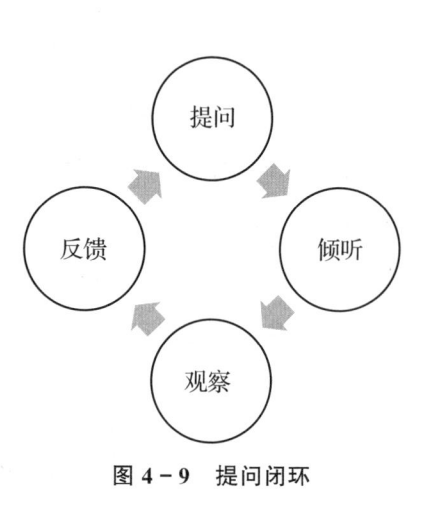

图4-9 提问闭环

第二，避免传统教学的误区。 传统的教学方式是以讲师为中心，不论是讲授还是提问都是讲师自己向自己发出的，没有意义。传统的教学方式和案例教学的区别如表4-9所示。

表4-9　　　　　　　传统教学与案例教学的区别

区分维度	传统教学	案例教学
职责任务	讲师：讲课 学生：听课学习	讲师：引导学习 学生：独立思考、自主学习
课堂主人公	讲师	学生

续前表

区分维度	传统教学	案例教学
过程主导	学生被动接受	学生主动参与
学习主导	讲师	学生
课堂表现	讲师灌输知识	讲师提问，学生讨论
培养方向	了解知识	多元发展
知识运用	难以运用到工作中	易于联系实践

因此，在提问时应做到以学员为中心，讲师尽量退居二线，做到心态平和，姿态放低、循循善诱，客观冷静，收放自如、引而不发，画龙点睛。

第三，**鼓励独立思考、创造性思维**。案例教学的一大优点就在于鼓励学员多元发展，除了基于教学目的的学习之外，还应培养学员独立思考和创新的能力。因此，在提出问题之后，讲师不应给出标准答案，而应提供参考答案。同时，对于不同的答案，应持开放态度，并对此做出鼓励。

另外，课堂结束之后，在进行学员展示和点评反馈时，可以通过以下方式，加深学员对知识的理解。先在组内轮流分享自己的案例；然后每组选出一位代表进行班级分享，其他学员进行点评之后，再由讲师进行总结反馈；每位学员的分享时间应控制在 15 分钟以内，其中 5 分钟展示成果、10 分钟点评。

5. 案例在组织发展中的价值

社会变化速度越来越快，已经没有放之四海而皆准的真理。在这种形势下，对企业而言，需要具备快速学习的能力。能否快速挖掘组织智慧，并通过有效的手段进行复制和传播，成为能否赢得商业的关键。而众多企业的实践表明：案例工作的本质是企业大学为业务部门提供的一项创造业务价值的信息资源学习服务。

5.1 案例在人才培养中的应用

在社会发展如此迅速的背景下，知识的边界被重新定义，传统的人才培养模式受到严峻挑战，如何才能在互联网时代迎接挑战，培养新型人才，就需要依靠案例进行场景化的人才培养。

所谓场景化人才培养，又叫情景化人才培养，是在实际或者虚拟的特定环境中进行的，可以达到即学即用的效果。在企业中，场景化人才培养分为三部分，如图4-10所示。

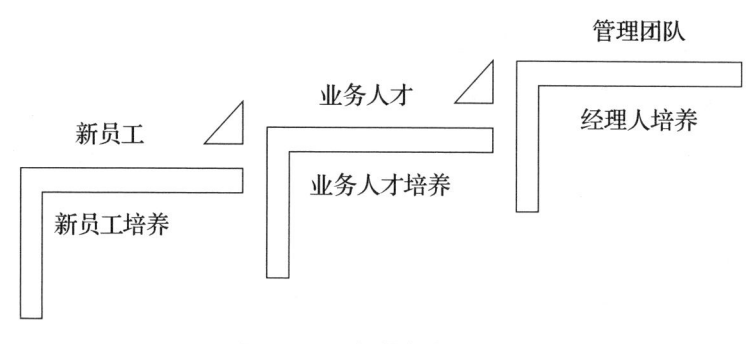

图 4-10 场景化人才培养

（1）新员工培养

在新员工培养中，培训内容贴合真实业务场景，将其进行理论总结，通过知识场景化推送，辅导新员工快速完成岗前培训等。

阳光保险集团在进行新员工培训时,用案例模式对传统的新员工培训模式进行升级,通过场景化建构,让新员工参与到案例中来,通过身临其境地感受企业文化,为进入公司奠定坚实的基础。

同时,在培训过程中,通过组织层面、团队层面以及个人层面的典型场景案例学习,带领新员工感受阳光保险集团的创业史、感受企业文化、明晰新员工的希望和诉求。

(2)业务人才培养

业务人才是公司拓展业务的主力军,需要通过真实业务场景的模拟,将公司的案例课程教授给业务人才,然后业务人才在实际工作中实现场景化学习和实际工作的无缝对接。

(3)经理人培养

在经理人培养中,要解决实际问题。同时,经过实战案例的训练,个人管理、团队管理和业务管理的能力将会有大幅度的提升。

场景化人才培养过程中要注意的是,建构的场景需要是真实业务(管理)场景;由学员自己生成知识和解决方案,而不是由讲师直接教授答案;学习中遵循人人为师的原则。只有做到以上几点,才可以进行场景化人才培养,进而充分发挥案例在人才培养中的作用。

5.2 案例在内部讲师培养中的应用

培训是一个成熟企业必须具备的管理手段,而内部讲师是培训这个行为中不可或缺的主体,因此,内部讲师的培养是构建企业完整体系中非常重要的一环。而案例可以在这个过程中,通过视觉化的方式为课程增加更多的活力，使得内部讲师的培养更加容易。

案例在内部讲师培养中的应用分为三个部分，如图4-11所示。

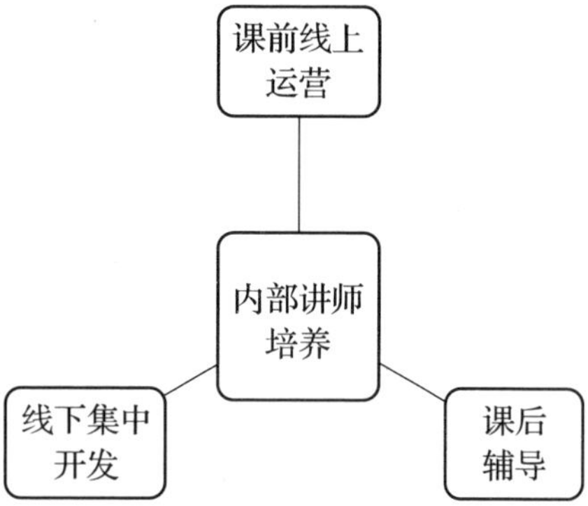

（1）课前线上运营

课前线上运营是指从社群配备专业的顾问进行线上辅导，帮助学员在集中培训前就明确自己的案例在结构上和内容上的修改空间。

课前线上运营的中心工作是进行项目策划、确定案例主题和发布任务。

图4-11 案例在内部讲师培养中的应用

（2）线下集中开发

培训中学员将根据不同主题进行分组开发，对案例的内容进行分类整合，形成系列优质案例。其中开发过程包括两部分：案例教学部分和案例写作部分，具体内容如表4-10所示。

表4-10　　　　　　　　案例教学和案例写作重点

序号	案例教学部分	案例写作部分
1	三阶段学习过程	建立案例架构和大纲
2	案例教学的前提条件	撰写案例背景、面临的挑战和解决方法
3	案例教学示范	怎样写一篇高水平的教学笔记
4	讲师授课前的准备工作	撰写案例计划准备
5	案例教学计划	数据收集和访谈准备
6	如何提问引导课堂	如何有效管理相关数据和信息
7	管理课堂讨论方法	/
8	不同学员的教学方式	/
9	案例应用于考试或报告	/
10	评估学生在课堂上的参与度	/

（3）课后辅导

课后辅导可以通过在线互动和研讨的方式，对学生的成果进行跟进辅导，并形成对案例评审的定稿。

5.3 案例在业务拓展中的应用

案例在业务拓展中的应用主要体现在案例复盘中。企业处于业务快速发展、面临内外部挑战、组织能力转型之际，可将案例应用到日常工作、教学培养等多方面中，比如业务部门定期提交案例，并在业务交流中定期复盘案例，从而形成具有企业自身特点的复盘机制，实现组织内的共创开放、自我反思和集思广益的氛围营造，进而助推组织能力转型与提升。

所谓复盘，是经过无数次实践检验、源自联想集团的案例复盘核心方法论。"复盘"原本是围棋术语，是指下完一盘棋后，棋手将上一盘棋的对弈过程重新推演一遍，总结成功的地方，找出不足的地方，并探索可以改进的地方。这是一个研讨、分析的过程，通过复盘，棋手可以针对性地提升自己的棋力。

案例复盘是一个系统化、结构化的活动，对某个项目中的各个动作进行细致、严谨、有序的推演，对形成结果的原因进行分析，找到差异和不足，并提出改进方案。复盘通常是整个团队的成员共同参与，并且每个人都可以发表自己的见解。

联想集团创始人柳传志曾经说过："'复盘'是联想的一种方法论。在联想，'复盘'的意思就是打了胜仗要重新考虑一遍，打了败仗也要重新考虑一遍，以此总结得失，便于改进等。"

李克强总理曾说过："你们把中国围棋复盘的理念运用到创业中来，这本身就是一种发明，在复盘当中可以看到哪一步走错了，哪一步走得特别精彩。把这个思想传播出去，不仅能创造物质财富，还能创造精神财富。"

在进行案例复盘时，需要遵循四步法，如图4-12所示。

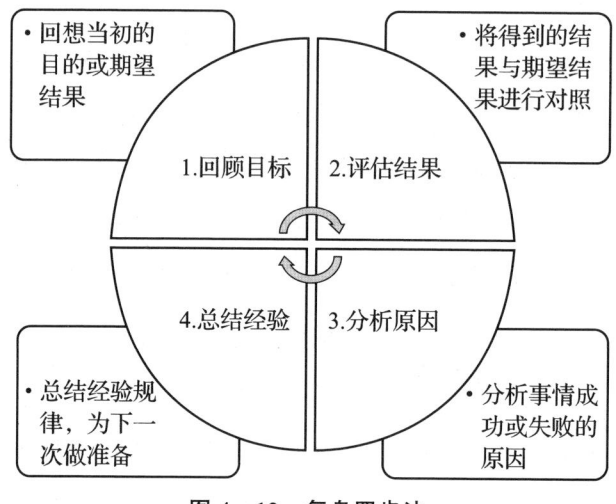

- 回想当初的目的或期望结果
- 将得到的结果与期望结果进行对照

1.回顾目标　2.评估结果

4.总结经验　3.分析原因

- 总结经验规律，为下一次做准备
- 分析事情成功或失败的原因

图4-12　复盘四步法

通过案例复盘，将业务中的成功或者失败重新考虑一遍，分析其中成功的经验和失败的教训，对点击破、点线连接、立体覆盖，实现自我提高，从而拓展业务。

第5章
混合式学习项目开发

混合式学习是围绕学习目标,综合运用不同的学习方式与学习技术来达到最佳学习效果的一种学习策略。混合式学习融合了多种学习方式的优点,在满足学员个性化需求及提升培训效果上具有独特优势。

1. 学习的温度与感知

在学习过程中，每个学习主体的学习能力、记忆能力、理解能力等各不相同，因此在对知识的感受以及转化方面会有大小不同的差异。混合式学习针对差异化的学习主体，提供丰富多样的学习内容和学习方式，强化了学习主体对学习的温度和感知，可以有效地提高学习效果。

1.1 成人学习的兴奋点

成人在自我实现上有较为强烈的需求，他们渴望实现自己的理想和抱负，希望能在工作中充分发挥自己的才能，实现自己的价值。成人参加学习往往很看重学习内容的实用性，他们希望学习内容贴合工作和生活实际，能够解决实际问题。

培训前，应先进行课程定位，从课程背景、学员对象、学习目标三方面定位开发实用的课程，激发成人的学习兴趣。如表5-1所示。

成人往往是牺牲娱乐时间来学习的，学习的过程要思考、记忆、练习，很多时候都是痛苦的。在成人学习中，我们要通过采取一些激发成人学习兴趣的措施来增加课程的趣味性。

表 5 - 1　　　　　　　　　　　　课程定位表

课程名称：执行力打造	预估时长：4H
课程背景（为什么要开发这个课程？）：	
针对本课题，公司的期望是： 让管理者了解团队执行力不佳的原因，掌握提高团队执行力的方法，打造高执行力团队。	目前存在的问题如下： 员工借口多，在工作中推诿扯皮，无效率加班，没有结果。
学员对象描述：	
本次课程学员对象的特点是： 中基层管理者，年龄30～40岁，男性居多，多数是技术出身，性格偏内向，没有管理团队的经验。	本次课程学员对象在课堂上可能给培训师带来的挑战主要有： 课堂气氛沉闷、提问古怪的问题、认为课程不实用而中途离场。
学习目标（完成本次课程后，学员能够）：	
1. 找到团队执行力不佳的原因； 2. 掌握提高团队执行力的方法； 3. 掌握打造高执行力团队的具体实践步骤。	

向波是广元中学的一名化学老师，他为了激发学生的学习兴趣，在课堂教学中引入一些生活小常识，也不时穿插一些网络用语来调节课堂气氛。在讲解多巴胺这种化学物质时，他说："多情的人其实不能怪他，多巴胺这样分泌，你能控制住吗？"他讲课的视频上传"抖音"后迅速走红，短时间内就圈粉300万。

其实向波走红并非偶然，他的课上总是"段子"频出，曾因"不要因为学习耽误了放屁"的讲课火爆网络。为了让学生能够快速学习、更好地理解甲烷、氨气、硫化氢等这几个知识点，向波把日常生活中最常见、但也是最隐私的"屁"当作教学案例讲了出来。虽然听起来略显"重口味"，但是对同学们来说，却让原本枯燥的化学课程变得趣味横生。

向波的课程中还有各种"段子"，比如：

"我们的皮肤是怎么变黑的？……只要我破坏了黑色素细胞，让合成黑色素的功能异常，我不就变成白雪公主了？不，那是白癜风。"

"美白是一个漫长的过程，有些姑娘不信邪，我就要三天美白七天祛斑，这口气比脚气都大。"

"皮肤有多白是由基因来决定的，你到底能有多白，可以看一下自己手臂内侧腋窝附近，不是腋毛啊，这就是你白的极限。"

一些视频和"段子"获得了网友数万的点赞，不少网友纷纷评论想要"跟着老师重新学化学"……

在向波看来，兴趣是最好的老师，如果将一门课程上得生动有趣，让学生真正喜爱这门课程，成绩的提升自然不在话下。

案例中的向波老师通过将学习内容与生活常识结合，引入"段子"讲授课程，使原本枯燥的化学课程变得生动有趣，激发学生学习兴趣。在培训中，我们还可以采用表5-2列举的措施，寻找与主题密切相关的素材，激发成人的学习兴趣。

表5-2　　　　　　　　　引起兴趣的措施

举措	举例具体内容
解析社会热点	近期娱乐热点、社会焦点问题
有趣的视频	搞笑视频或者情节新颖的视频
有意思的测试	心理测试、性格测试、其他趣味测试
现场进行演示	使用实物进行演示、创建虚拟场景演示

成人在社会中承担着多种角色和责任，可自由支配的时间也变得很少，他们希望学习在时间、地点和形式上都可以满足个性化的需要。混合式学习实现了多样化学习方式及学习技术在学习中的综合运用，给成人提供了充分

的选择自由。以下案例中的商学院就是通过采用混合式学习模式,成功激发了成人学习的兴奋点。

某商学院采取线上与线下学习结合的混合学习模式,学员入学后,学院会将所有网络课程全部授权给学员,学员可以灵活安排时间学习课程;线下学习共有8门课程,采取循环滚动上课的形式,一年循环开课3次,学员可以依照学院发布的学习计划,根据自身实际情况选择学习时间、地点前往学习。

在2018年学员满意度调查中,学员纷纷表示目前的混合式学习模式给自己的学习带来了很大的便利和自由,是让自己满意的学习模式。

综上所述,要激发成人的学习兴奋点,就要秉持有用、有趣、自由的原则来进行混合式学习项目开发,使学习内容实用、学习过程有趣、学习形式自由。

1.2 以深度加工对抗遗忘曲线

一定程度上来说,学习就是记忆。我们通过对学习内容的记忆,构建起知识体系和核心技能,实现成长。最重要的不是你学习过什么,而是你记住(掌握)了什么。对于学习来说,最大的天敌就是遗忘。

遗忘几乎是伴随着学习开始的,德国心理学家艾宾浩斯提出的遗忘曲线直观地向我们展示了遗忘规律(见图5-1)。

观察遗忘曲线,我们可以得知,遗忘表现为由最初的快速忘记到后面的缓慢忘记,如果不抓紧复习学习的知识,一天之后掌握的知识就只剩下原来的33.7%了。

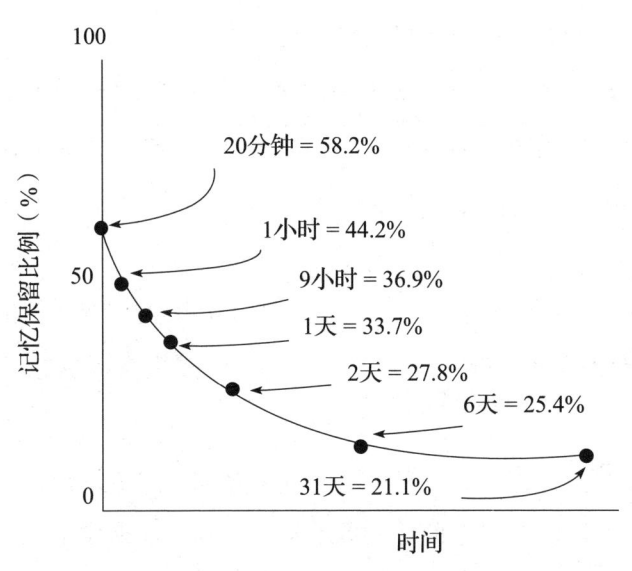

图 5-1 艾宾浩斯遗忘曲线

成人因生理原因，记忆能力有所下降，但是成人有较为丰富的人生经历和阅历，对于学习的内容有经验做比较，理解和吸收较快。认知心理学提出了"加工水平理论"：信息编码的方式决定了记忆效果，对一个事物的加工程度越深，就越有助于你对事物进行记忆。

1974 年，心理学家鲍尔和卡尔林利用被试人员对人面部照片所呈现的信息的加工，对加工水平与记忆效果之间的关系进行了研究。

在实验中，实验者给被试呈现了一系列人的面部照片，然后要求被试对每张照片上的人脸做出一定的判断。实验者要求一部分被试对照片中的人的魅力进行判断，一部分被试对照片中人的诚实性进行判断，最后一部分被试只需要判断照片中人的性别。

判断完所有的照片后，实验者让被试对照片进行再认测验，检测被试对照片的记忆效果。结果实验者发现，对照片进行了诚实性或魅力判断的被试的再认成绩高于对照片进行性别判断的被试。

实际上，对照片中人的性别进行判断是比较简单的任务，无须深度加工，而对诚实性或魅力的判断则需要较深的加工。被试人员在深度加工的过程中加强了记忆，获得了较高的再认成绩。

案例中的实验证实了信息加工程度对记忆的影响。在记忆的过程中，创造条件对信息进行深度加工，可以帮助成人克服遗忘给学习带来的困扰。

在成人教学中，我们要采取丰富的教学方式，除了讲授，还可以使用图片、视频、操作演示等丰富的形式展示学习内容，在课堂上可以给学员提供更多的互动交流及实践演练机会，在学习中把成人的各个感官调动起来，让成人在体验中学习，帮助成人实现对学习内容的深度加工、强化记忆。

1.3 创造一种互为促动的学习氛围

学习总是在固定的场域开展，而人作为场域中的主体，每一个人的行动都会受到行动所处场域的影响。

美国哈佛大学医学院教授尼古拉斯·克里斯塔斯基和加州大学圣迭戈分校教授詹姆斯·福勒共同完成了一个"快乐传染"实验。

他们对被试进行了一项长达20年的跟踪实验，分析了4 739位居民的5万条社会关系。结果发现，幸福感的传播不仅可以超越嫉妒心，还能传递到三重关系以外的朋友。这就是说，快乐的情绪能够感染亲友、邻居和室友等和自己打交道的人。他们根据统计的结果进行了估算，发现如果社交网络中的一个人感到快乐，其朋友和兄弟姐妹感到快乐的可能性分别提高了9%和14%，其室友和邻居感到快乐的可能性分别提高了8%和34%。

氛围是能传染的，好的群体氛围可以让群体成员之间产生联结感和归属感，在这种氛围下，个体更愿意敞开心扉交流和分享，对组织中的其他人也能产生较强的包容力。在互为促动的氛围中，组织和个体的目标都更容易实现。

在混合式学习项目开发中，我们可以从环境、链接、能量、转化四个要素入手构建学习场域，营造互为促动的学习氛围。

（1）用环境提高学员融入度

氛围轻松的学习环境可以帮助学员快速融入，激发出学员的探索热情和学习动力，提升学习效果。

2014年，华为遇到了一个高难度的单板开发项目：研发400G的线路板，当时该项目研发进度紧急，给华为的研发团队带来了重大挑战。

为了拓宽大家的思路，华为决定以目前研发线路板遇到的挑战作为案例素材，组织一场研讨活动。为了使研讨有一个轻松氛围为大家解压，研讨的地址定在了茶馆里。

在茶馆组织的培训中，在案例研讨环节，一位项目经理回想之前的工作经历，提出或许可以尝试多人同时开发几块单板，从而能提高开发的效率。在这个提议的基础上，一个全新的开发模式被敲定，这就是"群开发模式"。最后，400G线路板一次投板成功，这证明了"群开发模式"是一种十分高效的作战阵型。

华为的不同项目组曾多次将培训及研讨会议的地点设在了茶馆里，神奇的是，华为员工许多好的创意和点子都是在茶馆里提出来的。

案例中好的创意和点子的产生，关键并不在于"茶馆"，而在于轻松氛围的营造。公司快节奏的工作环境，总是自然而然地给员工一种压迫感，让员工不自觉地绷紧神经，气氛越是紧张，员工反而越得不到合理的思路。华为特色的"茶馆培训"恰好巧妙地化解了充满压力的工作氛围，最后收到了意料之外的效果，值得其他企业学习和借鉴。

关于培训环境氛围的营造，可以参考表 5-3 列举的措施。

表 5-3　　　　　　　　　　营造环境氛围的举措

举措	具体内容
色彩搭配	培训环境的主色调要以暖色调和不强烈的中性色彩为主
内部陈设	培训场所可以摆放适量有艺术感与趣味性的饰品作为陈设
温度控制	培训中需根据季节调节室温，一般可将温度维持在人体适宜的 25℃～27℃
灯光调节	灯光的色调应该保持温和，同时控制好灯光的亮度，避免长时间培训造成学员眼部不适
座椅选择	尽量采用柔软、有扶手的座椅，学员的舒适度会提高
书写空间	保证学员有充足的个人空间，便于书写和记录

（2）建立强链接的学习场域

除了自来熟和天性热情开朗的人以外，多数人在公众场合里都会有一定的压力感。他们不愿意主动地暴露自己，担心暴露自己会给其他人员留下不好的印象，给自己带来不利的影响。所以在公共场合，主动沟通的人很少，大多数人都是被动地等着他人和自己沟通、与自己建立链接。

在学习场域建立中，我们除了要精心布置学习环境外，还要注意桌椅的摆放。学习场域中的桌椅最好是便于移动的桌椅，讲师可以根据需要，把学习场域的桌椅摆放成便于小组讨论的形式，比如 U 形、岛屿式、以培训师为中心的圆形……这些布置方式可以帮助学员消除在公众场合社交的不安，便于学员之间、学员与老师之间进行沟通交流，有利于建立强链接的培训场域。

某高科技企业在之前的新人培训中，一直采用传统的授课模式，学生排排坐，培训师在讲台上培训。最近一次的新人培训中，在一名员工的建议下，培训师将排排坐的桌椅调整为按岛屿式进行摆放，20多名员工坐成4桌，结果发现学员在培训过程中的交流互动明显增多了。1天的培训结束后，20多名员工几乎都已经相互熟识了，他们在培训室有说有笑，课后结伴离开，和往日排排坐时死气沉沉的培训氛围以及培训结束后学员还是很陌生的情况形成了鲜明对比。

小组讨论式的桌椅摆放方式使学员围坐在了一起，大家相互靠得很近，自然而然就拉近了彼此之间的心理距离，沟通交流的欲望更强了。在这种设置中，培训师再做一些引导，就能让学员之间建立起较强的链接。

（3）做好培训现场的能量管理

培训师要有培训场域能量的感知能力，做好培训场域的能量管理，让积极正面的能量能够在培训场域自由流动，必要时使用自己的能量对培训场域的能量进行控制和调整。

一位优秀培训师分享过他的故事：大约3年前，他作为外部培训师去一个IT类企业做"内训师课程开发"的课程，在课堂上发生了一件让他有点措手不及的事情：

课堂上有一位40几岁的技术线的经理，在他讲课程的"五线谱"中"方法线"的设计时，这位经理直接大声说："老师，不要教我们搞这些虚的东西，我们是做研发的，不是你们专门靠这个赚钱的，我们不需要形式！"

这位经理是公司公认的牛人，职务较高，在公司有一定的威望。他一开口，整个教室就变得非常安静了。

培训师虽然感觉气愤，但是仍然面带微笑地看着他，对他说："张总，我知道您在咱们公司非常有威望！非常感谢您能正面告诉我您的真实想法，这也让我看到了您对这件事情的重视，以及对全班同学在这里付出时间的重视！从这一点上，我和您的态度是一样的，我也很重视大家在这里付出的每一分钟，当然，我也同样重视我自己付出的每一分钟，正如您所说的，我就是您刚才说的那种靠这个赚钱的，所以，我很荣幸贵公司能选择我，给了我这个赚钱的机会，我也把这理解成这是对我的课程和我本人专业上的认可，不过，我有点遗憾在您进来的这半个小时内，我显然没有赢得您的认可。但我想请您再给我半个小时的时间，我有信心在接下来的30分钟时间里，让您看到课程的价值，不敢说这个课程对您现在的观念有多大的影响，但应该可以帮助您看到另外一种可能性！"（整段话培训师都是微笑着看着他说的，并且在这一过程中培训师已经从讲台上走到了他的面前。）

接着，培训师倒退几步，从他们小组旁边又回到了教室的前方，面向所有学员说："在这里，我也向各位伙伴发出一个邀请，请大家帮我一个忙，就是在接下来的30分钟里，请大家认真听我的分享，并结合自己的课程去思考，希望通过我们共同的努力，在半小时后，让张总看到我们每一个人花在这里的时间是值得的，好吗？"（当时，有个男生很配合地说了一声："好！"培训师冲他点了一下头，表示感谢。）

接着，培训师又转向张总，用手比画了一个既代表OK，又代表3的动作，笑着对他说："张总，30分钟，可以吗？"（当时张总没说话。）培训师冲他点了点头，笑着说："谢谢您！那我继续！"

然后培训师就继续开始讲了，很有趣的是，接下来的内容全班同学听得更仔细了！

作为一名培训师，课堂上有人提出挑战和质疑似乎是不可避免的。面对挑战和质疑，最重要的是做到操之在我，并且要有较强的应变能力，面对突发情况能够妥善处理，维持场域的能量平衡。另外，在授课过程中，培训师也要时刻保持自己对学习场域能量的感知力，要通过学员的面部表情、肢体语言、互动参与度判断当时学习场域人员的能量档位，针对学员能量档位的变化，对学习内容和学习方式进行适当调整，管理好学习场域的能量。

（4）帮助学员吸收和转化课程内容

针对学习内容设置一些引导图或教学图放置在培训场域中，让学习的核心内容在学员能看到的地方多次重复出现，这样做可以提升学员的学习兴趣，辅助学员记忆，帮助学员吸收和转化学习内容。

20世纪60年代，心理学家查荣茨做过这样一个实验：他向参加实验的人出示一些人的照片，让他们观看。有些照片出现了二十几次，有的出现了十几次，而有的则只出现了一两次。之后，请看照片的人评价他们对照片的喜爱程度。结果发现，参加实验的人看到某张照片的次数越多，就越喜欢这张照片。他们更喜欢那些看过二十几次的熟悉照片，而不是只看过几次的新的照片。也就是说，看的次数增加了喜欢的程度。

对于这种越熟悉的东西越喜欢的现象，心理学上称为"多看效应"。在学习中，我们可以运用多看效应激发学员的学习兴趣，增加学员对学习内容的熟悉度，帮助学员吸收和转化学习内容。

很多培训讲师开始上课时会将自己的课程结构进行总体说明，每说完一部分又会对这一部分内容进行回顾，提醒大家刚刚学了哪几个知识点，有什么具体的作用，通过反复强调来加深大家的学习效果。

2. 混合式学习项目的考量

激烈的市场竞争向企业的发展提出了挑战，低成本、高效率运作成为许多企业的生存法则。在这种情况下，企业愈加强调培训的效果，希望投入培训的每一笔费用都能带来相应的回报和收益。混合式学习给企业培训提供了新的思路和方法。

2.1 明确学习项目的教学目的

混合式学习结合了各种学习方式与学习技术的优点，通过在教学中对多样化学习方式与学习技术的综合运用，帮助企业和学员实现成长，达成双赢。

（1）提高员工的工作能力

企业培训的直接目的就是提升员工的工作能力，使员工能够更好地胜任目前的岗位工作或者满足公司未来发展对人才能力的需求。不同于传统培训将重心集中在知识传授和信息共享上的特点，混合式学习项目将学习重点集中在工作能力提升上，在教学设计中将学习内容与工作实践紧密结合起来，基于工作需要开发针对性的实战课程，提高员工的工作能力。

青岛啤酒股份有限公司（以下简称"青啤公司"）作为一家醇厚而富有激情的百年企业，早在2004年前各生产厂已建立起较为规范化的企业内部培训体系，从前期的培训需求调查到培训实施过程，再到培训后的效果验证，为员工提供了灵活的培训和学习方式；同时，实施全员培训学分制计划，为每位员工制定了"学分卡"档案，使学习培训成为员工日常工作的一部分。尽管企业培训体系很有针对性，所属各工厂经常会有组织地利用生产淡季对员工进行集中培训、邀请厂家指导、岗位练兵等，员工的学习积极性也很高涨，但往往不连续、不系统，培训关注点更多集中在管理意识类、工艺技术类的理论培训。

2004年，青啤公司进一步完善了混合式学习项目，引入了OJT（即在职培训），短短几年的时间，OJT培训便在青啤遍地开花。混合式学习项目的实施，使新员工能在很短的时间内系统、全面地学习操作技能并具备独立顶岗能力，使班组裂变成为可能，有效地支持了工厂产能的快速提升。以青啤二厂为例：2006年通过混合式学习项目培养新员工50余人，在不足半年时间内先后裂变出三个班组的生产能力，完成产量29.6万千升，达到历史新高；2007年通过混合式学习项目培养新员工200余人，再形成三个运转班的生产能力，产量突破36万千升。

青岛啤酒股份有限公司通过开展混合式学习项目快速提高了员工的工作能力，帮助企业实现了产能的大幅提升，值得其他企业借鉴。

（2）帮助企业获得竞争优势

面对日趋激烈的市场竞争，企业需要越来越多的综合型人才，为市场开拓和维持竞争优势打好人才基础。混合式学习将多种学习方法和学习形式混合起来，针对企业人员能力短板开发学习课程，往往能给学员带来综合素质和综合能力的全面提升,是企业培养综合性人才、获得竞争优势的重要手段。

笔者在给美纳多做办事处运作能力提升项目中,通过资料分析、高管访谈、员工访谈、经销商访谈及门店走访等多种调研方法,对美纳多目前的业务及管理现状进行了360度的全方位调研。通过调研数据诊断分析,我们发现当前办事处经理主要存在的能力短板有:团队管理能力、市场规划能力、营销策划能力、沟通反馈能力、谈判能力。为了帮助办事处经理克服能力短板,我们从客户的需求出发,有针对性地开发了办事处经理赋能培训课程,并决定采取混合式学习形式,帮助办事处经理实现各项能力短板的综合提升,如表5-4所示。

表5-4　　　　　　　　办事处经理赋能培训

举措	时长	具体内容
"办事处经理角色认知"	0.5天	讲授+案例+分享
"区域业务规划"	1天	讲授+案例+演练+研讨
"市场推广策划"	1天	讲授+案例+演练+研讨
"时间管理"	0.5天	讲授+案例+演练
"目标与计划管理"	0.5天	讲授+案例+演练
"沟通反馈"	0.5天	讲授+案例+演练
"绩效与激励管理"	0.5天	讲授+案例+演练
办事处经理复盘相关工作的提升情况并提交实例	2天	书面总结+优秀实践分享

企业要在激烈的市场竞争中获得竞争优势,就必须具备自己的核心竞争力。通过分析企业人员能力现状与企业获取竞争优势需要的能力之间的差

距，找到员工的能力短板，针对能力短板进行混合式学习项目开发，开展培训，是帮助企业获取竞争优势的重要手段。

（3）增强员工对企业的归属感

归属感一般取决于个体或者集体对一件事物或现象的认同程度，以及与这件事物或者现象发生关联的密切程度。混合学习模式多采用小组或团队学习的形式，强调教学不应只关注学习内容或某项技能，而应更多支持学生在社交能力和情感方面的发展。在混合式学习中，学员之间、学员与教师之间真正成为学习共同体，在学习中实现共创共享，在情感上实现深度交流，互相之间建立起较强的链接，对企业的归属感也增强了。

2.2　项目关键人物角色定位

学员、培训师及培训管理者作为混合式学习项目的关键人物，要从项目的有效性出发，对自己的角色进行重新定位。

（1）学员要加强自我管理

企业员工培训的"721法则"指出：员工成长的70%来源于工作实践，20%来源于与他人的交流与互动、吸收团队成员分享的信息，10%来源于课堂培训。在学习中，学生不仅仅是知识的接收者，也是学习过程的主动参与者，学员要在学习过程中加强自我管理，提高学习的主动性，不仅要从课堂中学习，更要通过工作实践和人际交流去学习。

任正非在鼓励华为人加强自我培训、勇于超越别人、超越自己的时候说道："人生处处充满机会，充满了希望，希望、机会掌握在你自己手上。你们只经过公司的不断培训，也就只能成为一般的人才，只有自我培训才能有所超越。"

毕业于上海交通大学新闻传播系的王晓雪加入华为后，她的工作岗位是营销工程师。刚加入华为的她自认为营销的专业知识掌握得比较熟练，但是对于华为的产品几乎是一无所知，甚至连自己卖的产品是干什么的都不是很清楚。

一次，她随同客户经理去拜访客户，客户随口问了一句："华为的产品和别的产品相比，优势在哪里？"结果她一句话也答不上来。客户很不满意："你们连自己的产品的特点都说不出来，怎么来打动客户？"

这一经历让王晓雪感触颇多，虽然她刚加入华为不久，对华为的产品确实还没有足够的时间去了解，况且IT领域是她以前从来都没接触过的，可谓是"知识盲点"，但是要当好一个营销工程师，就必须去接触和了解IT行业，诸如交换机、服务器、光纤电缆等等，都要弄清楚才行。

之后，华为安排她去参加为期半年的交付实践，她每天都花时间去了解相关的知识，进出机房，向同事请教，在交付实践中积极摸索和学习。如今的她，已经是既懂产品又懂技术的营销经理，还能自己动手做营销方案。

"只有自我培训才能有所超越"。学员作为学习的主体，在学习中要加强自我管理，不仅要订立明确的学习目标，更要选择适合自己的学习方式与学习方法，充分利用混合式学习提供的学习场景，在工作实践、人际互动、课堂中主动学习、快速成长。

（2）培训师的教练与顾问角色

培训师在混合式学习项目中，要从传统的知识传授者转变为教练与顾问角色。"培训不是灌输，而是点燃。"培训师在教学中更多是要对学员进行引导，激发学员的学习兴趣和学习欲望，点燃学生的学习热情。

"首因效应"告诉我们，一项事物首次出现时给对方留下的印象，往往会在对方的头脑中形成并占据主导地位。好的开始是成功的一半，要点燃学员的学习热情，精彩的培训开场非常重要。经典的培训开场方式可以参见表 5-5：

表 5-5　　　　　　　　　　培训经典开场方式

开场方式	具体做法
故事法	以故事、笑话、寓言开场，以自嘲的形式讲述自己的故事开场
视听开场法	开场展示道具、图片、景象、情景再现等，或者播放音乐、声音再现，也可以用言语引导景象
设想法	培训师创造情景，让听众自己去感受："请你设想一下……"把话语权转嫁到观众身上
讨论法	抛出一个话题，摆出两个以上的观点，让学员进行讨论，甚至去辩论
游戏法	培训开始时先做一个游戏，常用的培训开场游戏有"初次见面""兔子舞""串名字游戏"等
事实陈述法	培训开场以揭示事实来切入，这个事实可以是与培训主题相关的调查结论，或者客观存在的现象
开门见山法	不绕圈子，直接切入主题，告诉学员培训的主题和培训收获

除了要设计一个精彩的开场，在开始就点燃学员的学习热情外，培训师还要在课程架构、课程内容设计、学习指导和学习方法等方面苦练内功，让课程输出有趣有料，实现课程价值最大化。

（3）培训管理者要做好培训过程管理

培训管理者除了要进行常规的培训活动组织，选定培训内容、培训讲师，准备培训设施、学习资料，发送培训通知，制订学习计划表等外，还需要承担表 5-6 中所列举的几种角色，做好培训全过程的管理。

表 5-6　　　　　　　　　培训管理者的角色和任务

角色	任务
需求分析者	找出实际情况与客户要求之间的差距，通过分析明确培训目的，并把需求准确反馈给培训师，督促培训师开发出匹配客户需求的课程
资料管理者	做好学习资料的管理，及时收集培训中学员的相关资料，进行归档

续前表

角色	任务
沟通者	评价员工在培训期间的表现，帮助他们制订自我开发计划
反馈者	观察学员在学习期间的反应，收集学员对学习的反馈，及时传达给培训师，为培训师调整和优化学习方式提供参考
监督者	与培训师和客户合作，监督学员培训后的行为改变，指导学员参加培训后的现场学习
培训评估者	实施培训效果评估，收集客户及学员对培训的反应和评价，进行分析
培训顾问	加强自身素质培养，不断提升自己的专业水平和能力，成为员工培训的顾问和专家

培训管理者要做好培训全过程的管理，从培训前、培训中到培训后都要充分参与进来，既要承担组织者和服务者的角色，也要成为学员和培训师之间沟通的桥梁，并且要做好整个培训过程的监督和反馈。

2.3 混合式学习的工作模式

混合式学习是适应时代发展的新型学习方式，但在现实生活中成功的混合式学习案例却少之又少。这种情况产生的多数原因是相关人员对混合式学习的理解不够透彻，没有办法把握其操作要点，从而在实践中达不到理想效果。实际上，混合式学习有四种工作模式，如图5-2所示。

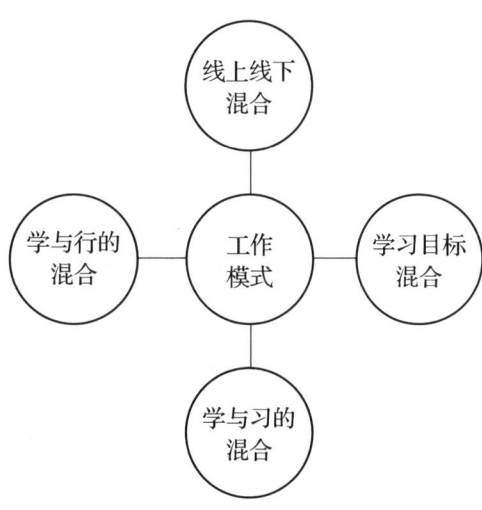

图 5-2 混合式学习的四种工作模式

(1) 线上线下混合

线上线下混合是混合式学习最初提出的工作模式，即线下面对面授课与线上网络化学习的混合。这种工作模式取得了初步成效，随着计算机和网络的普及，这种学习模式更是成为目前混合式学习中运用最广泛的。线上与线下学习各有其优势和特点，如表 5-7 所示。

表 5-7　　　　　　　　线上与线下学习模式对比

维度	线上学习	线下学习
时空限制	无时间、空间限制	固定的时间、固定的地点
内容及时性	内容随服务端课程同步更新	随老师讲课大纲同步更新
获取的方便性	只要有网络，可以足不出户	必须到现场，风雨无阻
重复学习性	可以反复学习	一次性听课，靠笔记和书本复习
个性化学习	适应个性化学习要求，按需学习	统一安排，统一学习
社会化	能提供虚拟的社会化体验	真实的人与人交互的社会化组织体验
交互性和协作性	能提供虚拟的交互和协作平台	老师、学生之间面对面交流和协作

线上学习便捷、自由、可重复，线下学习真实、有较好的体验感。两者各有优势，它们的结合可以在一定程度上扬长避短，给学员带来更好的学习体验与学习效果。但是这种模式仍然是狭义上的混合式学习，广义上的混合式学习还有更多的拓展。

(2) 学习目标混合

在这种工作模式下，"达成学习目标"成为学习策略设计的首要任务，线上和线下的混合不再是学习重点，学习的内容和方式有了更多的突破。笔者所在的城市就有一家企业，为了使全体员工明白企业文化的内涵，领会企业文化的精神实质，专门组织了为期1个月的企业文化主题培训。培训的具体安排如表5-8所示。

表5-8　　　　　　　基于学习目标的混合式企业文化培训

形式	具体做法
企业文化理念报告会	进行理念阐释、宣讲，重点宣讲核心理念的历史来源、内涵及意义
PPT宣讲培训	制作PPT对企业文化进行系统宣讲，同时发放企业文化手册等相关资料
榜样人物巡回报告	企业文化榜样人物巡回报告，宣传企业文化经典故事案例
企业文化知识竞赛	组织企业文化知识竞赛，设置有奖答卷或竞赛评优奖励的形式
体验式培训	针对企业文化的内容和特点，设计体验式团队培训项目，让员工分组参与
学习型晚会	晚会贯穿企业文化主线，各类节目都围绕阐释企业文化理念、宣传企业文化知识进行，事先要求员工依据企业文化创作各类节目

为了达成企业文化培训的目标，该企业混合使用了报告会、宣讲培训、知识竞赛等多种学习方式，在学习内容上也混合了理念阐释、内容宣讲、故事案例等多种学习内容。通过基于达成学习目标的混合学习策略设计实施，通过实践使企业文化深入人心，达成了企业培训目标。

（3）学与习的混合

学与习的混合是混合式学习的核心内涵。传统的学习方式更多注重"学"而抛弃"习"，而学与习的混合将两者都作为学习重点，通过"习"将学习的内容运用到实践中，实现了学习更高层次的目的。

某企业每季度都会开展一次管理者技能提升培训，每次的培训侧重点都不同，培训时间为2天，前期培训一直以讲授为主，培训结束后几乎看不到管理者们在管理上的改进，而且管理者们对这种培训方式越来越反感。为了让培训更有效，培训经理设计了一个简单有效的混合型学习模式，即每次培训开设一个在线讨论区和报告上传区，培训结束后的一年时间里，管理者可以在讨论区中交流实践中遇到的管理问题，并且每季度末必须提交一份运用心得。培训经理在报告模板设计和激励措施上也都下了一番功夫，取得了较好的效果。

这个案例就是将原来单纯的"学"变成"习"的例子。管理者们通过课程讲授掌握了管理技能提升的知识和实践要点，在心得提交的督促下，他们将知识和实践要点运用到了实践中，通过对实践中遇到的管理问题进行交流讨论，将学与习结合起来，取得了更好的学习效果。

（4）学与行的混合

学与行的混合是混合式学习的最高层次。它提倡将学习与工作结合起来，将所学运用于工作中，在工作中学习成长，真正做到知行合一。

笔者在给国网公司吉林电力做的安全文化项目中，就采取了学与行混合的模式。项目前期我们以业务场景为依托，按照安全文化的内涵和特性，厘清安全文化在各个岗位上的关键活动和预防重点，形成了安全准则。在此基础上，进一步构建了每个岗位的安全文化工作指引，明确了各个岗位安全工作的红线和作业标准，将国网公司安全文化理念转化为对各个岗位的行为要求。在工作指引的基础上，进一步挖掘安全文化在各个岗位上的优秀经验和实践案例，将学员的优秀经验和做法汇集起来，开发成本岗位的工作指引。最终，形成以岗位为最小单元的"安全准则+工作指引+业务实践"三位一体的安全文化教育应用体系。

不同于岗位标准作业书,"安全文化岗位工作指引"以安全管理(预防)的视角,丰富了岗位标准作业书的安全文化内涵,同时融合实践案例的场景化解读,使岗位工作人员更容易学习、理解和转化。"安全文化岗位工作指引"内容体系的完善也为安全文化课程打造、教育培训、上岗资格测试、微讲堂经验分享、安全月活动等提供了丰富的内容素材。

培训是为了解决问题。对于共性问题的解决,不能仅仅停留在概念、理念和方案层面,还应推动工作指引、制度、规范的建立和完善。案例中我们通过完善的制度规范将学与行结合起来,让员工在实践中有章可循,真正做到学以致用。

3. 混合式学习的关键要素

为确保混合式学习的学习效果,需要对学习资源、学习环境及学习形式等关键要素进行设计和整合,发挥统合效用。

3.1 混合式学习资源设计

混合式学习也是学习资源的混合,实践中,我们要对不同学习形式与学习方技术依托的学习资源进行设计,以实现学习资源的有效配置。混合式学习资源类型如表 5-9 所示。

表 5-9　　　　　　　　　　　　混合式学习资源

类型	具体内容
教学资源	PPT教学课件、实物、模型、图书、学习资料、视频、音频、图片等
教学媒体资源	视觉媒体（幻灯片、投影）、听觉媒体（话筒、音响）、视听觉媒体（电影、电视、激光视盘）、综合媒体（计算机、多媒体平台）
学习平台资源	在线沟通平台，比如学习APP、微信学习群、在线交流社区
学习工具资源	资料搜集工具、沟通交流工具、认知工具、反思评价工具、教学实践工具
学习实践资源	行动改善方案或改善计划、学习总结及心得、课后测验等
其他资源	学员在学习互动中共享的学习资源，学习过程中创建的新的学习资源

混合式学习中，学习资源的混合并不是所有学习资源的简单累加，实践中我们要根据不同的学习混合形式，选择与之相匹配的学习资源，进行有效混合，以达到降低学习成本、提高学习效果的目的。

学习资源设计中，应遵循以下五大原则：

第一，资源普适性原则。一定程度上，学习资源的运用受环境和条件制约，在设计学习资源时，我们要对学员的学习环境和条件等因素进行资源适用性评估，考虑设备、情境的实际情况，确保学习资源在当前的学习环境和条件中能够有效使用。

第二，实用性原则。学习资源的设计要以实用为主，不一味追求数量和形式，关键在于实用。在学习资源设计中要充分考虑客户和学员的实际情况，从客户和学员的核心需求出发进行学习资源设计，让学员能够学到实用、有效的知识。

第三，目标明确原则。学习目标具有导向功能、激励功能、调控功能、评价功能，是学习的出发点和归宿。在进行学习资源设计前，先明确本次学习要达成的目标，以终为始，配置资源。

第四，融入相应教学策略的原则。为保证学习效果的有效性，在资源设计的时候有必要融入相应的教学策略，根据教学策略需要，合理配置资源，激发学习者的学习动机。

第五，良好的交互性原则。学习者不仅需要与教师、与同伴进行交流，更加需要与学习资源本身进行交互，混合式学习资源设计的时候要充分考虑到学习过程中的交互。

3.2 混合式学习环境设计

学习活动的设计要以学习环境为基础，混合式学习环境是多种学习环境的融合：既有网络学习环境，也有课堂学习环境；既有理论学习环境，又有实践学习环境……要在混合式学习中充分发挥各学习环境的优势，就必须在活动开展前对混合式学习的学习环境进行总体的设计和规划。

（1）硬环境设计

硬环境包含了普通教室和多媒体教室等室内教学场所，也包含了其他户外教学场所。硬件环境的设计包括普通教室里的桌椅、黑板、照明等的设计，以及多媒体教室里的计算机、投影仪及其他网络设备的规划设计，户外教学场所场地设计等。硬环境是学习环境的基础，硬环境设计的整体原则是安全和舒适。

（2）软环境设计

软环境设计主要指学习氛围的设计，在学习活动中，学员和教师之间总是会形成一种无形的环境氛围。良好的环境氛围通常会让人感到安全和可信赖，这种氛围能激发学员产生较强的合作意识和合作欲望，激发出较高的学习热情。

如图 5-3 所示，设计良好的学习环境氛围，可以从三个方面入手：

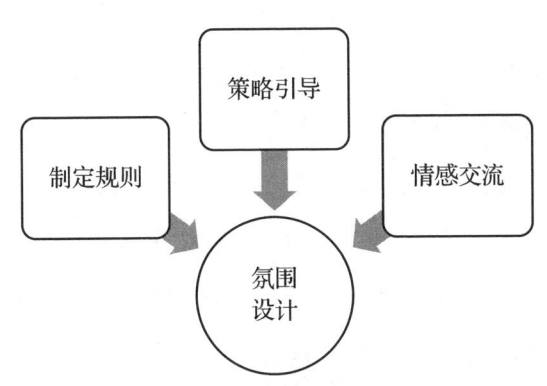

图 5-3 混合式学习环境氛围设计的三要素

第一，制定规则。在活动开始前制定学员们共同遵守的行为规则并制定小组活动规范，明确告知学员该活动对其行为及表现的期望，明确活动中奖励及禁止的行为以及奖励和处罚的方式，以此对学员的言语行为进行规范和约束，形成良好的环境氛围。表 5-10 就是一家培训机构在一次学习中给学员订立的积分规则。

表 5-10　　　　　　　　　　学习积分规则

指标	积分细则
考勤纪律扣分	迟到、早退（5 分 / 次 / 人）
团队活动积分	在团队活动 PK 中获胜的小组（5～20 分 / 次 / 组）
个人互动积分	主动参与课堂互动的个人（5～10 分 / 次 / 人）
时效性积分	按时提交课后作业（10 分 / 次 / 人）
作业质量积分	提交作业的质量（5～20 分 / 次 / 人）
其他加减分	由老师根据实际情况酌情加减（5～20 分 / 次 / 人）

第二，策略引导。制定规则后，教师需制定一些策略。比如沟通策略、

评价策略、最佳学习之星评选策略、自我反思策略等，通过这些策略激发学员的学习热情和学习主动性，以便更好地引导和管理学员。

魏书生当班主任时，组织学生开展学习，为了营造良好的学习氛围，他在教学中引用了竞争激励策略。一次他带学生们读完一首诗后，让学生们在3分钟内背诵，看谁背得快，结果有人2分钟就背出来了。为什么效率这么高？同学们说："因为是竞赛，所以把吃奶的劲儿都使出来了。"有一次他带领学生们举行数学竞赛：在一小时内，把一本数学书里的42道应用题全部列出方程来，看谁列得好、快、准。尽管比赛没有奖品，但比起来热火朝天，同学们评价说：每个人都获得了一份奖赏——集中全力、紧张思维时的幸福感。魏书生正是充分发挥了学生们这种好胜向上心理的有利优势。

每个人都有争强好胜的心理。这种心理如果引导得当，会转化为学习的动力。在教学过程中，教师制定适当的策略对学员进行引导，有利于营造良好的学习氛围。

第三，情感交流。教师要在学习活动中有意识地在学员之间搭建起沟通的桥梁，既可以是面对面的沟通，也可以通过搭建网络平台实现情感交流，通过多种教学形式丰富交流渠道和交流方式，让学员之间建立起情感链接，使学员在收获学习成果的同时，也在情感交流需求上得到满足。

3.3　混合式学习的学习形式

混合式学习围绕学习目标，将讲授法、OJT培训、场景演练、案例研讨、沙盘模拟等多种学习形式及学习技术进行混合，使学习更贴合客户和学员需求，以达到更好的学习效果。

（1）讲授法

讲授法一直在课堂中被普遍采用，是一种教师将学习内容讲授给学生的教学方法。随着教学方式趋于多样化，讲授法多灌输、易使学生产生依赖、抑制学生主动性和创造性的缺点逐渐暴露出来，被许多人唾弃。实际上，讲授法仍然是当今教学中运用最为广泛的一种教学方法，它也有许多优点，如图5-4所示。

讲授法具有通俗化和直接性的优点，简洁高效，有利于大幅度提高教学的效果和效率。讲授法由教师主导，可以使学生学习到远比教材多的东西，可以帮助学生形成全面、系统的知识库。另外，几乎在

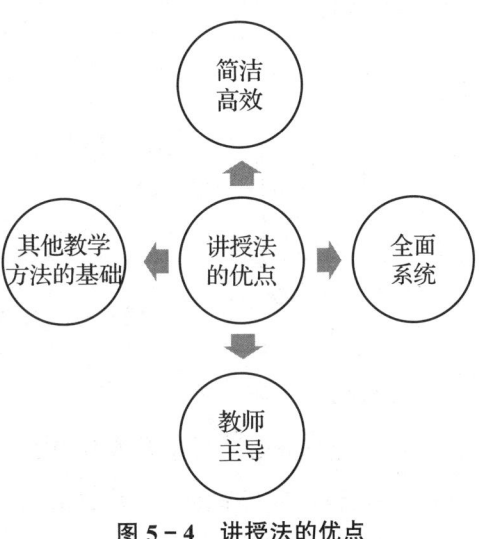

图 5-4 讲授法的优点

所有的教学方法中，教师都会使用到讲授的技能，讲授法是其他教学方法的基础。在实际教学中，我们要增加讲授的趣味性与启发性，将讲授法与其他教学方法结合起来应用。

（2）OJT 培训

OJT 培训是在具体工作中，培训双方一边演示讲解、一边实操学习的培训方法。这是一种通过演示操作，让受训者快速掌握工作必需的知识与技能的方法。OJT 培训可以分为四个步骤，如图 5-5 所示：

与其他教学方法相比，OJT 的优点在于：可以在工作中进行培训，培训双方都不需要再另外投入其他的时间、精力和费用，并且培训是和工作密切

联系起来的,即学即用,具有很强的实用性。

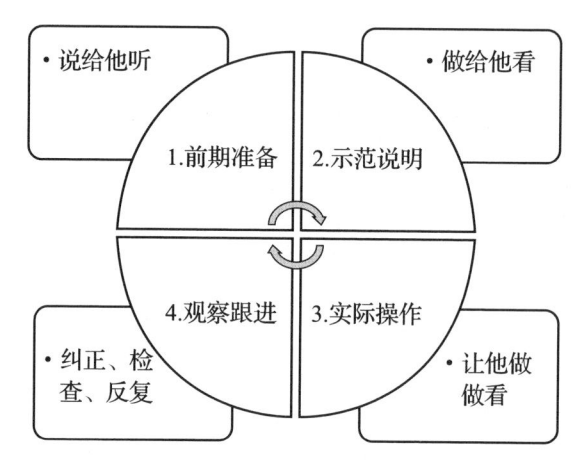

图 5-5 OJT 培训四步法

(3)场景演练

场景演练是指针对学员在工作中遇到的各种问题,在课堂上就需要创造和设计场景,引导学员在场景中演练,讲师进行专业的点评并给予有效的指导(见图 5-6)。

场景演练中工作场景的构建要尽可能真实,还原真实工作场景;要以项目的形式进行,让学员通过参与项目掌握知识技能并提高能力;在场景模拟中,根据每个学员的培训需求让

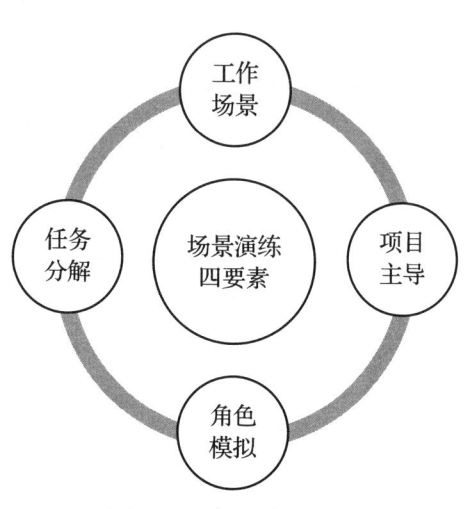

图 5-6 场景演练要素

学员模拟项目组中的各种角色,协同完成项目和任务,体验并掌握不同角色的工作技能和工作经验;在学习内容组织和课程体系设计上,可以采取任务

分解来提取培训的核心内容。

（4）案例研讨

案例研讨是一种团队学习方式，讲师针对课程内容寻找典型案例或者设计案例，在课程中组织学员对案例进行研讨，学员们各抒己见、碰撞思维，最后往往能集众所长，找到问题的最佳解决方案。

福特汽车公司在其首席执行官杰奎斯·纳瑟尔的指导下，提供了一个学习型组织的优秀例子。

福特公司在近200个国家和地区有34万名员工。在纳瑟尔的指导下，福特的变革计划以教授为基础，但并非传统的教室形式，而是通过案例讨论进行。讨论的主题是战略、市场与竞争，并对参与变革计划的部分参与者提供有限的社区服务。

福特学习文化的核心是3天的研讨会，这期间达到了分配任务的高潮。福特的经理们根据任务，有100天的时间去完成新的成本节约或扩大收入来源的计划。福特的教和学开展得如此成功，以致纳瑟尔试图将它运用到计时制工人身上。

纳瑟尔说："你不可能一夜之间改变像福特这样的公司，但毫无疑问，我们不得不改变工作方法，我们的教和学比我知道的其他任何方法都好。"

福特公司通过开展案例研讨，达到了分配任务的高潮。案例研讨是一种激发团队智慧来解决问题的培训方法。在案例研讨中，员工各抒己见，不同的角度、不同的观点常常带来较强的思维碰撞，新的创意因此而产生。

（5）教练技术和引导技术

教练技术和引导技术的运用目的是相同的，都是通过一定的方法，借助于情景、工具，开发学员潜能，帮助学员实现学习目标。两者都是一种先进的成人教育培训理念，不过两者也有一些不同点，如表5-11所示。

表5-11　　　　　　　教练技术和引导技术的不同

序号	教练技术	引导技术
1	针对个体潜能开发	借助团队潜能激发实现目标或拿到成果
2	主要解决个人问题	主要解决组织问题
3	教练的谈话主要发生在教练和被教练者之间	引导的谈话主要发生在参与者之间，并且是同时对话
4	教练有预案设计和完善的解决方案	引导者经常需要处理发起人和参与者不一致的矛盾

教练技术的使用对象通常是个体，是一种通过启发式提问，共同去探索和创造一些可能性，促进他人学习和成长，从而提高绩效的过程。而引导技术的运用对象主要是群体，引导技术多用于群体决策、复杂问题解决等场景，通常是基于某个设定的目的，通过对一个特定人群激发能量、汇聚能量和传递能量的过程。

（6）多媒体

多媒体教学是一种借助幻灯片、投影、录音、录像等电子媒体技术进行教学的方法，它将现代技术与传统教学手段有机结合起来，以多种媒体信息作用于学生，通过多感官刺激来提升学习效果。

（7）游戏

游戏法贯彻了"寓教于乐"的教学原则，是将"游戏"与"教学"巧妙结合在一起的一种学习手段。

某公司在以沟通能力提升为主题的培训中，培训师为了引起管理者们对沟通的重视，带领管理者们做了"沟通漏斗"游戏：培训师让所有参与培训的管理者通过口述传递一句话,从第一名管理者依次传递到最后一名管理者,然后让最后一名管理者说出他听到的话。结果最后这名管理者的回答与第一名管理者传递的话语表达的意思几乎有天壤之别,这个结果让管理者们感到很意外。接着,培训师给管理者们讲授了沟通中的漏斗效应:一个人通常只能说出心中所想的80%,但对方听到的最多只能是60%,听懂的却只有40%,结果执行时,只有20%了。你心中的想法也许很完美,但下属执行起来却差之千里,这是由"沟通漏斗"造成的。

案例中,培训师通过游戏教学,既让管理者们感受到了乐趣,又使管理者们明白了"沟通漏斗"的含义,明白了沟通中准确传递信息的重要性。多年以后,他们或许会忘记在这场培训中学习到的理论知识,但是通过参与这个游戏掌握的内容必然还深深印刻在他们的脑海之中。

(8)翻转课堂

在翻转课堂中,学生不再单纯依赖教师去讲授课程知识,而是提前通过互联网及计算机技术完成课程自学,课堂变成了学生们及学生和老师之间交流互动的场所,老师在课堂中的重心从讲授转化为解答学生的问题和引导学生运用知识。

2011年秋天,美国明尼苏达州斯蒂尔沃特市石桥小学开始了数学翻转课堂试点计划。五六年级的学生们回家观看教师的教学影片,回到课堂后可以在教师和同伴的帮助下完成作业。因此,他们不再有和父母一起做作业时因不会做题而出现的挣扎和挫折感。学生可以按自己的学习进度在家里观看10~15分钟的讲课视频;之后会接受三到五个问题的测验,看他们是否理解了教学内容,测验结果会即时反馈给他们。在学校教师使用Moodle跟踪学生在家学习的过程，看到谁看了影片并完成了测验，这样就更容易锁定那些学习有困难的学生。学校的教师和管理人员决定实施翻转课堂尝试，因为他们相信不同水平的学生都有个性化学习的需求，而翻转课堂能帮助他们有更好的学习体验。

翻转课堂在一定程度上解决了某些课堂老师讲的是学生会的、学生不会的老师却没有讲解的问题。翻转课堂通过让学生先根据个人情况对学习内容进行自学和独立思考，教师再在课堂中解决疑问，提供个性化教学的方式，让学生成为学习的主角。

（9）拓展

拓展培训通常用于团队培训中，常利用山川河流等自然环境通过精心设计的活动达成培训效果。

毕业墙是许多公司在组织团队培训时都会参与的一个拓展项目。上海某公司的60多人就曾参加了这个拓展项目。当时毕业墙拓展活动设定了这样的一个场景：参与拓展项目的60多人在一艘船上遇难，为了逃生，他们必须从船舱底层逃到上层，船舱底层和上层之间是一堵4米高墙，在没有任何辅助设施的情况下，所有成员必须在30分钟内全部上去，如果30分钟内有任何一名成员没有上去，任务就宣告失败，任何人都无法从这次遇难中逃生。

刚开始，公司的各成员都觉得这个任务很危险并且难以完成，别说30分钟，即使1个小时也难以完成。但是在培训师的鼓励下，团队成员开始集思广益，并拟定了行动计划，团队采取了叠人墙的方法，身强力壮的成员主动站出来，作为底座，其他成员踩着底座成员的肩膀，开始搭人梯，一个个成功地翻越了高墙。当逃生活动进行到三分之一时，培训师开始播放背景音乐，音乐激动人心的旋律让已经现出疲态的成员变得斗志昂扬。翻越了高墙的成员主动站在墙头拉墙下的成员上来，其他成员则不断给拉人和还在墙下的成员加油打气……在团队成员的相互协作和共同努力下，团队只用了20多分钟就完成了逃生。活动结束后，所有成员都为自己和团队的精彩表现鼓掌、欢呼。那一刻的场面激动人心。

拓展培训主要用于团队学习项目中，精心设计的拓展培训不仅可以使个人在技能方面得到锻炼，而且可以让参与者深刻体会到团队协作的重要性，在建立团队精神、提升团队凝聚力方面有非常好的效果。

混合式学习项目设计中使用的学习形式远不止以上九种，在实践中，我们要根据学习需要，对各种学习形式进行合理的组合与搭配，以达成学习效果。

4. 混合式学习项目的实践

有效的混合式学习项目实践，要能实现学习知识的有效转化，通过学习的成本考量，将成本控制在合理范围，以完整的项目策划让学习真正落地生效。

4.1 混合式学习的知识转化

学习的根本目的是转化、是运用于实践，而运用的场景是在具体的工作中。混合式学习项目在实践中要帮助学员实现知识转化。

日本的野中郁次郎提出了知识创造的 SECI 模型，他将企业知识划分为内隐知识和外显知识，内隐知识和外显知识在企业创新活动的过程中互相作用、互相转化，知识转化的过程实际上就是知识创造的过程。知识转化有四种基本模式，如图5-7所示。

第一，社会化。由内隐知识到内隐知识的社会化，是人与人之间在生活工作中，交流和分享彼此的心得、经验、行为模式，了解彼此的感觉和思想等内隐知识，进而达到创新内隐知识的过程。教学中，教师在讲授时，通过有技巧的引导，能充分挖掘学员原有的经验及智慧，在安全放松的场域里，学员们通过交流和分享，互相了解，容易实现内隐知识的创新，实现知识的社会化。

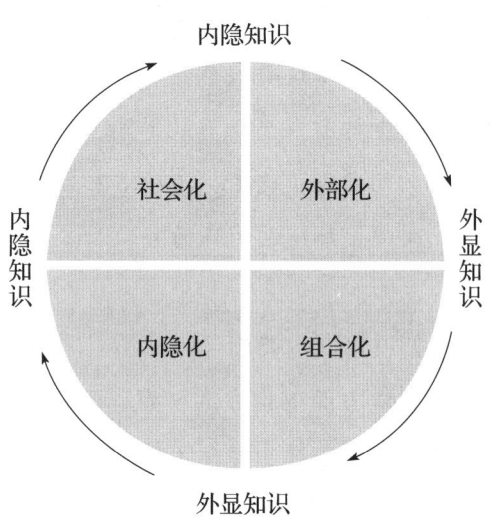

图 5-7　知识创造的 SECI 模型

第二，外部化。由内隐知识到外显知识的外部化，是透过有意义的交谈，具体表达内隐知识，将内隐知识通过结构性地概念化，使内隐知识呈现为外显知识的过程。教学中，教师通过案例研讨、头脑风暴等学习形式引导学员进行深层次探讨，对探讨结果进行归类梳理，形成共识和规律性的东西，就是实现内隐知识外部化的过程。

第三，组合化。由外显知识到外显知识的组合化，是将许多外显的观念或知识和现有的知识进行系统化联结，扩大知识基础，形成新的知识体系的过程。教学中，教师引导学员对外显的知识进行深度讨论和提炼，补充完善，利用线上网络、文件与资料库等资源对知识进行融合，形成系统，就是实现知识组合化的过程。

第四，内隐化。由外显知识到内隐知识的内隐化，是学习新知识，将外显知识转化为新的内隐知识的过程。教学中，教师可以指导学员以观摩或演练等实践性学习方式不断练习，来实现知识的内隐化。

SECI 模型指出，经由这四种模式的循环性运作、螺旋式上升，可有效地将个人的知识移转到组织之中，扩大个人与组织的知识基础，并创造出更丰富的知识。

对于知识创造和知识螺旋，野中以日本松下公司开发家用面包机为例进行了反复说明。1985 年，松下公司全力开发一种新型的家用面包机。可是，让研发人员沮丧的是，尽管他们绞尽脑汁，但机器显然无法掌握烤面包的"手艺"，工业化的大批量生产是以牺牲手工制作的独特风味为代价的。研发人员甚至动用 X 光透视对机器揉制的面团与手工面包师揉成的面团进行对比分析，还是不能获得任何有意义的数据。就在这时，研发人员田中郁子决定，拜大阪国际饭店一位因做面包闻名遐迩的大厨为师，向他学习"揉面"的手艺。从身体力行的实践中，田中郁子逐渐掌握了这位师傅的揉面诀窍。经过一年的反复实验，田中郁子与项目工程师们合作，在机器内增添了特殊的肋骨状凸纹，从而成功地再现了她在饭店学得的揉面技艺，保证了面包的风味，由此创造了松下公司独特的"麻花面团"技术。这种独特的面包机在问世后的一年里，创下了新型烹饪器具销售的新纪录。

面包机的例子完整体现了知识创造的螺旋过程。首先，田中郁子学到了大阪国际饭店那个面包师的隐性秘诀，这是社会化；其次，她将这些秘诀转换为能够与面包机研发团队成员及松下公司其他人员进行交流的显性知识，这是外部化；再次，开发团队把揉面团的知识同机器设计知识以及相关的其他知识综合起来，进行标准化加工，最终形成了新的设计方案，并且体现在产品上,这是组合化;最后,通过创造新产品,田中郁子及其团队伙伴乃至公司其他成员丰富了各自的隐性知识,这是内隐化。

混合式综合使用多种学习形式与学习技术为知识创造及转化提供了良好的条件,一定程度上,混合式学习过程其实就是内隐知识和外显知识循环转化的过程。

4.2 混合式学习的成本考量

混合式学习是在成本预算的基础上开展的,实践中,我们必须对学习的成本进行考量,让培训的投入与培训的收益相匹配。

培训成本通常分为直接成本和间接成本,直接成本是指企业为员工培训直接付出的各项费用,间接成本则是指员工由于参加培训没有进行本职工作而企业仍然要付出的薪酬成本。不同培训形式所包含的培训成本如表5-12所示。

表5-12　　　　　　　　　　培训成本

成本分类	内部培训成本	外包培训成本
直接成本	1. 培训讲师费(内请或外聘) 2. 场地租赁费(如果培训地点在企业内部,此项费用可免) 3. 培训设备、相关培训辅助材料费用 4. 培训课程制作费用、培训教材费、资料费 5. 为参加培训所支出的交通费、餐费、住宿费及其他等	1. 外包项目合同约定费用 2. 培训设备、相关培训辅助材料费用 3. 为参加培训所支出的交通费、餐费、住宿费及其他等 4. 选择培训机构时所发生的费用,包括估价、询价、比价、议价费用及通信联络费用、事务用品费用

续前表

成本分类	内部培训成本	外包培训成本
间接成本	1. 课程设计所花费的所有费用，包括工资支出、资料费支出及其他费用 2. 培训学员的工资、福利等 3. 因参加培训而减少的日常所在岗位工作造成的机会成本 4. 培训管理人员及办事人员工资、交通费、通信费等 5. 一般培训设备的折旧和保养费用	1. 培训学员、辅助培训人员工资等 2. 培训管理、监督费用 3. 其他相关费用

实践中，对培训成本的考量要有全面的观念，既要考虑到直接成本，也要考虑到间接成本，从全面成本的角度去做混合式学习项目的设计和学习效果评估。4-3-3 模型是欧美国家在培训投入方面的基本分配模型，如图 5－8 所示。

40% 培训前 ⇨ 30% 培训中 ⇨ 30% 培训后

图 5－8　4-3-3 模型

4-3-3 模型即 10 万美元的预算，有 4 万美元是用在学习需求分析及学习项目设计与开发上，有 3 万美元是用来支付课堂教学费用，有 3 万美元是用在培训结束后的学习强化及巩固。他们认为：与其用 10 万美元做 3 个课程，远不如只做一个课程，让这个课程最大限度地落地。

实际上，大多数企业在培训时都将主要的成本用在了培训中，在培训前和培训后对培训成本的投入是不够的。混合式学习强调开发符合学员需求的个性化课程，注重学习成果的转化。相对于传统的培训方式，混合式学习在学习前后的成本投入是较大的，从培训效果的角度来看，混合式学习形式更具有成本优势。

另外，混合式学习提供了多种可选择的学习形式，将学习与现代网络技术相结合，这给学习者们提供了很多便利，学员可以根据自己的需求选择课程进行学习，学习更有针对性，学员可以利用碎片化时间灵活安排学习，这在一定程度上也是对培训成本的节约。

4.3 混合式学习项目的策划

混合式学习项目策划是混合式学习项目落地的关键。实践中，我们可以按照"学习前、学习中、学习后"三个阶段、"学习需求分析、混合学习策略设计、课程设计与开发、教学实施、混合式学习评估"五个环节对混合式学习项目进行系统策划，如图5-9所示。

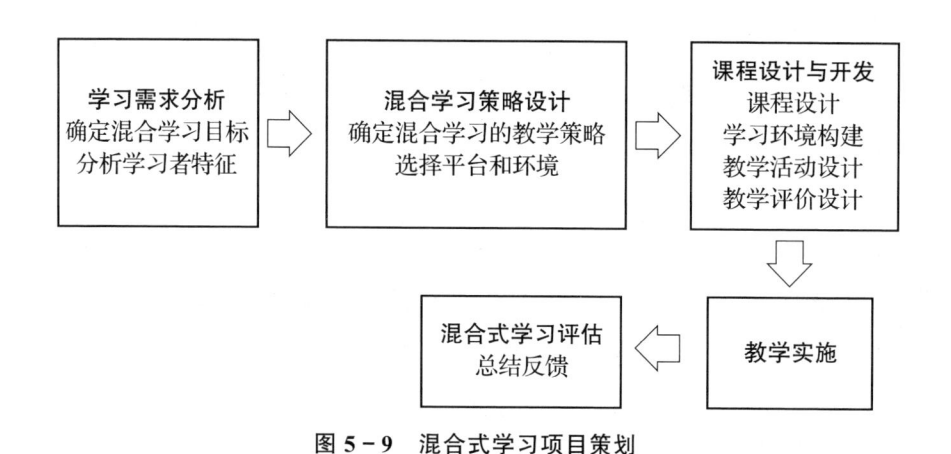

图5-9 混合式学习项目策划

混合式学习要从实用出发，实现多种混合形式的有效融合。在混合式学习项目策划中，要针对不同的学习对象，以实用和有效为出发点，根据学员的需求确定混合学习目标，基于学习目标和学员特点进行混合式学习策略设计，突出混合深度和混合重点，发挥混合式学习的独特优势。在课程设计与开发环节，依次做好课程、学习环境、学习活动及教学评价的设计，在教学实施后对混合学习进行评估，跟进学习结果的落地及运用，进行总结反馈。

华为最近几年一直在推进项目型组织建设，为了满足组织变革和企业发展的需要，每个管理者必须懂项目管理，为此华为设置了后备干部项目管理培训班，也就是华为人口中常说的"青训班"。青训班正是一种具有代表性的混合式学习项目（如图 5-10 所示）。

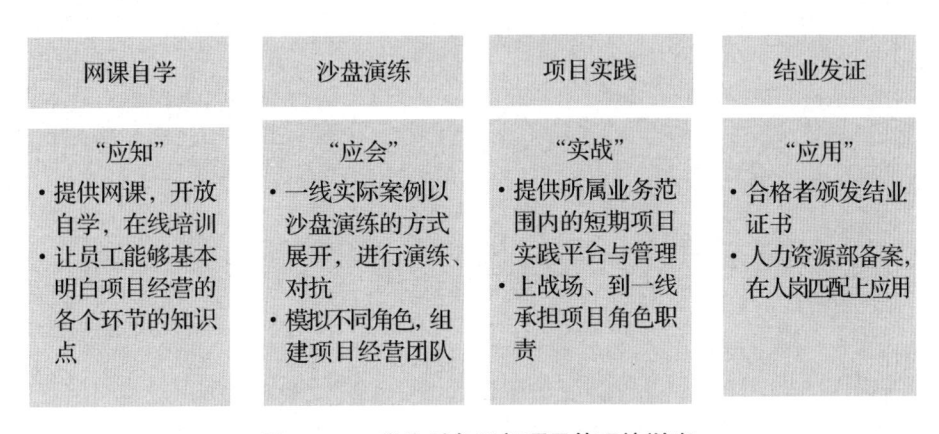

网课自学	沙盘演练	项目实践	结业发证
"应知" · 提供网课，开放自学，在线培训 · 让员工能够基本明白项目经营的各个环节的知识点	"应会" · 一线实际案例以沙盘演练的方式展开，进行演练、对抗 · 模拟不同角色，组建项目经营团队	"实战" · 提供所属业务范围内的短期项目实践平台与管理 · 上战场、到一线承担项目角色职责	"应用" · 合格者颁发结业证书 · 人力资源部备案，在人岗匹配上应用

图 5-10　华为后备干部项目管理培训班

1. 应知：通过网课自学，每个学员必须掌握项目经营中各个环节的知识点，并通过测试。也就是每个参与青训班的人，在集训前自己先把基础知识打牢了，在后续的研讨和演练中才能跟得上节奏。

2. 应会：用沙盘演练的方式展开，通过组建项目团队，模拟各种不同的角色来了解项目经营和管理的要点。

3. 实战：提供所属业务模块的短期项目进行实战。通过承担项目角色，

177

输出结果，来检验学习效果。

4.前三步都做到后，到了第四步的运用阶段才会颁发证书，给予认证通过，才能实现管理职位的晋升。

华为青训班将网课自学、沙盘演练、项目实践等多种学习形式进行了混合，从应知、应会、实践、应用四个方面设计完成培训项目，值得企业借鉴。

第6章
师资体系建设与管理

知识的传授离不开优秀的老师,对于学习型组织而言,良好的师资队伍是必不可少的。只有建设一支足够优秀的师资队伍,组织才能实现人才发展战略规划,满足业务发展的需要。

1. 内部讲师的角色认知

现在越来越多企业开始重视内部讲师的培养，但他们对于内部讲师的角色定位还停留在"知识传授者"的层面，因此，学习管理者需要对内部讲师的职责、作用等有更加清晰的了解和认识。

1.1 内部讲师的职责

在一个企业中，经验传承是非常重要的。尤其在一些无法形成流程化、需要具体问题具体分析的岗位上，就更需要个人的经验和过往数据的辅助。一个人在工作中累积的经验也是企业重要的财富，只有让这些经验继续传承下去，才不至于因为一个人的离去而导致一系列问题的出现。

华为公司总裁任正非曾指出，华为走过的道路是曲折崎岖的，这中间既有经验也有教训，这些失败教训和摸索出来的经验是华为宝贵的财富。华为要走向规模化经营，面对国际化大企业强有力的竞争，就必须将华为这些宝贵而痛苦的积累与探索加以总结，结合先进的管理思想和方法，对其进行升华，成为指导华为前进的理论，并且在实践中不断地优化，从而引导华为正确地发展。因此，华为鼓励各类员工走向讲师岗位，向其他人传授自己的经验。

内部讲师是指在公司内部选拔，通过人力资源部考核其专业技能、课程开发能力、授课水平等后，承担公司部分培训课程的开发与授课的人员。一般来说，企业在制定内部讲师管理制度时，会厘清其岗位职责，如表6-1所示。

表6-1　　　　　　　某公司内部讲师的岗位职责（示例）

序号	岗位职责
1	结合本部门实际业务情况，搜集提交部门年、月度培训需求
2	开发培训课题，撰写讲义，参与相关培训教材的编写，并定期更新资料
3	参与培训课程内容的审定
4	根据培训部的培训安排，讲授培训课程
5	对参训人员进行课程考试或考查
6	将课程资料、教案、讲义等提交至培训部，作为培训资料的备案
7	参加相关外训后，须向培训部翻讲外训内容或提交参训感受报告
8	参与培训部年度培训效果工作总结，对培训相关工作提出改进建议
9	配合培训部开展培训有关的其他工作

内部讲师的最大特点就是以组织内部的培训需求为导向，定制系统化的培训课程。这样一来，内部讲师不仅能够为组织带来系统的现代管理知识与技能，还能为组织带来突出的附加价值。

1.2　内部讲师的作用和目的

内部讲师是组织培训体系中最重要的构成部分，是组织开展内部培训的基石和可再生力，对学习型组织而言有着非常重要的作用，如图6-1所示。

第6章 师资体系建设与管理

- 传递企业文化、专业知识与实践经验
- 有助于形成学习型组织氛围
- 给予优秀员工更多展示自我的机会
- 打破部门壁垒，促进跨部门沟通

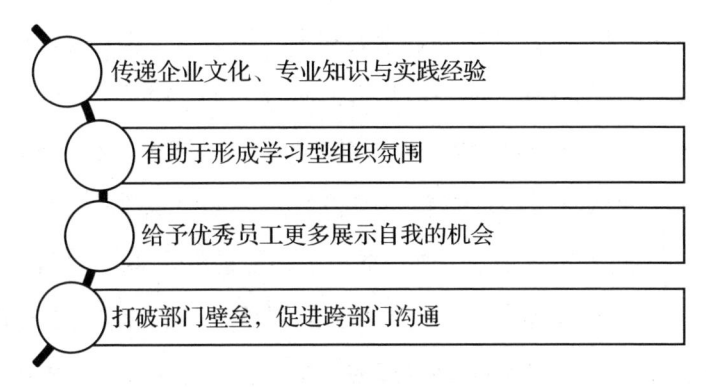

图 6-1　内部讲师的作用

第一，传递企业文化、专业知识与实践经验。内部讲师作为组织内的老师，传道授业解惑是其最基本的作用，他们将丰富的专业知识和优秀的实践经验制作成标准化的课程，并在课程中融入企业文化，最终将这些课程传授给需要的员工。对于员工的一些疑难问题，内部讲师也可以在日常工作中对其进行现场指导和辅导。

第二，有助于形成学习型组织氛围。为了应对日益激烈的全球化竞争，越来越多的企业开始将自身打造成学习型组织，希望通过学习，能够持续有效地从内外部环境中获取关键知识，构建自身的核心竞争力。内部讲师通过传递自己不断学习的精神、理念和价值观，带动其他员工主动参与到学习活动中来，从而有助于营造一种良好的学习型组织氛围。同时，与外部培训相比，内部讲师可以给予员工更多的现场指导和问题解答，实现一对一的深度交流，为培训效果提供了可靠的保障。

第三，给予优秀员工更多展示自我的机会。能够担任内部讲师的员工一定是组织内部具有丰富实战经验的优秀员工，让他们承担培训师的角色，对他们来说是一次展示自我的机会，优秀员工向其他员工传授知识与经验，获得其他员工的认可，能够有效提升他们的成就感。与此同时，优秀员工在开发课程的过程中也在巩固和拓展自身的知识与技能，实现自身的能力提升。

第四，打破部门壁垒，促进跨部门沟通。很多时候由于不同部门之间的制度或流程不一，相互之间难以理解，导致跨部门沟通不畅。而内部讲师作为组织内部的老师，对所在部门的制度、流程以及有关知识都非常了解，在培训时可以将这些内容传递给其他相关部门的员工，促进不同部门之间的相互理解，在跨部门沟通时能够多站在对方的角度考虑问题，实现组织内的有效融合。

总的来说，组织之所以构建内部讲师队伍，一是可以充分挖掘和利用内部人力资源，让更熟悉企业语言的人来担任组织培训的老师，有效降低培训费用，提升培训效果；二是可以有效管控培训过程，在外部培训过程中，组织只能在培训前期对师资队伍和课程主题进行筛选，无法对外部培训实施过程进行很好的监督与控制。而选择内部讲师，不仅在前期可以监督课程开发质量，而且可以在培训过程中进行有效管控，培训结束后还能及时对讲师的授课效果及员工的学习效果进行评估，为下一次的培训提供经验和教训。

2. 内部讲师的选拔认证

企业需要内部讲师来传授经验，但是并非所有人都能够当内部讲师。组织需要制定一套内部讲师的选拔认证标准及流程，让足够优秀的员工来承担内部讲师的角色，为组织培养更多的人才。

2.1 内部讲师的能力要求

内部讲师体系作为企业内部知识管理的载体，有助于将知识沉淀和转化，进行知识传播和分享。具体来说，内部讲师需要具备一定的能力，如表 6-2 所示。

表 6-2　　　　　　　　内部讲师的能力要求（示例）

序号	核心能力	能力描述
1	领悟力	总结、感悟和升华工作中的实践经验
2	信息力	钻研探讨专业领域的知识，综合知识涉猎度高
3	学习力	通过不同的渠道来吸收知识，不断提升自己
4	逻辑力	分析与解决问题、表达有逻辑性，能有效解决学员问题
5	演绎力	引导学员参与课堂，营造良好学习氛围以感染学员

企业在制定内部讲师的能力要求时，不一定局限于表 6-2 中的内容。不同企业面对的市场环境和拥有的内部资源不一样，可根据自身情况制定内部讲师的能力要求。

为更好地开发员工潜力、提高工作绩效、传播企业文化，百度上海分公司积极构建内部讲师队伍。公司根据多年的实践经验，总结了内部讲师胜任力模型。该模型从五个方面对讲师的素质能力提出了要求，如表 6-3 所示。

表 6-3　　　　　　　百度上海分公司内部讲师能力要求

序号	核心能力	能力标准
1	知识掌握	行业知识、专业知识、衍生知识
2	训练指导	点评技巧、辅导技术、专业反馈
3	课程控场	风险处理、问题解答、互动引导
4	表达呈现	背景引入、结构表达、归纳总结
5	课程设计	需求分析、框架逻辑、工具方法

在华为，实践经验被认为是讲师最重要的能力要求。任正非强调，企业

为员工进行培训的目的主要是支撑企业的业务发展和战略目标。因此，作为以获取利润为目的的功利性商业组织，必须要强调讲师的成功实践经验，这样才能将相对抽象的培训内容转化为可以提升实践能力的经验。

任正非曾批评华为大学过于注重讲师的职位高低，而不注重讲师的成功实践经验，他说："现在我们的老师很多人不知道场景，讲了半天合同公式是脱离实践的。你没有登过喜马拉雅山，你不知道喜马拉雅山基站安装之艰难。"因此，在任正非看来，华为大学的教师队伍一定要加强实践，保持更加开放的态度，既要有将军，也要有"未来的将军"。

目前，华为大学的讲师主要还是来自华为内部拥有成功实践经验的各级干部和业务与技术骨干，以及一部分对培训感兴趣的员工。这些讲师大多在华为公司从事多年的管理工作或者在专业技术岗位上担任重要角色，他们既具有丰富的实践指导经验，也具备良好的理论知识储备，能够很好地将他们的经验转化为理论化的知识，同时又确保理论知识能够应用到实践中。

2.2 内部讲师的认证标准

所有的内部讲师都需要参与企业内部讲师任职资格体系的资质认定。不同的企业对内部讲师的资质认定稍有区别，一般来说，内部讲师资质认定可以分为初级、中级、高级、资深四个级别，分别对应的要求如表6-4所示。

表6-4　　　　　　　内部讲师分级认证标准（示例）

序号	级别	认证标准
1	初级	能做流畅的表达及课件演示、能编制 PPT 课件；具备相关专业知识，能正确回答所授课程专业范围问题；完成规定课时量。

续前表

序号	级别	认证标准
2	中级	在初级岗位职责的基础上,另有:能分析培训对象需求,设计并形成合格课程,包含教学目标细化、开场结尾设计、教学活动设计,能熟练演绎已有课件。
3	高级	在中级岗位职责的基础上,另有:具备系列类课程开发能力,带领小组完成系列类课程开发;掌握教练技术,引导学员思考;专业知识扎实,了解本专业前沿理论和发展趋势。
4	资深	在具备高级岗位职责的基础上,另有:具备知识创新能力,能为课程原创出核心知识;具备所属专业及相关专业系统而深厚的理论知识,掌握其前沿理论和发展动态。

联想集团各级讲师能力标准:

1. 讲师

接受过讲师培训或具备专业授课技巧;按照《联想集团讲师管理制度》中的认证流程要求,其"讲师资格认证"分数在80分以上;讲授至少一门通用或管理文化技能类课程;每学年授课课时在30以上;每学年平均授课满意度4分以上。

2. 高级讲师

按照《联想集团讲师管理制度》中的认证流程要求,其"高级讲师资格认证"分数在80分以上;每学年授课课时在40以上;每学年平均授课满意度4.2分以上;讲授至少两门通用或管理文化技能类课程;能够培养后备讲师。

3. 资深讲师

按照《联想集团讲师管理制度》中的认证流程要求,其"资深讲师资格认证"分数在80分以上;每学年授课课时在50以上;每学年平均授课满意度4.2分以上；讲授至少三门通用或管理文化技能类课程；能够培养后备讲师。

制定内部讲师资质等级，既规范了讲师评价体系，也为讲师的进一步发展提供了参照标准，有助于激发讲师的积极性。对于符合要求的内部讲师候选人，公司培训管理中心统一颁发内部讲师聘书。讲师们按照要求申报相应等级的资质，培训管理中心定期审核其授课能力等情况，对他们进行统一管理，每年定期对内部讲师做考核和调整。

2.3 内部讲师的评审程序

内部讲师选拔的方式包括部门推荐和自我推荐两种，具体选拔流程如图6-2所示。

发布内部讲师甄选公告 ➡ 自主申报或推荐报名 ➡ 个人资质及绩效审核 ➡ 组织候选人参加培训 ➡ 组织现场评审 ➡ 确定合格人员并公示

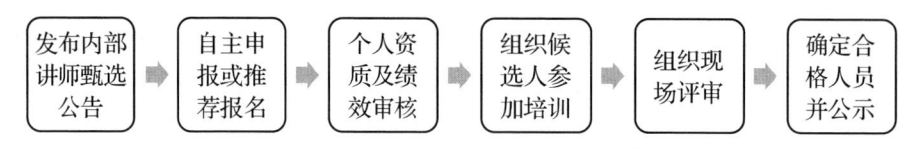

图6-2 内部讲师的选拔流程

第一，发布内部讲师甄选公告。组织根据内部讲师队伍构建需要，发布内部讲师甄选公告，并附上内部讲师资格选拔范围及标准等。在公告发布后，培训部门要向全体员工进行宣传，鼓励大家积极参与，以便达到较多的报名人数，否则讲师选拔会难以进行。

第二，自主申报或推荐报名。符合讲师报名条件的员工，可自荐或由部门推荐，填写"内部讲师申请表"。

第三，个人资质及绩效审核。培训中心根据内部讲师选拔标准，对申请人员的资质等情况进行审核，筛选出符合需求的讲师候选人。在审核时，可要求申请人提供相关证明材料，或进行相关笔试，考核申请人的专业知识能力和一般通用素质。

第四，组织候选人参加培训。组织讲师候选人参加课程开发与设计、演讲技巧等授课所需的专业知识与技巧培训课程。

第五，组织现场评审。培训部门安排讲师候选人进行试讲，并组织专业评审小组对候选人进行评估。组织专业评审小组至少由内部课程专家、内训师团队管理者、外部培训专家组成，内部课程专家负责在课程和讲授专业上进行鉴别，内训师团队管理者作为组织者和未来团队管理者全程参与，外部专家对候选者执行教学任务的能力进行鉴别，并且可以"扮黑脸"，在淘汰候选人时由外部专家出面，因为其局外人的身份可以减少一些不必要的工作摩擦。

第六，确定合格人员并公示。培训部门将所有候选人的评估结果进行汇总并上报领导审核，经审批后向所有合格人员颁发讲师认证证书。

某公司组织内部讲师现场评审的流程及标准如下所述：

1. 学员准备：认证以个人为单位展开，每个学员需提前准备试讲课程PPT。

2. 认证流程：每位学员试讲时间为10分钟，考官根据试讲人员的表现进行打分，授课结束后进行5分钟点评，讲师认证评估标准如表6-5所示。

3. 考官组织要求：认证需由业务部门和人事部门共同参与（2～4人），且考官需至少为部门负责人以上，并通过资质评审。

4. 认证成绩：学员认证成绩取所有考官评分的平均值，80分为通过，

90 分为优秀。如有其中一名考官评分低于 75 分，则总成绩取最低分，视为不通过。

表 6-5 讲师认证评估标准

对象	项目	分值	得分	建议
讲师	授课专业度	10 分		
	表达能力	10 分		
	专业能力	10 分		
	个人台风	10 分		
	讲解能力	10 分		
	互动能力	10 分		
课件	课件内容	20 分		
	课件格式	20 分		
总计得分		100 分		备注：学员认证成绩取平均值，80 分为通过，90 分为优秀。如有其中一名考官评分低于 75 分，则总成绩取最低分，视为不通过。
综合点评	优点			
	缺点			

设计内部讲师评审流程及标准，明确各步骤操作标准和要求，能够保证内部讲师选拔的公正性、规范化，提高内部讲师的选拔质量。

3. 内部讲师的培养

人才培养是企业可持续发展的重要途径，组织在选拔内部讲师后，需要进一步对其进行培养，以经验型人才为对象，提炼其过往经验，在组织内部实现传承转化，最终实现优化和提升组织绩效的目的。

3.1 隐性经验显性化

个人的经验是一笔宝贵的财富。很多人可能都有过相同的经历，却因为看不见过去的失败教训或未掌握更好的方法，浪费了大量的人力、物力和财力。因此，培养内部讲师首先要教会内部讲师萃取经验，将隐性经验显性化。

组织经验是介于通用的学科理论、方法论、模型与企业自身优秀的工作案例之间的抽象知识或技能。组织通过将个体和集体智慧可视化，可以找出企业优秀工作案例背后的思维逻辑与工作方法论，进而推广和复制这些经验，使员工更好地学习、吸收这些智慧的精华，同时，也可从中找出更好的处理方法，实现更好的管理。

如何将个人经验显性化呢？组织可通过相关培训向员工传授工作和方法，按照一定的模板梳理出隐性知识点，或是翻看过往的问题记录，将那些发生频率较高的、具有传播价值的事件进行知识挖掘。

对于内部讲师而言，个人经验显性化就是做好课程设计工作，将各种知识开发成课程。隐性知识显性化、系统化、工具化的过程，是知识管理和课程开发的基础。

首先，内部讲师需要解决课程定位的问题，通过了解学员需求、确定课程目标来确定课程开发主题。课程定位表如表 6-6 所示。

其次，需要解决内容实用性的问题。内部讲师在确定所要开发的课程前，必须确认知识对其他员工的实用性。如果只是一些通用的学科理论知识，就无须下功夫去向大家说明。只有那些解决某个或某类问题的方法、流程才更具有价值。

表 6-6　　　　　　　　　　　课程定位表

课程名称：　　开　发　人：　　　　　　　　　　　预估时长：　　　　　　　　H
课程背景（为什么要开发这个课程？）：
针对本课题，公司的期望是： 1. 2. 3. ／ 目前存在的问题如下： 1. 2. 3.
学员对象描述：
本次课程学员对象的特点是： 1. 2. 3. ／ 本次课程学员对象在课堂上可能给培训师带来的挑战主要有： 1. 2. 3.
学习目标（完成本次课程后，学员能够收获什么？）：

另外，内部讲师还要对知识进行结构化处理。美国当代著名教育家本杰明·布鲁姆提出，学习内容可以分为三大类型，即态度、技能和知识。内部讲师可据此划分所要传授的知识类型，对课程进行初步的结构化处理。

在知识管理研究理论和实践中，隐性知识的研究得到越来越多的重视，这与隐性知识在知识管理中的关键作用密不可分。同样，重视并开发隐性知识在企业人力资源管理中的作用，对于提高企业管理效率、增强核心竞争力也具有重要的意义。

3.2 显性经验标准化

梳理完可传播的知识和经验后，在此基础上，就要进行标准化，让经验简单、易学、可复制。对于内部讲师来说，显性经验标准化就是展开具体课程的开发工作，包括设计PPT演示课件、教学策略等，有效解决教学刺激度的问题。

在设计PPT演示课件时，一方面要确保教学内容的质量，给予学员真正有用的知识和经验，另一方面也要设计生动、有吸引力的演示风格，激发学员的学习兴趣，契合学员的学习原则和规律。PPT课件制作模板如表6-7所示。

表6-7　　　　　　　　PPT课件制作模板（示例）

序号	PPT模板	说明
1	培训课程名称 讲师： 培训日期：	内容：PPT标题页，关键是设计一个富有吸引力的标题。 目的：吸引眼球。 方法：在标题中体现授课对象、核心内容或者教学形式。
2	我是XX（培训师介绍） XX公司认证讲师 XX专业资格 XX学校XX专业 XX年从业经验	内容：培训讲师介绍。 目的：让学员了解讲师的从业经验及背景。
3	课程背景	内容：阐述课程背景。 目的：引发学员兴趣，导入课程主题。 方法：反面案例，给出痛点；给定情境，提出挑战；绩效差距；利益诱导。
4	课程目标 任务目标： 知识目标：	内容：课程目标。 目的：说明本次课程目标。 方法：包括任务目标（解决具体哪个情境问题或挑战）和知识目标（掌握哪些组织经验或方法）。

续前表

序号	PPT 模板	说明
5	课程结构	内容：简要介绍课程内容。 目的：给学员一个学习内容的框架，帮助他们理解课程逻辑。 方法：可用思维导图的形式进行展示。
6	课堂规则 1. 请关闭移动电话或设定静音状态； 2. 上课中请勿走动、交谈、接听电话； 3. ……	内容：课堂规则介绍。 目的：明确课堂规则，让学员遵守课堂秩序，有效保障学习效果。
	注意事项： 上述 6 页 PPT 是简要介绍课程的开场和基本框架，从下页开始分模块介绍课程具体内容。	
7	知识点一	内容：介绍课程具体内容。 方法：可通过成功案例分析的形式深度探讨需要学习的行为模式和思维方式。
	注意事项： 上述 PPT 演示文稿主要讲解课程的主要内容，呈现形式包括但不局限于文字、图片、视频、音频等，教学方式包括但不局限于案例分析、角色扮演、沙盘演练等。	
8	总结回顾 1. 回顾内容。 2. 反思收获。	内容：知识回顾及学员分享收获。 目的：检查学员对知识的记忆程度。 方法：提问、考核、举例可应用场景。

在介绍具体课程内容时，内部讲师需要考虑教学流程的影响力和教学策略的冲击力。人们不论是在日常生活中，还是学习过程中，都会选择性地过滤和接受一些信息，那些被认为是无用和不相关的信息会被自动忽略或者删除。因此，内部讲师在设计教学流程时要考虑学员的可接受性，让学习者觉得培训内容能够满足其需要，通过采用多种形式的教学策略，提升学习者的体验感，让他们充分享受学习过程中的乐趣。

3.3 标准课程生动化

做好课程内容建设和结构设计,并不意味着内部讲师的课程就会受到学习者的欢迎。只有课程知识真正被学员吸收并运用到实际工作中去,这门课程才算真正发挥了价值,才能被学员和培训管理者称赞。要想达到这样的效果,实用的课程内容是必不可少的,此外还需要内部讲师具备优秀的演绎能力、清晰明确的表达能力,通过精心设计的场景,充分调动学习者的所有感官,使其实现从外部信息获取到内部思想形成的转化,帮助学员在学习过程中吸收并消化所学知识,从而大大提高教学的效率。

中国银联支付学院院长付伟指出:"在社群学习中,关系最大的作用在于它能改变人们对参与学习的价值判断。社群学习中的关系可以降低人们参与学习时的心理负担,带来额外的学习动力,输出额外的价值。"这种关系的建立就需要在学习过程中保持良好的互动,拉近大家之间的距离,通过情感互动和交流在彼此间产生信任感和亲切感,从而提高学习的效果。

入职仅仅三个月,王阳便要给华为某省公司的干部讲"华为管理实践"这门课。这让她颇有些压力,担心自己不能讲好这门课,尤其在看到学员名单之后,她更加慌了。那些学员不仅年龄比她大了近20岁,而且职位也非常高。

在课程设计上,她思考了许多方面的问题。首先她想到的就是如何跟高层级、高年龄的学员互动,因为只有形成良好的互动,培训的效果才有保证。否则,培训就是干巴巴的,学员显然听不进去。其次,课程的内容如何取舍,这需要精准把握,既不能讲得过于脱离实际,也不能只讲一些基础的内容。一连几天,王阳都在巨大的压力下对课程进行设计。

准备上课那天早上,她的主管给她发来消息,鼓励她说:"我相信自己的眼光才让你讲,按试讲的状态正常发挥就可以。"主管的一番话让王阳卸下了心里的包袱,在课堂上引经据典、发挥自如,还不时引得全场哄笑。许多学员都相当认可她的授课。

有研究证明:在人们面对面的沟通过程中,7%的信息由语言传播,55%的信息由面部表情以及身体姿势等肢体语言传播,可见肢体语言的用处之大。这是通过书本自学、远程语音、录像教学很难达到的效果。因此,在学习活动中,内部讲师要通过各种方式来保持成员之间的良性互动。

著名培训师鲍勃·派克在多年的培训实践中,通过多次观察培训师和学员的行为,发现抑制学员学习动机的行为之一就是很少与学员进行个人接触。因此,内部讲师要多与大家交流互动,倾听大家的意见反馈,这不仅可以让学习参加者感受到关心和重视,同时这些意见对于学习活动的改进有很大的帮助作用。例如,在每次活动开场前,内部讲师可以先和大家做一些热身的小游戏,把大家提前带入学习活动的氛围。或者在学习活动中间也可以穿插一些例如抽奖等小游戏,将这些游戏与学习活动进行有效结合,可以使人产生高度的兴奋及充实感,使学习参加者得到最佳的学习体验,有效保障成果的输出。内部讲师互动控场的方法如表6-8所示。

表6-8　　　　　　　　内部讲师互动控场的方法

序号	方法	作用
1	团队竞赛法	以团队PK的形式激发学习者的学习积极性,活跃课堂气氛
2	问题研讨法	让学员针对某个具体问题情境展开探讨,一来可以提升学习者的参与度,二来也能从中产生新的智慧

续前表

序号	方法	作用
3	角色扮演法	可以增加学习者之间的交流，培养团队精神，为学习者提供实战的机会
4	案例分析法	挑选典型案例，让学习者分组参与讨论，能够充分调动学习者的学习积极性，让学习者对学习过程印象深刻

尽管培训不能依赖于"讲"，但"能讲"也是做好培训的基础。传统的学习活动可能枯燥无味，学习者的积极性不高，通过加入多种多样的互动方式，可以有效提高学习者对学习的兴趣，找到学习的乐趣所在，从而收到良好的学习效果。

4．内部讲师的管理

企业内部讲师队伍的组建和管理并不是一件容易的事情，很多学习管理工作者可能并没有学习相关知识，对内部讲师队伍管理缺少系统规划，导致工作效率不高。为了提升内部讲师队伍管理水平，学习管理工作者需要明确内部讲师的使用管理办法、激励与约束机制以及成长管理制度。

4.1 内部讲师的使用管理

越来越多的企业随着时间的推移和业务的发展积累了丰富的知识和经验，为了传播和传承这些知识和经验，需要充分开发、合理利用内部人力资源，实现内部资源的整合，规范内部讲师队伍的使用管理，营造公司知识共享的学习氛围,实现公司的可持续发展。

(1) 内部讲师的档案管理

企业人力资源部是内部讲师档案管理的归口部门,负责统一管理内部讲师的评聘、评审、授课管理等工作。内部讲师的档案管理内容如表6-9所示。

表6-9　　　　　　　　　　内部讲师的档案管理内容

序号	档案类型	具体内容
1	基本档案	基本概况、专长、课程、评审时间、评审成绩、等级等
2	授课档案	授课信息(时间、学员、课程等)、培训效果评分等
3	所讲课程档案	课件(PPT)、教案、试题及评估方案等

(2) 内部讲师的聘任管理

为了发挥内部讲师在企业内部培训中的作用,明确内部讲师的教学职责,企业需要对内部讲师的聘任管理做出明确规定。

某公司内部讲师的聘任管理制度如下:

1. 经过评选考评合格的内部讲师,颁发"内部讲师聘书",每个有效任期为两年,届满根据考核结果可续聘、晋升或解聘。

2. 公司内部讲师统一由公司管理与使用,合理调配内部讲师师资。公司根据工作需要提前15天下达培训任务书,各部门给予积极配合,合理安排工作,保证内部讲师按照培训计划进行工作。

3. 内部讲师应加强自身学习与提高,在接到培训任务书后,积极备课,不断改进教学方法,保质保量完成培训任务。

4. 内部讲师必须按时完成公司下达的授课任务。因个人原因未能完成培训任务的内部讲师,取消当年优秀内部讲师评选资格。

5. 内部讲师授课结束后由参加培训的学员和主办部门对内部讲师进行综合评价，作为内部讲师年度和任期届满考评的主要依据。

（3）内部讲师的考评管理

为了避免有些内部讲师忽略培训工作的重要性，敷衍潦草地为其他员工授课，企业需要制定内部讲师的考评管理制度，提高内部讲师队伍的整体素质，真正发挥"用优秀的人培养更优秀的人"的作用。

某公司内部讲师的考评管理制度如下：

1. 每年年末对内部讲师的工作态度、授课任务完成情况、授课技艺、培训效果等进行综合评价，得分在70分及以上者为称职内部讲师，并将考核结果向内部讲师所在部门进行反馈，作为培训评先选优活动和内部讲师续聘的重要依据。

2. 每年对年度综合评价得分85分及以上，在完成教学任务、培训质量和效果、开展培训工作等方面成绩突出者，评为公司年度优秀内部讲师，并给予表彰奖励。

3. 在内部讲师任期期满时，公司考评组对内部讲师进行综合考评，根据个人工作总结、学员满意度测评、培训主办部门评价等进行综合评定，对教学态度差、不能履行内部讲师职责、教学质量不能保证、难以完成培训教学任务的内部讲师给予解聘。

另外，值得注意的是，内部讲师的授课内容很可能涉及企业内部机密等，企业还需制定内部讲师的涉密管理制度，确保内部讲师不得以任何形式泄露公司涉密课件、数据、流程、工艺等内容，有效维护企业的知识产权。

4.2 内部讲师的激励机制

很多企业在组建内部讲师队伍之初，经常会抱怨一些内部讲师的授课技巧不足、授课激情不高。究其原因，一方面是由于很多内部讲师是第一次走上讲台当众向其他人讲授知识，他们的经验不足以使其生动化地呈现课程内容；另一方面是企业对内部讲师的激励做得不到位。在外聘培训师的时候，有些企业可以支付高昂的课酬，但是对内部讲师，却不愿意支付足够的报酬，甚至认为内部讲师授好课是理所应当的。

在任正非看来，作为企业的能力中心，企业大学必须建设一支优质的讲师队伍。但是任何事物都需要一个起步和发展的过程，企业大学也不例外。吸引优秀人才加入讲师队伍需要一步一步来。一开始可能无法吸引最好的优秀人才，但是待遇上去了，优秀人才自然也就加入了。也就是说，在讲师的待遇上要首先体现在实处，让优秀人才看到讲师的待遇。

任正非说："我们是先给予，再贡献。你们现在不要强行想象能建立一所理想的华为大学，不理想也是大学，来讲课的讲师差一点也是讲课。若不先给差的讲师奖励，就没人相信你会改革，就吸引不了优秀的讲师进来。我们现在是万事在求人，必须要有正确的导向。"因此，华为大学要建立对讲师队伍真正有效的物质和精神激励机制。在专职教师的职级、工资、配股等方面既沿用了华为公司的大平台机制，也根据讲师队伍的特点做出了一定的改进。

在对讲师队伍的物质激励上，任正非提出，要首先保障讲师的著作权。讲师的讲课和课程都需要有著作权，华为大学向讲师付费购买课程的著作权，并作为华为大学的资源对外开放。而接受培训的一方，无论是内部部门还是外部的客户都需要向华为大学支付一定的费用。

在精神激励方面，任正非提出，讲师队伍也要设计晋升通道。讲得好的干部可以往更高阶的管理岗位走，讲得好的技术骨干可以往高层的专家方向走。要让所有的华为员工认识到，讲师并非终点站，而是通往高阶岗位的中间站。讲师队伍应该是优秀人才的集结地。

根据2014年《华为大学兼职讲师课酬管理规定》，华为大学兼职讲师的课酬受多种因素影响，包括兼职讲师级别、课酬时长、学员满意度、工作/非工作时间等，如表6-10所示。

表 6-10　　　　　　　华为大学兼职讲师课酬表

角色	级别	工作时间课酬标准 人民币（元）/天	工作时间课酬标准 人民币（元）/小时	非工作时间课酬标准 人民币（元）/天	非工作时间课酬标准 人民币（元）/小时
讲师	教授	8 000	1 000	16 000	2 000
讲师	副教授	5 000	625	10 000	1 250
讲师	高级讲师	3 000	375	6 000	750
讲师	讲师	2 000	250	4 000	500
引导员	高级引导员	4 500	562.5	9 000	1 125
引导员	引导员	3 000	375	6 000	750
班主任	班主任	2 000	250	4 000	500

建立起行之有效的物质和精神激励机制之后，便能够鼓励优秀人才加入内部讲师队伍，并且以认真负责的态度讲好课程。好讲师既有收入，也能晋升，这就使得师资队伍建设进入良性循环了。

4.3　内部讲师的成长管理

不同企业对于内部讲师的资质评定是不一样的，但相同的是，每个企业的人力资源部每年年底都要对内部讲师进行年度考核，考核通过的内部讲师才有资格申请更上一级的晋升。内部讲师在填写晋升申请表后，由人力资源部统一组织现场评审，合格者晋级，不合格者继续原级别。

联想集团讲师成长管理路径如下：

1. 员工 ⟶ 讲师

根据公司提出的标准填写申请书提交培训中心，经直接上级批准，接受面试（大区人员可接受电话口试）及笔试，进入候选讲师队伍；候选讲师参加培训中心组织的集中培训，通过试讲及笔试并经过培训中心认证小组审核后，在一个月时间内进行试讲，符合标准者成为公司讲师，培训中心将通知讲师所在部门并与讲师签署"联想集团讲师协议"。

2. 讲师 ⟶ 高级讲师

讲师根据高级讲师能力标准，在认为符合高级讲师要求的前提下，经直接上级批准，向培训中心提交申请书，接受面试，然后进一步通过培训中心认证小组审核后，在一个月时间内进行试讲，符合标准者成为公司高级讲师。

3. 高级讲师 ⟶ 资深讲师

高级讲师根据资深讲师能力标准，在认为符合资深讲师要求的前提下，经直接上级批准，向培训中心提交申请书，接受面试，然后进一步通过培训中心认证小组审核后，在一个月时间内进行试讲，符合标准者经过公司审批，成为公司资深讲师。培训中心将通知资深讲师所在部门并颁发资深讲师胸牌及资格证书。

在对师资队伍的管理上，华为也建立起了分级管理的机制。华为大学的兼职教师有讲师、引导员和班主任三种角色，项目组的每个角色都由业务部门和华为大学共同确认。

讲师就是承担有正式教材的课程讲授，或带领学员开展演练、研讨等活动的兼职讲师，如新员工入职引导培训中讲授华为核心价值观模块的讲师。引导员是在班级中进行案例分享、案例点评、与学员座谈、对学员进行评价等活动的兼职讲师，如高研班引导员、青训班实践答辩评委等。班主任是承担教学任务的班主任，该角色由项目委托方与华为大学共同确认。不同的角色有不同的级别。每个级别对兼职讲师的职级、授课累计时长和学员满意度都有一定的要求。引导员的级别分为引导员和高级引导员。讲师的级别由低到高分别是讲师、高级讲师、副教授、教授。

在讲师的级别晋升上，华为大学不仅要考虑讲师的考核结果，也要看职级、授课累计时长和学员满意度。讲师只有在日常授课中不断积累经验，才能升至更高的级别。

5. 外部讲师的管理

对于大多数中小企业来说，它们尚没有建立起自己的内部讲师队伍，因此仍然需要邀请外部讲师来企业授课，或派员工出去参加外部讲师讲授的公开课。而那些已经有成熟的内部讲师队伍的企业，由于内部讲师也无法胜任所有的课程,因此它们也需要外请培训师。这也就要求学习管理工作者要做好外部讲师的管理工作。

5.1 内外部讲师的优劣势分析

无论是内部讲师,还是外部讲师,都是有其优缺点的。学习管理工作者只有明确内外部讲师各自的优缺点,才能为员工培训选择合适的老师。内外部讲师的优缺点如表6-11所示。

表6-11　　　　　　　　　内外部讲师的优缺点

讲师类型	优点	缺点
内部讲师	直接成本低	授课技巧有限,授课热情不高
	课程内容更有针对性	知识面不足,看待问题易受环境影响
	有利于学习型组织的构建	难以在学习者中树立威望
外部讲师	可得到高质量的培训师资	培训费用高昂
	能带来一些不同的、全新的理念	课程内容与企业实际需求难以匹配
	对学习者来说更有吸引力	讲师可能缺乏实战经验

根据表6-11中的内容,我们接下来主要从三个方面对内外部讲师的优缺点进行详细分析,分析维度包括培训费用、课程内容以及现场感染力。

第一,从培训费用来看,使用内部讲师的成本远低于外部讲师。企业聘请外部讲师除了要支付课酬之外,还要负责讲师及讲师自带的助教老师的交通食宿费用,一天的培训费用少则几千元,多则几万元。尽管计算培训成本不能局限于费用方面,应该计算学习效率。但是大多数情况下,聘请外部讲师的学习效率并没有比使用内部讲师的学习效率高出很多。

第二，从课程内容来看，内部讲师的课程内容肯定更能匹配企业需求。内部讲师大多在企业内部工作了较长时间，并且有丰富的工作经验，对于企业内外部的情况以及学习者的知识、能力等都较为熟悉，这样一来，内部讲师在设计培训课程内容、形式等方面就会更有针对性，能够根据实际情况来调动学习者的积极性，帮助他们较快地实现从学习成果到实践行为的转化。而大多数外部讲师更多的是讲授通用的知识、方法和工具，没有根据企业实际情况来修改既定的课程，难以对学习者的行为转化起到实质性的作用。

第三，从现场感染力来看，内部讲师在学习者中的权威感确实不如外部讲师。外部培训师被广泛的人群认为是某个知识和工作领域的权威，所以学习者在潜意识里就认定了外部讲师所传授的知识和技能更加可信和可靠。于是，内部讲师在学习者眼里的权威感自然就低了。再加上内部讲师在授课技巧、授课热情方面的不足，也容易让学习者对内部讲师的专业能力产生怀疑，最终导致培训实施效果不佳。

5.2 选择外部讲师的四项标准

近年来，越来越多的企业开始重视培训工作，因而形成了一个广阔的培训需求市场，随之涌现了一批又一批的培训讲师，这些培训讲师的素质参差不齐，很多培训讲师并没有企业实战经验，也没有拿得出手的培训方法和工具，完全依靠一些市场包装手段掩盖了其不足。因此，学习管理工作者在聘请外部讲师时必须认真考察和评估其能力和素质。选择外部讲师的四项标准如表6-12所示。

表 6-13　选择外部讲师的四项标准

序号	核心标准	具体要求
1	公司背景	理念、经验及业绩、专业师资、课程水准、项目服务流程、对行业的了解程度
2	讲师背景	教育背景、工作背景、性别/年龄、教龄/课时数、客户及客户评价
3	讲师专业度	课程体系、研究成果、课程大纲、专业形象、课程内容、授课风格
4	讲师、公司配合度	课前沟通、有针对性地调整课程、对行业的了解程度、售后服务、对客户的尊重程度

众多学习管理工作者在选择外部讲师时，通常会以讲师的知名度为衡量标准，尽管这些知名度较高的讲师"砸场"的概率较小，但是还是需要对讲师专业知识和培训技能进行全面的评估（外部讲师评估表如表6-13所示），因为正确地选择培训讲师是培训项目成功的关键。

表 6-13　外部讲师评估表[1]

能力类别	评估项目	评估标准（很好：5分；较好：4分；一般：3分；较差：2分；很差：1分）	评估得分	权重设置	得分
专业知识	受教育背景	1分□　2分□　3分□　4分□　5分□			
	行业工作经验	1分□　2分□　3分□　4分□　5分□			
	专业工作经验	1分□　2分□　3分□　4分□　5分□			
	著作或文章	1分□　2分□　3分□　4分□　5分□			
	知识系统性	1分□　2分□　3分□　4分□　5分□			
	知识实用性	1分□　2分□　3分□　4分□　5分□			
	知识面	1分□　2分□　3分□　4分□　5分□			

---

[1] 参见张诗信、秦俐：《成就卓越的培训经理》，138页，北京，机械工业出版社，2011。

续前表

能力类别	评估项目	评估标准 (很好：5分；较好：4分；一般：3分； 较差：2分；很差：1分)	评估得分	权重设置	得分
培训技能	从事培训工作时间	1分□ 2分□ 3分□ 4分□ 5分□			
	行业知名度	1分□ 2分□ 3分□ 4分□ 5分□			
	服务过的公司	1分□ 2分□ 3分□ 4分□ 5分□			
	语言感染力	1分□ 2分□ 3分□ 4分□ 5分□			
	形象亲和力	1分□ 2分□ 3分□ 4分□ 5分□			
	培训形式与内容	1分□ 2分□ 3分□ 4分□ 5分□			
	配合度	1分□ 2分□ 3分□ 4分□ 5分□			
综合评估得分					

5.3 外部讲师的授课管理

学习管理工作者在选定外部讲师承担授课工作前，需要针对培训需求、培训目标、学习参与者情况等内容与外部讲师进行充分的沟通。双方在授课内容等方面达成一致后，才能让外部讲师承担授课任务。在必要时学习管理工作者也可以对外部讲师的授课大纲或课件内容进行审核。

在外部讲师完成培训授课任务后，培训部门应组织学习者对外部讲师的授课情况进行教学评估，学习管理工作者要填写"外部讲师授课记录表"（如表6-14所示）。对于那些不能满足学习者需求、评估结果较差的外部讲师，培训部门不得再将其作为外部讲师人选。

表 6-14　　　　　　　　　　外部讲师授课记录表

讲师姓名		年龄		顾问公司	
专业		学历		毕业院校	
个人简历及工作经历					
授课经历					
授课课程		授课天数		授课费用	
课后调查结果汇总					
对顾问公司整体评价					
对培训组织有何建议					
培训主管： 　　　　　　　　　　　　　　　　日期：						

第7章
培训项目组织与运营

目前,越来越多的培训开始走项目化路线,作为学习管理工作者需要进行多方资源的沟通与协调,尽管这些工作对于大多数学习管理工作者而言并不陌生,但是仍然存在一些错误的概念认识,极大地影响了培训工作的开展与质量提升。学习管理工作者应该在培训项目立项、营销方案策划、项目实施与过程管理、效果跟进与转化等方面统一认识,从而提升培训管理工作的质量。

1. 培训项目的立项

培训项目是由明确的培训目标、教学对象、教学内容、教学方式、具体操作过程等内容构成的组合，如"新员工培训""办事处经理培训""基层销售人员培训"等。

1.1 培训目标要对接业务目标

任何一个培训项目都必须明确参与者在参加此次培训后，其知识和技能水平能够提升到什么样的程度，这就是培训目标。它为学习管理工作者确定培训内容和培训方式提供了方向，同时也是其说服上级为培训项目投入资源的理由。

一般来说，培训目标可以分为三大类，包括认知自我角色、获取知识和技能以及转变工作态度，具体如表 7-1 所示。

表 7-1　　　　　　　　　培训目标的分类

序号	目标类型	具体内容
1	认知自我角色	帮助新员工和新进入某一岗位的员工熟悉企业对他们的要求、消除陌生感。
2	获取知识和技能	提高员工实现工作所需的知识和技能水平，包括基本知识、人际关系技能、专业知识和技能、领导与管理技能等。

续前表

序号	目标类型	具体内容
3	转变工作态度	提高员工对公司与工作的认知，使员工充分地理解更高效地工作对自身的意义，从而改变工作心态，形成良性的工作动机。

华通商学院通过调研问卷、访谈等形式对均豪不动产公司团队进行调研，然后根据了解到的情况设计了场景化培训项目，设定了以下培训目标：

第一，达成共识，凝聚士气。充分理解公司文化和价值观，认同企业发展目标等。第二，熔炼队伍，强化沟通。促进部门间沟通交流，分享内部优秀案例和经验。第三，梳理目标，制订计划。项目对标工作，结合项目制定工作行进计划。第四，信息共享，沟通到位。对信息进行价值梳理，实现团队共享，促进项目目标的完成。第五，研讨交流，强化管理。强化自我管理，理清团队目标，营造执行氛围。

尽管企业在培训项目立项时都设定了培训目标，也按照预设的目标进行课程设计，但是培训结束后，参与者却无法将培训所学的内容应用到业务场景中去。究其原因，许多传统的培训课程在设计上就没有考虑到对接业务目标的问题，还是将培训与业务割裂开来，没有形成最直接的连接关系。所以这是许多企业都存在的问题，培训了又培训，但却看不到效果。

在任何组织中，业绩和生存才是第一要务，那么培训活动就不再是为了培训而培训。因此，培训项目的目标设定也要考虑到组织的业务目标，从而帮助企业实现业绩增长，在激烈的市场竞争中获得胜利。

1.2 课程安排与讲师沟通

在确定培训目标后,接着就要根据培训目标来确定培训内容,并设计相关的培训课程。

华通商学院在为均豪不动产公司设计的场景化培训项目中,根据培训目标安排了两天两晚的培训课程,具体如图 7-1 所示。

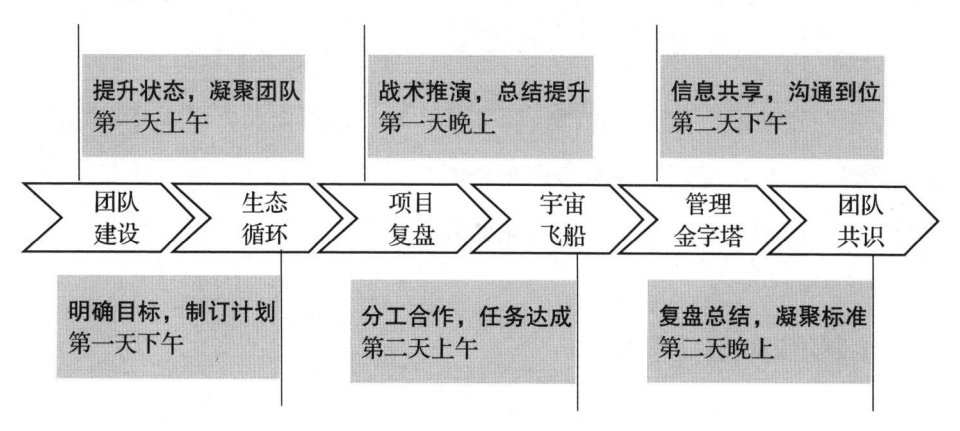

图 7-1 均豪不动产场景化培训项目课程安排

在进行培训课程安排的同时,还要确定相关讲师,明确这个课程是由内部讲师来讲授,还是邀请外部讲师来讲授。一般来说,企业会根据培训需求来选择培训老师,例如企业文化、安全、生产技能培训可能是由企业内部讲师授课,但是如果企业内部讲师无法满足培训需求,则需考虑邀请外部讲师。

但是无论是邀请外部讲师,还是选择企业内部讲师,在安排培训课程时,一定要沟通好以下五个方面的内容,具体如表 7-2 所示。

表7-2　　　　　　　　　　　与讲师沟通的内容

序号	沟通内容
1	充分沟通此次培训的需求，让讲师针对培训参与者的需求适当地调整培训内容。
2	明确公司领导的目的和培训需要达成的目标，沟通时需要与讲师协商课程的安排及培训效果的追踪方式。
3	根据需求明确课程重点内容，与讲师尽量详细地确认培训过程中的互动环节，尽量少浪费时间，达到培训效果的最大化。
4	与讲师沟通参训人员的年龄、职位等信息，方便讲师设计问题。
5	针对课后的培训效果如何跟进与解答进行沟通。

值得注意的是，在邀请外部讲师来授课时，需要向其介绍本公司的企业文化背景等详尽情况，以保障培训契合本公司的企业文化，避免外部讲师在授课过程中出现违背本公司企业文化的言行，影响培训的效果。

1.3　编制培训项目立项书

在编制培训项目方案之前，学习管理工作者需要确认培训项目的费用预算。超出预算的一切计划都将是空谈。

通常在开展培训活动时，费用的支出流向包括以下几方面：

第一，培训活动物料的成本支出。

第二，场地的布置、租赁等费用支出。

第三，外聘讲师的聘请费用。

第四，培训活动组织人员的日常开支。

第五，培训期间人员的食宿支出。

当然，因为培训活动的变动，上述开支也会随着做出相应的调整。学习管理工作者在确定了各方面的支出之后，就可以组织编制预算报表了。培训项目费用预算表如表7-3所示。

表7-3　　　　　　　　培训项目费用预算表（示例）

培训费用预算表			
申请日期：　　年　月　日			
课程名称		日期		地点	
费用预算明细			
1.教材费			
2.培训讲师课程费用			
3.培训讲师食宿费用			
4.培训场地费用			
5.培训用品材料费用			
6.培训招待费用			
7.培训组织人员的日常开支			
8.其他费用			
9.合计费用			

在确定好培训目标、培训课程、培训费用预算后，学习管理工作者就可以开始编制培训项目立项书了。

一般来说，培训项目立项书包括下述内容：培训项目开展的背景、培训需求调研与分析、培训目标、培训内容、奖励方案、费用预算表等。

在编制培训项目立项书时，通常会形成一份设计初稿，再与培训团队成员进行讨论协商，修改其中的不足，然后提交到上级领导处，经由领导审核通过后，就可以根据计划中的各项明细落实相关工作了。

1.4 做好项目沟通与汇报

企业内人、财、物等资源都是有限的，为了赢得领导的支持，成功实施培训项目，学习管理工作者要抓住一切机会，做好项目沟通与汇报，向领导展示培训项目的价值。这就如同我们的销售人员去推销产品所要完成的工作一样。

事实上，人的一生都是在不断地推销。日本"推销之神"原一平这样说过："人人都是推销员，什么事都与销售有关，自从你诞生以来，你一直都在推销。小时候，你用哭闹向妈妈推销，接到的订单就是牛奶和妈妈温暖的怀抱；演员向观众推销表演艺术；创造家推销自己的发现；律师向法官推销辩解词；政治家推销政见……"要想推销成功，我们就需要掌握一定的技巧。

首先，把握好开头。在项目沟通与汇报时，无论是以口述还是文字报告等形式来呈现，开头都是很重要的。每个人的耐心都是有限的，如果我们在汇报的开头只讲了一些毫无用处的话，这不仅浪费了大家的时间，反而会引起对方的反感。因此，我们要开门见山地指出培训项目的价值所在，吸引对方的注意力。

其次，多角度挖掘项目价值。在犹太商人圈中，流传着这样一条经典的生意经：对方需要什么，就尽力给他什么，只要满足了他的心理需求，对方也会满足你的需求。因此，要想赢得对方的支持，学习管理工作者就必须想办法将培训项目亮点转化为领导想要看到的东西，满足其心理需求，然后领导才会同意你的方案。

兴业证券财富管理学院执行院长孙国雄指出："企业大学在公司内部难做，往往与自我认知有关，一方面，觉得既然都是兄弟部门，有些事情是理所当然的，而事实往往并非如此；另一方面，以自我认知代替他人的认知，力气没少花，但不在点子上，当然就很难得到认同。我们的做法是将其他部门视为自己的客户，在项目的选择上关注业务伙伴的需求和意愿。各个部门的领导平时工作都很忙，我们一定要尊重他们的时间，利用各种机会去挖掘他们最迫切的需求，去帮助他们实现这些需求，并向公司申请立项；有时候可能他们并没有想好到底该做什么培训、怎么做，我们就要协助他们把事情厘清。"

最后，以专业性打消领导的疑虑。领导在决定是否提供资源支持时，肯定要对培训项目的信息进行全面的了解。在这样的情况下，如果学习管理工作者不能对项目进行全面、细致的介绍，或者不能够解答领导针对项目提出的疑问，那么，领导很可能因为不了解项目或不信任而放弃提供资源支持。

现代管理学之父彼得·德鲁克曾经说过："你不必喜欢或崇拜老板，也不必恨他。但你得管理他，好让他为组织成效以及你个人的成功提供资源。"

因此，学习管理工作者要学会管理领导及其期望值，通过用事实数据讲道理等方式提出资源支持需求，比如关于学习场地的选择，用相关数据分析，让领导了解在公司内培训将受制于环境，可能造成学员出勤率低等情况，用类似的方式来获得上级的支持。

2. 项目营销方案策划

在培训项目正式开展之前，学习管理工作者需要对培训项目进行整体性的策划，通过分析卖点、多方位宣传，赢得更多的关注和参与。

2.1 分析培训项目卖点

很多学习管理工作者可能都会遇到这样的情况，自己和团队成员一起辛辛苦苦研发的培训产品，却得不到其他业务部门人员的支持和理解，业务部门的员工不清楚这些培训产品对他们工作的意义和好处，因此除了学习管理工作者外，他们都不愿意参与这些培训项目。

之所以会出现这样的情况，其中很重要的一个原因就是学习管理工作者没有主动去发动"群众"。每一个学习管理工作者心中都要树立"培训也是需要营销的"这个观点。培训项目成功实施的关键在于，不仅要有好的培训产品，更离不开组织内部成员的支持。这就要求学习管理工作者梳理培训产品卖点，告诉组织成员自己在做些什么，以及让他们参与培训项目的意义等。分析培训项目卖点时应遵循的原则如表 7-4 所示。

表 7-4　　　　　　　　分析培训项目卖点时应遵循的原则

序号	原则	具体内容
1	明确性	明确阐述利益诉求点，向潜在培训参与者传达一个主张，必须让他们十分清楚地感受到，接受该培训产品可以获得什么具体的利益。
2	排他性	所强调的项目卖点必须是竞争对手做不到的或无法提供的，强调与众不同、人无我有的唯一性。
3	促销性	培训项目卖点必须具有强大的诱惑力，通过聚焦在某一个点上的利益，以达到打动、吸引潜在培训参与者报名的目的。

"中高层管理者训练营"培训项目的卖点分析：

第一，认知管理者的角色与定位，认识自我的同时优化管理的方式方法，提升中高层管理者的管理力，培养中高层管理者成为组织的中流砥柱。

第二，发掘出管理者的工作重点与定位，认识管理和团队，培养管理者的目标管理意识，清晰目标设定和目标的完成。

第三，情景化体验。设计场景体验，在简单易操作的体验中，调整学员状态，提升团队凝聚力，认识目标管理的重要性。在情景体验中感受创新和探索，培养敢于创新、勇于探索的意识，提升学员规避风险及压力管理的能力。

第四，沙盘模拟。团队模拟穿越沙漠的商队，在经历沙漠穿越的过程中，考验团队领导者的领导力，面对未知的天气如何抉择行进的计划，考验体验者的创新意识和冒险精神。

第五，专业测评＋报告解读。基于自我认知进行专业的个人测评，了解冰山下的自己，了解自己的个人特质，分析自己领导力和行为，从而优化管理方式和方法。

要获得别人的支持，首先就要让别人知道我们在做什么。学习管理工作者通过分析培训项目的卖点，让他们知道自己所做的工作对于他们有什么益处。除此之外，还要大张旗鼓地进行宣传与鼓动，抓住产品卖点，做一些营销推广和广告宣传，营造出学习氛围，把组织成员的热情调动起来。

2.2　培训项目的宣传

在制定活动方案并获得相关资源支持以后，我们就需要进行活动参与人员的招募工作。一个好的培训项目能不能吸引足够多的人前来参与，能不能快速实现价值转化，这就要考验学习管理工作者的营销推广能力。

法国生物学家乔治·居维叶曾经说过："天才，首先是注意力。"同样，我们想要让自己的工作变得更顺利，也要学会如何去吸引别人的注意力。

从发展心理学和人格心理学角度而言，喜欢吸引他人注意力的人，往往对工作和生活充满期待，这类人一旦成功吸引了众人的注意，便会建立起成功心理，并在此基础上充分利用众人的帮助而成就大事。

那么，在开展培训项目的过程中，我们怎样才能充分吸引其他人的注意力，使其主动加入到学习活动中来呢？大家不妨借鉴以下做法，通过组织营销活动，吸引大家的关注，扩大活动的影响力。

第一，在企业官网、官方微信及微博、各部门工作群组及时发布培训项目的消息。这个消息不能只是简单用几句话概括活动时间、主题等，而是要用一些能够吸引大家眼球的话语来让更多的人报名参加活动。毕竟，我们在组织内部面对的是一个信息冗余的环境，要想让培训活动的信息在第一时间被大家捕获，学习管理工作者要在宣传文案方面下点苦功夫。

第二，在公司公告栏或一些显眼位置摆放宣传海报，或者播放相关视频，吸引大家的关注。总之，不管是线下还是线上，我们都可以在其中设计一些小游戏或者小活动，例如参与有奖或者闯关比赛等，通过这些游戏的方式来让更多的人抢着报名学习活动。培训项目的宣传载体与途径如表7-5所示。

表7-5　　　　　　　　　　　培训项目的宣传

序号	分类	具体内容
1	宣传载体	新媒体宣传文案、内部宣传稿、宣传海报、视频、H5、游戏活动
2	宣传途径	朋友圈（点赞送礼、转发有礼）、微信群、公众号、微博、专业网站、钉钉等公司内部办公沟通软件、公司公告栏等

学习管理工作者作为培训服务的提供商，只有想方设法地去营销培训项目，才能让培训服务这个产品为组织成员所接受，让组织成员充满兴趣且自觉自愿地抢着冲进课堂。

3. 项目实施与过程管理

实施培训项目是为了提升组织成员的专业技能、管理能力等，同时也是组织内进行知识分享与交流的有效手段。一个好的培训项目不仅需要有好的培训师的引导，更需要组织者精心的安排与配合。

3.1 开班前期准备

在培训项目正式开班前，学习管理工作者需要根据培训目标，做好相应的准备工作，例如准备合适的培训场地。众所周知，物理环境会影响学习的质量，嘈杂、拥挤和沉闷的环境会降低学员的学习兴趣。另外，培训场地的相关器材也必须提前准备好，比如：投影仪、话筒（包括备用话筒）等设备可正常使用，还可以适当准备一些水果和饮料等食物。

赛诺菲－安万特是全球第三大医药企业，该企业的培训中心占地30 000平方英尺，其中包括能容纳200人的演讲厅、22间教室、能容纳48人的电子化测评中心、32个沙盘模拟房间、5间会议室等。在沙盘模拟房间中，摄像系统会随时记录学员的学习情况，为后期的反馈提供了真实的素材。

赛诺菲－安万特的培训中心为组织成员的学习活动创建了良好的物理环境。良好的物理环境不仅有利于学员之间对知识的共享，而且显示出了组织对学习的重视和承诺。

前期的准备工作除了这些以外，还有很多事情需要完成。对于培训项目准备工作的监督，我们可利用点检表来进行，如表 7-6 所示。

表 7-6　　　　　　　　培训项目准备工作点检表

日期：				
地点：				
序号	准备项目	要求	时间	完成情况
1	确定最终参训人员名单			□是　□否
2	确定学习地点			□是　□否
3	学习教材准备			□是　□否
4	签到表的编制与打印			□是　□否
5	游戏道具准备			□是　□否
6	教具、器材准备			□是　□否
7	学习经费落实			□是　□否
8	现场文宣品准备			□是　□否

良好的开始等于成功了一半，要想培训活动起到良好的效果，其准备工作是十分重要的。只有准备细致、周到、全面，学习活动才可能取得理想的效果。这一点是学习管理工作者必须做到位的。

另外，值得注意的是，在准备阶段，学习管理工作者还需要对培训活动实施过程中的具体工作任务进行合理的分配，如表 7-7 所示。

表 7-7　　　　　　　培训工作小组工作任务划分

工作事项	责任人	具体工作任务	时间安排
XX学习活动	主持人	介绍学习主题 介绍日程安排 介绍管理规则	活动开始前 ____分钟

续前表

工作事项	责任人	具体工作任务	时间安排
XX 学习活动	服务人员	茶水准备 学员签到 学员心态引导 宣布纪律	活动开始前____分钟
		关注学习现场的环境 外来电话的应对 注意学员的纪律 现场拍照以及摄影 休息安排及服务	培训活动整个过程
	培训工作负责人	做好各个工作任务的分工 适时监督工作进度 管理相关人员 评估学习效果等	根据相关人员的工作计划表的时间进行
	机动人员	对突发事件进行处理	培训活动整个过程

3.2 开班现场管理

培训活动方案设计得再好，如果在实践中得不到好的实施，也没有什么意义。培训活动方案的实施是整个培训过程中的一个实质性阶段，主要包括以下内容：

第一，培训活动开展前的介绍工作。无论什么培训活动，开展前的第一件事都是介绍，包括培训主题的简要介绍、主要参与人员的介绍、培训目标及活动日程安排的介绍、培训活动现场的纪律等。

第二，培训活动现场的监督及维护。为了使培训活动顺利地展开，使培训参与人员取得较好的学习成果，我们需要对培训过程进行有效管控，具体工作事项如表 7-8 所示。

表 7-8　　　　　　　　　　培训活动的过程管控

序号	工作事项	内容和要求
1	确认活动现场情况	对各项准备工作进行一一清点
2	学员签到	在签到表中准确标示出迟到、早退人员
3	学习纪律督查	对不遵守纪律的学员进行记录
4	确认最后总结的议程	确认是否需要做课后总结
5	突发事件及时协调处理	及时处理学习活动中的突发事件
6	满意度评分表发放	在休息时发放满意度评分表

在准备阶段，学习管理工作者对团队成员的工作任务进行划分，在监督及维护培训活动现场时，也需要对各成员的工作进行监督与管理，具体内容如表 7-9 所示。

表 7-9　　　　　　　培训项目实施过程所监督的对象与内容

监督对象	具体监督的内容
主持人	活动之前是否清楚地说明了主题； 活动之前是否强调了会场纪律和其他注意事项； 活动之前是否对活动日程进行了简单的说明。
服务人员	期间饮用水、纸笔的准备是否到位； 是否做好了签名登记工作； 能否有效引导学习者及时找到位置； 休息期间能够为学习者提供日常便利； 能否维持会场纪律； 出现紧急事件，能否及时处理； 面对问题，能否及时联系相关决策人； 对紧急事件的进展情况，能否做好定期汇报工作。

另外，在培训过程中，学习管理工作者还需要对培训项目实施过程进行详细的记录，包括具体实施情况以及一些突发状况，形成学习过程记录文件。同时还要为学习者建立学习档案，具体包括：学习情况记录表、学员签到表、学习效果调查表以及评估表、学员学习心得与总结等，同时这些学习档案要尽量电子化，为后续的工作开展提供可查找的文件资料。

3.3 教学成果评估

每一个培训计划制订的时候都会伴随着制定一套评估体系，用于培训后的效果检验与分析。通过对培训项目的效果评估，可以明显检验出学习者在知识技能方面是否得到了提高，同时也让学习管理工作者得到了经验的积累，为下一次培训项目的开展提供了参考。通常这种评估体系的评估标准主要分为以下几个方面，如表7-10所示。

表7-10　柯克·帕特里克培训结果评估体系的评估标准

标准	内容概要	具体说明
反应	学习内容、讲师、方法、材料、设施、场地、报名程序	观察学习者对学习方案的反应，如对项目结构、讲师的看法，学习内容是否合适和方法是否得当等
学习	讲授的知识和技能	学习者在学习项目中的进步，即通过学习活动是否可以将掌握的知识和技能应用到实际工作中，用来提高工作绩效
行为	了解学习内容在学习者开展工作时，能否对其有所帮助，能否提高他们的工作效率	确定学习者在参加学习活动后在实际工作中行为的变化，以判断所学知识、技能对实际工作的影响
结果	学习是否提高了学习者的工作绩效	即产生的效果，可通过一些指标来衡量

在对活动参与人员的培训效果进行评估时，常用的方法有以下几种，如表 7 - 11 所示。

表 7 - 11　　　　　　柯克·帕特里克评估的实施方法汇总表

标准	实施方法
反应	调查问卷、访谈
学习	考试、演示、讲演、讨论、角色扮演
行为	前后对照、360 度调查和绩效考核
结果	这一层面的评估可通过一系列的指标来衡量，如满意度等

在选择评估方法时，应根据具体的培训项目情况（目的、对象、内容、方法与技术等）及该种评估方法所具有的特点选用相应的评估方法。在确定了评估方法的基础上，评估人员设计出合理的评估工具，据此实施评估。

因此，在培训项目开展的过程中，学习管理工作者要注意对相关信息进行完整的收集。对于评估信息的收集工作，学习管理工作者万不可随意调查一下就了事，而是要安排专人执行相关工作，以确保信息的真实性。通常评估数据的来源包括学习情况记录、学员自身的反馈等多渠道。具体采用哪个渠道来进行收集需要根据实际情况确定。

通用电气公司（GE）的克劳顿管理学院对于如何利用测试来检验学习效果极具代表性。克劳顿管理学院在知识类的培训中一般采取 Pre-test（训前测试）和 After-test（训后测试）的办法，这可以在上课之后很快就进行效果检验。而对于技能类的培训，克劳顿管理学院则更加重视与学员的沟通和反馈。比如说，每当一个课程结束之后，会进行调查评估，以了解每个学员的想法。调查评估以提问的方式进行，比如问学员是否愿意继续接受这类培训，是否愿意推荐给别的同事等等。

另外，克劳顿管理学院还经常组织 Focus Group，类似于座谈会的方式，但讲课的培训师并不参加 Focus Group，以保证反馈意见能够客观、全面、真实。

每一个培训项目结束后，学习管理工作者需根据培训活动的检查情况及评估效果，对工作中的问题提出相应的改进措施，以促进培训活动质量和效率的提升。

4. 效果跟进与转化

为了有效地将培训内容进行转化，在正式培训课程结束后，学习管理工作者需要为培训参与者安排一些训后活动，持续跟进他们的学习情况，确保培训内容能够应用到工作中去，实现绩效的转化。

4.1 课后持续跟进

学生们接受教育的时候，通常都是白天上课，晚自习有计划地针对白天所学内容进行习题练习。一旦放假了，各个科目的老师都会安排相应的练习题。学校会在每个月结束时组织一次全年级的月考，班级内部也会在周末组织相应的阶段性测试，练习计划都安排得非常紧凑与详细。学生们对这些计划安排也都有非常清晰的认识。

大部分人都承认，对于公司提供的学习培训，他们的学习效率远远低于自己学生时代的学习效率。这不仅仅是因为，工作之后这部分人变得更加忙碌了，精力分配有限。更重要的是，企业对于训后活动的关注不够，没有详细的训后练习任务的安排与计划。科学研究表明，人们若是定期地对所学内容进行复习、练习，就能够显著地提高对所学内容的记忆与转化。

哈佛医学院的一系列研究表明，如果把定期复习的方法与更加具体的应用任务结合起来会产生非常好的效果。如果学习管理工作者能够在培训过后持续给学员们提出关于学习内容的问题与任务，能够极大地提高学习培训效果，具体如图7-2所示。因此，学习管理工作者应该充分利用这一规律，对培训参与者的"课后作业"进行相应的规划与安排。

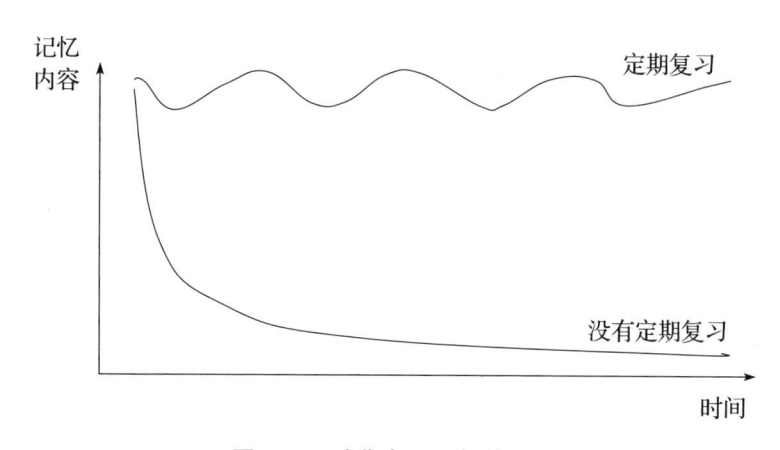

图7-2 定期复习记忆效果图

阿里巴巴钉钉的地面推广团队非常强大，他们对学习培训的要求也非常严格。经过集中统一的培训之后，这些地面推广团队的员工们会收到来自总部统一制作的钉钉营销话术教材。教材里对钉钉每一个部分的功能都有详细的介绍，并且对每一个功能的介绍都有专门的示例话术。同时对于面对面营销的开场白、结束语等衔接过渡的内容也有详尽的提炼与示例话术。

也就是说，从见到顾客到顾客离开，相应的关键点、示例话术都非常明确地给到了学员。

给到学员之后，钉钉会要求学员们在一定时间内完成所有话术练习并熟练掌握。每过一段时间，就会要求学员拍摄相应部分的介绍视频作为训后考核的一部分。钉钉会明确给出每一部分表达要点的得分表，根据得分表，钉钉将会给学员们一段时间之后的表现打分。在这种要求下，各个地面推广的学员们也会相互练习，讨论哪些地方需要改进，进而最终争取通过考核。

正是通过这种有计划地练习的模式，钉钉能够较好地提高学员们对于相关营销内容的掌握程度。

学习管理工作者在进行训后练习任务计划安排时还应特别注意，练习活动的设计以及评估标准的确定应该与业务部门领导进行充分的沟通，保证课后练习的合理性。同时还要明确练习任务完成的界限，在规定的时间完成相应的练习任务。只有明确了完成时间，才能给学员们带来足够的压力，让学员们更妥善地安排自己的时间。

4.2 培训结果再应用

企业组织培训活动就是希望组织成员从培训中能够获得帮助他们解决问题的能力。这种能力是不能脱离实际经验的，学员们在培训之后必然要投入实践之中去检验自己的成果。对于取得成功的学员们，学习管理工作者应该提供机会让他们分享成功经验。

谷歌的首席人才官拉斯洛·博克在《重新定义团队》一书中介绍了谷歌的学习培训建设。他谈到，谷歌最好的授课老师就是员工们身边的人。这些人的回答会更生动，更了解公司的具体情况，更熟悉员工的具体情况。

万达学院的培训理念是："来万达学院学习的干部人人都是老师，真正的学生只有一个，就是万达。"万达学院希望能够聚集万达内部成千上万的员工的智慧，帮助万达更好地发展。

万达学院在实践过程中发现，企业智慧沉淀的最好的方式就是讲故事。故事具有更好的情感感染力和更持久的影响力。万达学院在这方面做了三件事：让学员分享自己的"万达故事"，通过学员去影响他身边的万达人；请业内的大咖到课堂上讲"万达故事"，提高学员们对于万达的认知；把优秀的"万达故事"拍成视频，用纪录片的形式进行生动的展示宣传。

通过分享学员的成功经验，企业能让学员自己和公司其他学员多方面受益。这是学员在通过培训取得积极成果后向经理及培训部门表示感谢的一种方式。企业各个部门之间的工作都是需要相互支持、相互协助的，通过一次分享活动不仅能够拉近与培训部门的关系，其他学员也会感受到培训部门对于他们的工作支持。经验分享也能促使学员对自己过去取得的成绩进行回顾与整理，有助于学员总结经验，更好地重新出发。

如何组织一次成功学员的经验分享活动呢？学习管理工作者可以收集其他学员感兴趣的问题或者业务部门负责人认为重要的问题，发送给有成功经验的学员。成功学员根据实际情况一一进行回答，并列举自己认为较为重要的案例。问题可以包括：

你可以分享一个将培训内容应用到工作中的例子吗？
你是在什么情况下应用的？

你的绩效是如何提高的？

这些应用实践为你的业务带来了哪些好处？

在必要的情况下，学习管理工作者可以将这些问题的回答内容与案例进行编排梳理，形成一个整体性的书面文件，并将这个内容与其他组织成员分享。

从参与培训项目，到通过实践应用，再与其他学员分享自己的成功经验，这种良性循环能够不断地激励一批又一批学员在榜样面前前进、在实战中成长。

第8章
在线学习平台建设

在传统的培训方式下，无论是师资资源还是课程资源，能够获取的人都是有限的。而通过网络平台，全国各地乃至世界各地的员工都能随时随地获取学习资源，不受场地和时间的限制。因此，组织要想充分利用好知识资产，破解培训组织难、占用时间长等问题，就必须搭建在线学习平台，充分利用网络化学习方式，改善组织成员的学习效果。

1. 信息技术改变学习

21世纪人类进入了信息时代，现代技术的不断发展为组织学习提供了切实可行的技术、方法和工具，同时也要求组织要改变传统的学习观念和教学方式，充分利用信息技术改变组织学习方式，提升学习者的学习体验感。

1.1 组织学习的发展与转变

目前，职场中的主力军是80后、90后，他们的生活已经离不开数字化产品和互联网，学习也不例外。这就要求企业培训工作者改变传统的线下集中培训方式（见图8-1），从单方面主导的内容输出转变为应用信息技术进行的在线知识传播和学习（见图8-2）。

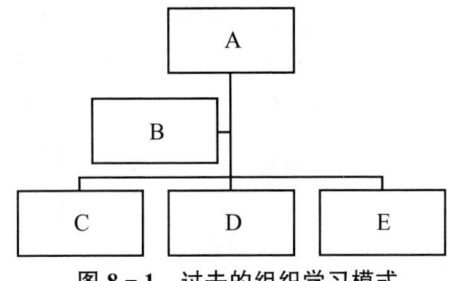

图8-1 过去的组织学习模式　　图8-2 现在的组织学习模式

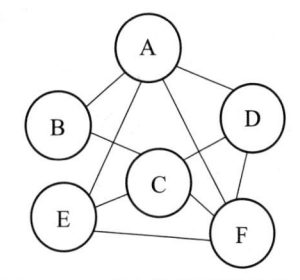

实际上，电子化的培训方式并非为了取代传统的培训方式，而是为了弥补传统培训方式的不足和缺陷，强化互联网在学习成果迁移方面的作用，改

善学习方式和成果。

传统培训方式能够强化受训员工的人际互动，加强人与人之间的交流。而电子化的培训方式则大大提升了个人接受培训的灵活性。作为对传统面对面培训方式的补充，电子化培训能够极大地提高培训效率，改善学习成果。

因此，如今许多大型知名企业也都认识到，传统培训方式与电子化培训方式相互整合，是如今企业培训的主流方向。一些企业也在积极寻找将两者优点结合的培训方式。通用电气的混合培训方式便是一个成功的案例。

通用电气采取了一种叫作"咖啡冰沙式"的混合培训方式。通用电气拥有11个业务集团、1万多名员工，过去那种传统的课堂培训方式在管理上遇到了极大的挑战，最大的问题就是员工无法协调培训与工作之间的时间冲突。为了提升组织效率，加强内部培训管理，提升培训质量，通用电气经过大量的调研之后，设计了这种全新的混合培训方式。

通用电气对 E-learning 网站进行了大力投入和建设，并将在线培训与传统的课堂培训方式结合起来，也就是说，通用的混合培训，既有面对面的课堂培训，也有在线 e 课程。

公司会先将理论知识的课程上传至网上，员工可以根据自己实际情况选择学习的课程，然后开始自学。课程学习通过后，员工便可以参与课堂培训。在课堂上，培训主要以互动交流和案例分析的方式展开。

举例来说，在领导力培训项目中，学员需要利用自己所学习课程的知识去完成一个真实的项目。杨××曾参加了一次亚太区的部门经理培训，培训结束之后，他与日本、韩国、印度等地的学员组成了一个团队，研究如何整合通用的家电业务和工业系统业务。团队提出了他们的观点和建议，即合并两项业务，半年之后被通用正式采纳。

作为国内最重视员工培训的企业之一，近年来，华为也在积极探索电子化培训方式与传统培训方式的融合，任正非就曾要求华为大学在培训方式上要向美国学习。他说："美国的网络大学 Coursera 把哈佛等世界名校的人都吸引进来做教师，开展网上教学，现在在网学习的人数非常多。培训还是要对标美国，真正比较开放的还是美国，你们要看看它们的办学模式是什么样的。"

电子化的学习方式使知识以多样化的形式得到展示，让每个人都能看到重要的信息，帮助组织将知识资产在组织内外部得到快速和有效的传播。

1.2 信息技术改变学习体验

随着信息技术在学习中的应用，传统教学逐渐转型为现代教学，相应地对学员的学习体验也产生了全方位的影响，主要体现在以下几方面。

（1）激发学习兴趣

信息技术具有多种呈现方式，能够丰富教学活动，包括播放视频、音乐配合、开展虚拟游戏等多种方式。将信息技术融入教学，实现图、文、声、画并茂，使枯燥无味的学习变成一件体验感极强的事情，从而激发学习者的学习兴趣。和传统的板书授课相比，信息技术可以充分调动学习者的各种感官，吸引学习者的目光，改变以往学习者被动学习的局面，实现主动学习。

（2）提高学习效率

科学研究证明，人类通过各种感官获得知识的比率为：视觉83%，听觉11%，其他感官6%。由此可见，在教学过程中，只有充分调动学习者的各种感官，才能提高其学习效率。信息技术多样化的呈现方式同时实现了对学习者各种感官的刺激，有效提高了学习者获得知识的比率。另外，学习者在学习的过程中也可以借助信息技术的力量，解决平时无法解决的学习难题。并且，信息技术的丰富性给学习者提供了多种思路和路径，学习者可以根据自身情况，选择最合适的一种开展学习。当然，在学习的过程中要注意拒绝网络上的各种诱惑，避免信息技术可能带来的负面影响。

（3）改进学习方法

信息技术改变了传统教育中"讲师用一种方法教几十人"的状态，变为现代教育中"每个学生选择自己的学习方法"。接受能力差一些的学习者可以选择循序渐进的学习方式，边接受新知识边巩固。而学习能力强的学习者可以选择跳跃性的学习方式，最大化地节约时间，获得更多的知识，再也不用迁就同一课堂中的其他学习者。除了时间上的可选择性之外，空间的界限也被打破，互联网的全球性实现了学习者可以通过互联网在全世界寻找学习伙伴和老师。

从2013年开始，海尔大学聚焦于打造开放学习平台，让员工主动参与学习，帮助他们实现成长。过去是组织业务部门做培训规划，现在是海尔大学为项目学员搭建学习平台，让学员自己提培训需求、自己参与设计，如图8-3所示。学员从被动接受培训到自发形成学习社群、自主运营学习项目。

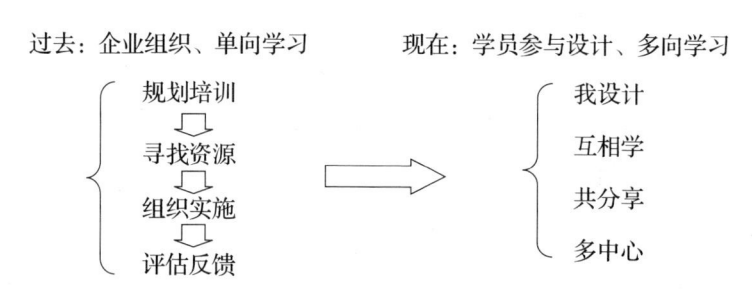

过去：企业组织、单向学习　　　现在：学员参与设计、多向学习

规划培训　　　　　　　　　　　我设计
↓　　　　　　　　　⇒　　　　互相学
寻找资源　　　　　　　　　　　共分享
↓　　　　　　　　　　　　　　多中心
组织实施
↓
评估反馈

图8-3　海尔大学过去和现在的学习模式对比

过去，海尔大学为员工提供线下的标准化课程。现在，海尔通过线上线

下形式定制学习场景，实现按需定制、快速迭代。不仅学员可以定制选择学习，而且海尔大学能够结合能力与人才发展需求智能化地推荐学习。在线上智能学习方面，通过积累用户个性化小数据，结合工作场景，匹配智能标签，实现课程智能推荐、学员按需学习。在线下场景学习方面，结合实际经营问题，设计实际工作场景，为员工提供场景化学习方案，解决实际经营难题，促进组织绩效的改进。

信息技术为组织学习提供了战略性机遇，它不仅可以为组织提供新的知识管理工具，同时也改变了组织成员的学习体验，提升了组织知识的传播速度，扩大了组织知识的传播范围。

1.3 信息技术在组织学习中的实践

高效的学习工具与技术对于企业培训的作用不言而喻，亚洲开发银行知识管理总监奥利维尔·塞拉特曾经说过："要打造学习型组织，就必须明智地利用先进的信息技术，才能更快、更好地学习，提升学习的速度和精确度。"目前，越来越多的企业在电子化学习技术上投入了大量的人力、物力和财力。电子化绩效支持系统、学习管理系统等新型学习工具都是信息技术在组织学习中的最佳实践证明。

（1）电子化绩效支持系统

电子化绩效支持系统（Electronic Performance Support System，EPSS）是利用信息技术进行知识管理和增强学习效果的有效工具。EPSS 是电脑技术的综合运用，其运用数据库（文档、视频和音频）和知识平台，并在企业内部收集、储存和传输信息，帮助使用者以便捷、快速的方式达成高绩效目标。

一般来说，全面而强大的EPSS通常包括9个要素。

①胜任力档案。这是对员工知识、态度、技能、绩效水平、绩效评估等方面的综合性数据档案，可以用于评估员工的能力能否胜任新的职位。

②专家知识库。既包括内部信息也包括外部信息。内部信息如工、制度、流程等方面的数据，外部信息包括市场、客户、竞争对手等方面的信息。

③在线支持。通过在线联接到知识库的相关资料，帮助员工在使用EPSS时提供简明易懂的在线支持。

④综合性培训与工作助手。包括员工需要执行某一流程的所有相关内容，也就是说给予员工决策支持和问题解决两方面的功能。

⑤电子化综合参考系统。存储工作流程、程序指南等完整的文件，并能够让使用者快捷地执行在线搜索功能。

⑥在线文件归档。能够使员工在线不断修改和完善文件，并存储在服务器上。

⑦监控、评价和反馈系统。对用户行为的合规性进行评估，并采取纠正措施。还可根据胜任力档案给出建议。

⑧连接外部软件。使员工方便地在不同应用和软件之间切换，并且能够调用资料库的信息。

⑨系统信息。允许系统管理员对信息进行格式化，另外还包括系统变化、产品改进和新产品等方面的信息。

EPSS的概念被提出以后，得到了知名企业的广泛认可，如今已经有许多企业都部署了EPSS，包括亚马逊、思科、福特、宝洁等。华为也不例外，利用EPSS增强组织学习能力，为华为员工随时随地提供知识和技能上的帮助，进而改善他们的绩效结果。

（2）学习管理系统

学习管理系统（Learning Management System，LMS）能够提供所有与课程相关的功能，例如它可以为学习者提供包括文档分享、资源链接、多媒体等服务，为培训工作者提供如注册课程、跟踪课程进展、课程设计和评分等服务。

赛诺菲-安万特集团打造了一个与企业核心价值观、关键绩效指标和核心能力紧密相关的学习管理系统。在学习管理系统中，所有的课程都是根据功能和核心能力进行分类管理的。每个员工可以根据个人发展计划，在学习管理系统中找到相应的课程。迈克尔·卡帕尔迪指出："员工需要在60天以内得到培训，我们利用学习管理系统和虚拟课程开展了综合培训，为员工和培训管理者提供了全方位的培训服务。"

组织不管是打造电子化绩效支持系统，还是学习管理系统，目的都只有一个：为学习者和培训管理者提供优质的在线学习平台，让组织成员能够享受到多样化的学习资源和服务。

2. 在线学习平台的发展

随着互联网技术的发展以及新技术的应用，在线学习（即 e-learning）成为一种全新的学习方式，学习者有了全新的学习体验。在线学习打破了传统线下教育的不足，逐渐形成了一股学习潮流。

2.1 在线学习平台的发展历程

在线学习平台是依靠信息技术建立起来的进行线上教学的活动平台，信息技术的发展决定了在线学习平台的成熟度。与传统的学习方式相比，在线学习平台具有低门槛、高收益的特点。但在线学习平台极大地依赖信息技术，其发展大致经历了三个阶段，如图8-4所示。

```
录播式在线学习 · 20世纪90年代
    ↓
直播式在线学习 · 21世纪初
    ↓
实时互动在线学习 · 21世纪10年代末
```

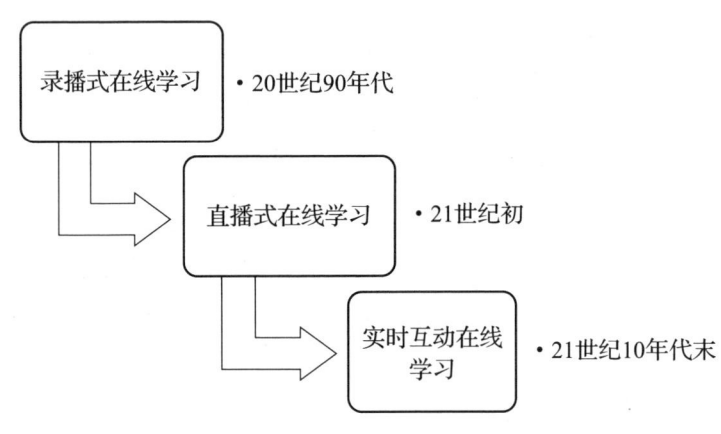

图 8-4 在线学习平台的发展历程

（1）录播式在线学习

20世纪90年代网络技术开始发展，以网络为媒介的线上学习平台也随着发展起来。这个阶段由于受到技术的限制，基本上所有的在线学习都是以录播的形式存在的，例如新东方、沪江网校等线上学习平台，就是从做录播课开始的。这一方式先将讲师教授的知识录制下来，上传到网络上，学习者再根据自己的实际情况选择合适的学习内容。录播式线上学习平台的出现，打破了传统学习方式时间和空间上的界限，实现了师资力量在网络世界里的知识付费分享。录播式在线学习的优缺点如表8-1所示。

表 8-1　　　　　　　录播式在线学习的优缺点对比

序号	优点	缺点
1	课程成本基本固定，具有可控性	互动性较差，容易降低学习效率
2	学习者可以随时随地获取课程内容	前期录课成本偏高
3	可以对课程内容进行剪辑，避免错误，使得内容更精准	内容容易过时，需要经常更新

（2）直播式在线学习

21世纪初互联网技术蓬勃发展，以互联网为依托的在线学习也迎来了爆发式的进步，在线学习真正实现了"在线"。在这个阶段大多数培训机构都采取直播式在线教学，老师直播授课，学生在线学习并进行互动。例如第九课堂、多贝网等在线学习平台顺应时代潮流，逐渐发展起来。直播式在线学习不仅提高了学习效率，降低了学习成本，而且改变了学习方式。但因为受到一些条件的限制，这种学习方式仍然难以实现最佳的学习效果。直播式在线学习的优缺点如表8-2所示。

表 8-2　　　　　　　直播式在线学习的优缺点对比

序号	优点	缺点
1	互动性强，容易引起学习者的关注	参与课程人数不固定，人数太少容易导致成本过高
2	课程内容可随时进行更新，不需要花太多成本	容易受网络速率等的影响，导致课程流畅度不高
3	可及时掌握学习者的学习情况	"明星讲师"有跳槽的风险

（3）实时互动在线学习

学习是一种即时性的活动，而每个学习者作为一个单独的个体对知识的反应是不同的，因此最佳的学习状态是个性化、即时性兼备，不论是录播式还是直播式在线学习，都无法实现这一特点。在这样的背景下，一对一双向在线交互式学习就成为在线学习平台发展的新方向。

"不懂就问"教育平台创造性地在线上教育行业采用了"白板"技术，实现了视频和语音同步，学生可以与老师直接进行对话，基本实现了"一对一"的个性化教学需求。

随着互联网技术的发展，在线学习平台不断地迎来了一次又一次的变革，让学习者与老师实现了线上双向沟通。不仅满足了学习者的个性化需求，而且契合学习的本质规律，真正改变了传统的学习方式。

2.2 在线学习平台的应用现状

随着全球化、数字化以及互联网技术的发展，在线学习平台也迎来了一个蓬勃发展的时期，目前在线学习平台的应用类型主要包括四种：垂直平台、内容平台、资源平台和辅导平台。

（1）垂直平台

垂直平台一般由专业的培训机构或者学校教育体系搭建，专业性强、面向特殊人群，目前发展比较好的是职业技能培训类。垂直平台内容丰富，有较为强大的师资力量，可以较为明显地提升学习者的知识储备，容易被学习者接纳。

酷学网是新东方旗下的垂直在线教育平台，直播内容分为免费和付费两种，通过直播考研、高考、公务员考试以及外语教学等取得了不错的效益，在线上学习领域属于佼佼者。

垂直平台由于其专业性和强大，面向的是有消费能力的学习者，而潜在消费者也处于持币待购的状态，所以两者容易达成合作，进而产生经济效益。

（2）内容平台

内容平台由于其复杂性，基本上由互联网技术精英打造，同时需要强大的资金支持。内容平台的搭建是一件长久的工作，前期会邀请各个培训机构以及学校等资源加入，其中学习内容涉及广泛，不仅包括技能培训、传统教学，甚至还包括企业文化培训等。

百度传课是在线学习平台中内容平台的代表，通过互联网技术进行网络互动直播和点播学习，其中直播课是百度传课最有特色的项目之一。

内容平台在前期的运营中，学习内容是免费的，主要目的在于广泛吸纳内容。在后期过程中，改收一定的费用，可采取平台收取学费，然后给予讲师分成的形式。但由于"广纳贤才"、门槛较低，容易造成学习内容参差不齐的问题。

（3）资源平台

资源平台基本由个人或者学校搭建，维护此类平台需要大量的人力物力，目前分为盈利和非盈利两种类型。

新CG儿是一个专业提供视频素材、AE模板等的素材网站，同时也致力于为影视后期爱好者打造互相交流的平台。

目前市场上有各种类型的资源平台，除了像新CG儿这类提供视频素材的平台，还有中国知网这类提供国内外论文和期刊文章检索下载的资源平台、优课网这类提供优质课件和微课程资源的资源平台等等，它们为学习者提供了海量的学习资源。

（4）辅导平台

辅导平台借助信息技术的发展，主要通过答题、记忆等形式改进用户学习，这种平台多以 APP 形式出现。操作简单，可利用零碎时间进行学习，但无法进行实时互动交流，只是单方面的自我学习，无法形成闭环。

在线教育的发展势不可挡，与传统教育的融合只是时间问题。在线学习平台的搭建应该从弥补传统教学不足的角度出发，通过资源整合和精心运营，以保证教学质量。

2.3 从需求出发选择在线学习平台

随着信息化的快速发展，在线学习平台已经成为很多企业培训体系中不可或缺的一部分。在线学习平台从时间、空间和资源上突破了传统学习方式的弊端，可以实现碎片化学习、随时随地进行学习、广泛地获取学习课程资源和教师资源，它凭借低成本、易管理、可扩展、无限制的特点，受到越来越多培训工作者的青睐。

但是有些培训工作者反映，组织花了大量的精力来搭建在线学习平台，在实际应用中却没有达到想象中的效果。究其原因，我们不难发现有些培训工作者在选择在线学习平台时，并没有从组织自身需求的角度出发，而是喜欢随大流，迎合市场的喜好度，导致在线学习平台的使用效果不佳。

前面已经详细阐述过在线学习平台的类型，对于培训工作者来说，可供选择的在线学习平台很多，到底该如何选择呢？培训工作者选择在线学习平台时需要考虑的因素如表 8-3 所示。

表 8-3　　　　培训工作者选择在线学习平台时需要考虑的因素

序号	考虑维度	具体说明
1	公司规模	公司规模较大，员工较少有机会集中进行线下学习，可以选择硬件条件较好的在线学习平台
2	员工素质	在线学习平台对学习者的计算机操作能力和自我学习能力有较高的要求，这是企业必须要考虑的问题
3	文化氛围	为使在线学习在企业长期维持下去，必须要有强势的企业文化，避免来自各方的阻力
4	工作关联度	学习最重要的就是学以致用，在线学习平台提供的内容和资源必须与员工的工作紧密相关
5	学习体系	完整的学习体系是有计划地把不断更新的知识、技能、经验及时、有效地传递给员工

除了选择合适的在线学习平台，在线学习平台的使用效果还受到诸多因素的影响，包括学习者的参与热情、管理者的重视与支持度等。培训管理者在选择或搭建在线学习平台时，要综合考虑多方面的因素。

3. 网络学习平台搭建

现在越来越多的企业开始重视网络学习平台的搭建，但是这是一项系统化工程，需要管理者系统地进行规划和建设，从企业战略和人力资源开发策略出发，充分利用网络平台和信息技术，使网络学习平台的定位与内容更符合企业和学习者的需要。

3.1 网络学习平台的搭建方式

企业在对网络学习平台进行方向定位后，就要着手开始搭建工作。一般来说，网络学习平台的搭建方式包括三种：自主开发、合作租聘和购买新平台。

（1）自主开发

自主开发网络学习平台对企业各方面的能力要求较高，一方面，企业需要具备强大的经济实力来支撑平台的建设，网络学习平台不是几天就能搭建好的，企业要做好可能需要漫长的试错时间的准备；另一方面，企业要有足够的人才支撑，平台搭建需要具备精湛的网络信息技术能力的人，如果企业缺乏这方面的人才，就不要轻易选择自主开发网络学习平台，否则就是浪费资源。

2018年，京东集团正式上线教育事业部。京东教育负责人钱曦认为，目前教育行业机构经营者关注的焦点在于，如何通过互联网获客和提升服务质量。因此，京东教育首先做的就是搭建在线学习平台。在平台搭建方面，京东既具有经济实力，又有电商平台搭建的经验。钱曦表示："平台可以满足机构进行直播和录播课等常规需求，并开放给所有入驻机构，同时还允许机构自行对个性化需求进行开发。"

自主开发网络学习平台也有其优点，首先是在内容和功能方面，可以按照企业自身的需求来进行定制，更好地满足学习者和培训管理者的需求；其次，在知识产权保护方面，自主开发平台可以提升组织知识和经验的安全性、保密性；另外，自发开发网络学习平台也是对员工能力的一种锻炼，员工在平台搭建过程中，不断提升各方面的能力，从而为组织做出更多的贡献。

（2）合作租聘

目前，市场上有很多网络学习平台服务供应商，它们有着丰富的通用课程资源、成熟的网络学习平台和完善的服务系统，企业可以与它们开展合作，租用它们的网络学习平台，这样也不会对企业财务造成太大的压力，同时也可以满足员工的在线学习需求。

时代光华是基于网络在线的组织学习方案服务商，以 e-learning 网络学习服务为主业，业务涵盖内容、平台、课件软件定制、移动学习、公开课、内训等。其时光易学网院平台有着丰富的课程资源、多元的学习入口，旨在帮助企业一站式构建学习平台，全面加速企业人才培养和绩效转化。该平台具备选课、考试、学习地图等基础功能，娱乐化学习等活跃功能，构建知识生态的内容运营功能，培训管理功能和数据运营功能。

（3）购买新平台

有些企业并不具备自主开发网络学习平台的能力，但是平台服务供应商提供的课程内容难以满足企业需求，这时企业可以购买一个独立在线学习平台，并对其进行二次开发，以适应企业的实际需求。这样的方式更加有利于将企业的大部分员工纳入网络学习中来，同时实现组织知识、经验的积累和管理。

不可否认的是，好的网络学习平台是实现员工在线学习和培训的重要载体，企业不论是选择哪种方式来搭建网络学习平台，都要讲究平台功能的实用性。

3.2 网络学习平台的功能模块

网络学习平台是一个包含教学、辅导、测试等多种服务在内的复杂线上教学系统，一个比较完整的网络学习平台应包括以下几个模块，如图8-5所示。

（1）学习工具模块

为了使学习者更好地在网络平台进行学习，需要给他们提供一系列学习辅助工具，如书签工具、记录工具等。同时，为了检验学习者的学习成果，还需要提供作业展示工具等，方便培训管理者对他们的学习成果进行评估，以便后续学习项目的优化和改进。这些帮助学习者开展学习的辅助工具都属于学习工具模块的一部分。

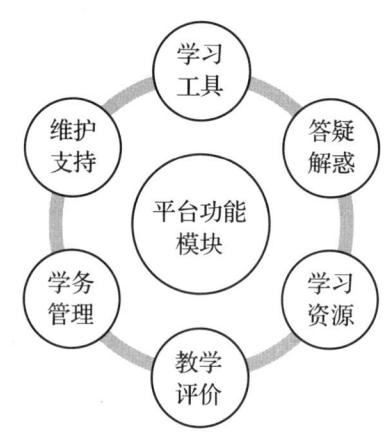

图8-5 网络学习平台功能模块

（2）答疑解惑模块

在学习的过程中难免会遇到不懂的问题，这时答疑解惑模块就显得非常重要，学习者可以通过此模块向老师进行提问。基于目前的互联网技术，答疑解惑模块分为两部分：一部分是反馈系统，由学习者将问题反馈出来后，系统将问题转移到老师版块中，在约定的时间内由老师提供答案；另一部分是系统答疑，学习者提交问题之后，由系统进行问题关键词切分，然后根据数据库内容进行自动答疑。但是，系统答疑需要建立在信息技术高度发展的基础之上，否则容易出现答非所问的情况。

（3）学习资源模块

因为学习者需要进行预习、复习等自习行为，所以网络学习平台需要给他们建立一个资料丰富的资源库。但鉴于国内目前的情况，网上的资源库较为封闭，共享性较差。因此在网络学习平台的搭建中，要着重突破这一限制，建立开放、共享的资源平台。同时，资源库需要有强大的检索功能，可以在复杂的资源库中迅速检索出想要的内容,真正实现资源共享。

（4）教学评价模块

教学评价模块是整个教学体系中最重要的一环,也是网络学习平台能否搭建成功的关键,教学评价对教学活动起着导向作用,是教学活动的指示灯。进行网络平台学习的目的是摆脱传统教育中对人的束缚,真正实现以人为本的个性化学习,那么教学评价模块就不可或缺。

（5）学务管理模块

学务管理模块包括两个部分：教学管理和教务管理。教学管理主要指的是教学大纲、教学安排等,学习者可以在这个板块了解到整个年度的教学计划,然后根据自己的实际情况制定学习目标。建立教学管理系统的同时,应该注意搭建服务性信息交流的辅助工具。教务管理主要包括学习者的课程信息等,同时也是老师向学习者传达信息的一种方式。

（6）维护支持模块

这个模块是为了保证网络学习平台的正常运行而搭建的。一个系统想要长久地存活下去,必须进行定期维护更新并解决过程中出现的问题,主要提供的是技术方面的服务。

作为一个优秀的学习管理平台,必须具有完善的学习管理功能,才能支撑组织学习活动的正常开展,为员工培训提供系统的解决方案。除此之外,还需要有好的学习内容,有了内容,才能够达成组织学习的目标。

3.3 网络学习平台的内容规划

在互联网高度发达的当下,学习场所已经不再局限于培训教室了。也就是说,信息技术催生了新的学习方式——网络化学习,这种学习方式让学习具有了更大的灵活性。要想保障线上学习的效果，就必须建设完善的学习资源库，做好网络学习平台的内容规划。

在网络学习平台的内容建设方面，海尔大学的经验值得借鉴。海尔大学从三个方面建设网络化的学习资源库，如表8-4所示。

表8-4　　　　　　　　　　海尔大学学习资源库建设表

维度	内容
课程资源	超过4 000门课程
讲师资源	500多位内部讲师和导师，并搭建内外部培训师生态圈交互机制，建立专业化、体系化的培训师交互平台
硬件资源	聚焦用户需求，打造开放、交互、个性化的硬件资源

瑞士信贷集团的首席学习官西格里德·亨里曾经指出："如果没有电子化学习系统，我们无法在重要的业务领域培训我们的员工，如法律和合规。电子化学习是能够确保我们的员工得到最新法规信息并应用于工作的唯一方法。公司将专家对当前企业内部和外部业务发展的看法拍成短小视频，收录进'专家视角'平台，通过这一平台，所有员工都能够获得进入我们企业拥有的丰富知识平台的资格。"

惠而浦公司的"企业发展中心"占地56 000平方英尺，中心配置了视频、音响系统、分组会议室和带有计算机控制的大屏幕环形剧场。除了这些硬件外，"企业发展中心"地理位置上毗邻惠而浦公司总部行政中心，这样就为高层管理者来这里上课提供了极便利的路径，使得在中心接受培训的学员中有一半都聆听到了总部领导层的授课。在培训内容上，惠而浦基于自身的现状和员工的需求，不断地调整原有课程当中的内容，例如针对中国员工的培训，惠而浦重新设计了总校课程中的案例，加入了很多本土化的情境内容,同时增设了语言类的课程,以方便中国员工学习英文等。

而华为大学很早就开始着力打造自己的网络化学习资源库,华为的IT系统是一个统一的大平台,里面包含了学习资源库,并且还不断地得到探索和优化。借助于这个统一的IT系统平台,华为的员工、客户、合作伙伴能够全天候自由安排网上学习和培训考试。

为了确保学习资源的有效性,我们可以通过以下三种方式来开发学习内容:

第一,从外部购买高质量的成熟课程。一般来说,企业的通用技能和职业素养的课程可以从外部采购,有很多平台都提供这类课程,不仅内容准确、丰富,而且制作精美、形式多样。

第二,组织业务专家进行内容开发。业务专家有着丰富的经验,他们能更准确地把握业务需求,帮助其他员工快速提升岗位技能。

第三,鼓励员工自己开发内容。每个人对于业务都有自己的理解,可能其中也有很多好的见解。组织可以从中挑选一些质量好的内容补充到学习资源库当中。

这样通过各种形式共同建立的学习资源库,不仅集合了各方的智慧,发挥了其最大的优势,同时资源建设的过程也是学习的过程、是组织智慧提升的过程。

4. 小程序的选择与运用

除了网络学习平台外,企业还可以利用各类小程序吸引学习者的注意力。小程序既能满足学习者的学习需求,同时也能在各类移动终端中使用,因而大受欢迎。

4.1 选择学习内容输出平台

为了顺应社会的潮流和趋势，不少组织和机构纷纷利用小程序加入了学习内容输出者的队伍。这其中，不乏一些比较出色的学习内容输出平台，包括得到、喜马拉雅 FM 等。

（1）得到

得到 APP 是罗辑思维团队推出的主打知识服务的 APP，包含有独家订阅专栏、有料音频、干货电子书等多项内容。

得到有不同的专栏，满足人们不同的需求。第一，每天听一本书。专业说书人解读好书，帮助用户高效率阅读。第二，大咖专栏。薛兆丰、熊逸、Dr. 魏、宁向东、武志红等 25 位行业大咖，向用户传递经济学、管理学、西方艺术、心理学、儿童教育等方面的独家知识。第三，李翔知识内参。"知识秘书"李翔帮助用户筛选全球新知识，浓缩成 6～10 条音频，用 15 分钟带用户了解全球知识精华和最新动态。第四，罗辑思维。用户在得到可以免费收听"罗胖"罗振宇每日分享的学习心得与收获。第五，精品课。各领域的高手用 1～10 个课时，带领用户迅速了解一个领域，包含声音、创业、健康等。

得到与行业内的内容生产者广泛合作，旨在为用户提供"省时间的高效知识服务"，通过为用户提供独家、持续更新的优质内容，让人们以碎片化的学习方式，在短时间内获得有效的知识。

（2）喜马拉雅 FM

喜马拉雅 FM 是知名音频分享平台，它的内容涵盖有声小说、新闻谈话、综艺节目、相声评书小品、音乐节目、教育培训、财经证券、儿童故事、笑话大全、健康养生、个性电台等。许多电台主持人，其中包括央视等知名媒体的主持人，通过喜马拉雅发布音频节目，广受好评；还有许多原创音乐人，通过喜马拉雅发布原创或改编的音乐作品；一些财经品牌栏目如《财经郎眼》等也纷纷入驻喜马拉雅。

不管是选择得到，还是喜马拉雅，或是其他内容输出平台，学习者都可以利用碎片化的时间，如上下班路上、散步健身时或是临睡前，打开这些小程序，从中学到各方面的知识，拓展自己的视野。

4.2 利用小程序发布学习内容

为了扩大组织知识和经验的传播范围，让员工随时随地能看到学习内容，企业还可以通过小程序来发布学习内容。这类小程序主要包括微课、钉钉酷学院等。

（1）基于微信的微课

由于工作和生活的压力，人们已经越来越习惯于利用碎片化时间来进行学习。企业通过开发微课，将业务专家的经验变成短时间的课程，并发布到微信上，员工可在各类移动终端查看，随时随地进行学习。

微课的形式有很多种类型：第一，图文类。以"图片＋文字"的形式展示学习内容，这种类型的微课制作速度快、传播方便，但是学习者的代入感较低。第二，动画类。采用动画技术制作电子课件，可以形象地向学习者展示学习内容，吸引他们的注意力。第三，视频类。通过角色扮演的形式，让真人演出学习内容的片段。第四，音频类。以音频文件的形式展示学习内容，虽然方便学习者收听，但是学习者容易被其他事物分散注意力。

微信作为时下比较新潮的一种聊天工具,对我们生活的方方面面都产生了巨大的影响,尤其是它在传播知识和信息方面的优势非常明显。在微信上发布微课,学习者通过手机或电脑接收课程,可以不受时间、地点、环境的限制。对企业来说,微信是发布学习内容的最佳平台之一。

(2)千聊直播

千聊是一个专注于知识分享的平台,学习者可以通过直播的形式在平台上找到各个领域的专家、老师、达人。千聊直播不受时间、场合和流量的限制,适用于各种培训、课程、脱口秀、聊天室、图片分享、旅行直播、活动直播等,可嵌入公众号、网站、APP,适用于微课培训。

千聊直播有五大功能系统:第一,内容呈现,包括语音讲座直播、语音PPT直播、音视频互动、音视频录播、付费系列课等特性;第二,营销,包括知识通、分销、转播、拼客、粉丝通、优惠券、赞赏等特性;第三,店铺服务,包括用户信息收集表单、CRM、用户管理、嘉宾分成、店铺装修、服务号对接、服务号推送等特性;第四,数据,包括收益对账、交易数据分析、课程数据分析、完播率统计等特性;第五,社群运营,包括动态、作业、打卡、私问、咨询等特性。

企业选择在千聊直播发布学习内容,通过在线学习进行实时互动,与学习者互相讨论,与讲师问答交流,分享彼此的专业知识和经验。

4.3 选择培训管理与运营平台

目前,在组织学习中,培训工作者都会通过一些培训管理与运营平台来管理员工的学习行为,例如鲸打卡、培训宝等。

(1)鲸打卡

鲸打卡可以提供完善的督学服务解决方案,帮助培训工作者为学员制订练习计划,并监督学员完成,保证学习效果。鲸打卡自主研发了打卡功能,通过小程序提供收发作业平台,老师在小程序上统一布置作业,学生完成学习后在平台上提交作业,并完成当天学习打卡。

鲸打卡学习系统——独立"轻度"的入门级学习产品。其特点包括:是一个完整闭环、超轻量级的督学系统;有专属品牌小程序、图文录播视频教学、任务制学习;在学习方式上有背单词、每日一练、阅读打卡、口语打卡、社群学习;通过英文评测、社区互动、高效点评、日签打卡营销,轻松获客引流。

鲸打卡督学系统——让转化率、续费率轻松翻番。从低客单价到高客单价,尽可能提升每个环节的转化率;通过上课互动、作业展示留存、学习习惯养成、考试测评,让学员知道自己能力得到了提高,提高了续费率。

在组织学习中,"打卡"活动的作用包括两个方面。第一,打卡意味着公开承诺。根据承诺一致性原则,公开承诺有助于成员更加主动地去完成学习任务。第二,打卡有助于好习惯的养成。好的行为习惯养成是一个不断重复的过程。组织成员通过每天重复打卡,可以帮助其养成良好的学习习惯,直到不用打卡,也能主动去学习。

任何事情都是说起来往往比做起来简单很多,所以,即便我们明白了养成好的学习习惯的重要性,面对重复的学习活动,我们仍然会难免生出烦躁的情绪。这就要求我们做一个有计划的成功者,去有计划地为自己塑造好习惯，挖掘自己最真实、最丰富的潜能。

（2）培训宝

通过培训宝，企业将入职培训、技能培训等内部培训课程线上化，并通过在线考试、历史培训课程录像点播等功能作为实时在线培训的补充，有效解决了企业培训一次性覆盖面小、成本高、时间地点受限等问题，通过这种在线培训、学习和互动交流，为企业员工提供完整的培训体验。

培训宝的特点与优势：

第一，在线远程实时互动解答。学员在听课途中随时通过学员端的"在线提问"栏目提出疑问，讲师端即时显示学员问题，讲师可随时文字回复，也可以在在线课堂上集中解答。

第二，全面掌握学员培训状况。培训宝的课堂签到功能可以按照系统设置，在授课时间内定时、定量进行远程签到；培训宝的在线考试功能在授课结束后随堂进行，考查学员的学习效果；并且，系统后台自动生成相关统计数据，以统计样图形式直观呈现给管理者。

第三，实时培训同步录制，学员随时回放复习。培训宝系统在培训直播结束后，自动将其转化为历史课程录像资料，供学员事后点播观看复习。

第四，企业视频会议系统对接，可低成本地将会议系统延伸到企业末端。很多大中型企业已经自建了企业视频会议系统，但因建设费用原因，不能充分覆盖到基层单位部门以及员工。培训宝可以低成本与企业原有视频会议系统顺畅对接，作为其延伸，转播企业集团总部的会议内容。

总的来说，可供选择的小程序有很多，企业可根据自身的实际需求来号召员工加入其中。但值得注意的是，不要试图让员工加入所有的小程序中，避免引起员工的反感，影响他们的学习积极性。

5. 在线学习平台运营

企业在引入在线学习平台时，除了在产品本身上要取得成功，还要借助实施方法和策略，有效运营在线学习平台，对学习者的学习活动进行有效引导，从而确保在线学习平台能够达到预期的目标。

5.1 e-learning 实施的切入点

为了保障在线学习平台的实施效果，企业需要找准项目实施的切入点。一般来说，企业在规划在线学习平台的实施切入点时，要从自身目前的实际情况出发，主要可以从两个方面入手：

第一，学习内容。包括面对面培训成本较高的内容、需要员工立即掌握的学习内容、适合在线学习和传递的知识与经验、难以进行面对面教学且实施效果差的内容。

第二，学习对象。包括思想比较开放且容易接受在线学习的员工、需要短时间内通过培训提升能力的员工、学习和培训机会较少的员工。

从这两个方面入手，就能很好地展示出在线学习是一种良好的培训方式，容易受到学习者们的欢迎和重视。一旦学习者能够积极参与到在线学习活动中来，在线学习平台项目的实施就会顺利很多。

2008年，福特汽车已经在全世界90个工厂雇用了200多万名员工，如果要为这些员工提供各种面对面的培训课程，显然培训费用太高，不符合企业的成本要求。但是面对日益变化的环境，福特汽车要想保持领先的市场竞争力，员工培训是必不可少的。面对这样的情况，福特汽车选择在"福特之星"沟通平台上建立学习技术网络，一方面降低培训成本，另一方面可以在短时间内为员工提供更多的培训课程，提升员工的综合能力。

"福特之星"沟通平台一开始是用来改善内部员工沟通的。为了实施在线学习项目，福特公司在原有的基础上对"福特之星"沟通平台进行了优化和改进，使其成为世界上有名的互动式培训网络。它不仅为全世界250个销售办事处的员工提供每日电视新闻服务，而且也是公司内部的学习网络。除此之外，"福特之星"沟通平台还为渠道商提供各类培训，同时也是渠道商和福特之间进行市场研究和沟通交流的有效平台。另外，公司的一些大规模在线会议也是通过"福特之星"沟通平台开展的。

在确定了在线学习平台项目实施的切入点后，企业就要开始正式推出整个项目行动计划。但值得注意的是，找准切入点并不意味着在线学习平台的运营就能成功，还需要做好其他方面的保障措施，确保在线学习平台项目的成功实施。

5.2　MOOC学习平台的运用

为了更好地以学习者为中心进行在线学习，很多企业开始使用慕课（Massive Open Online Course，MOOC）学习平台。"慕课"的概念是2008年由大卫·柯米尔（Dave Cormier）与布莱恩·亚历山大（Bryan Alexander）首次提出的，意思是大规模的开放式在线课程。慕课的概念一经提出，便很快在世界范围内获得了广泛的关注，并得到实际应用。

在世界范围内，知名的慕课平台有 Coursera，edX，Udacity，而在国内，有慕课网以及清华大学推出的学堂在线等等。

据统计，截至2017年，教育部已正式推出490门"国家精品在线开放课程"。我国慕课上线数量共5 000多门，选课人数突破7 000万人次，逾1 100万人次大学生获得慕课学分，慕课总量居世界第一。

事实上，视频教学并不是新鲜事物，在远程教育实践中早就已经有所应用。但是，传统的视频教学有两个缺点，一是时间长，二是互动性差。在当下这种快节奏的生活中，人们完全不能适应这种教学方式。于是，时间短且内容实用的在线教学视频出现了，并受到了人们的普遍欢迎。在慕课平台中，所有的课程视频兼具这一特点。为了解决互动性差的问题，慕课平台的课程视频中嵌入了一些测试题，这些测试题不仅能够提高在线学习的交互性，同时也是检测学习者在线学习效果的方式之一。

另外，慕课所有的课程视频都有简短的课程简介视频，一方面可以帮助学习者清楚地了解课程内容以及学习目标，另一方面也可以对本门课程进行广泛宣传与营销，吸引更多的人参与到学习中来。

慕课作为大规模开放式学习平台，吸引了数量众多的学习者，因此，如何为这些学习者进行作业批改和学习评估是一大难点。为了解决这个问题，慕课平台创造了一种新的作业评估模式，即同伴互相评估。相同课程的学习者之间相互进行作业的批改，这不仅解决了学习评估的问题，同时能够加强学习者之间的学习和交流，通过思想的碰撞，彼此启迪智慧，产生更多新的想法，有利于双方能力的提升。

管理学博士邱昭良指出，在推行企业慕课的过程中，要遵循12字原则，如图8-6所示。

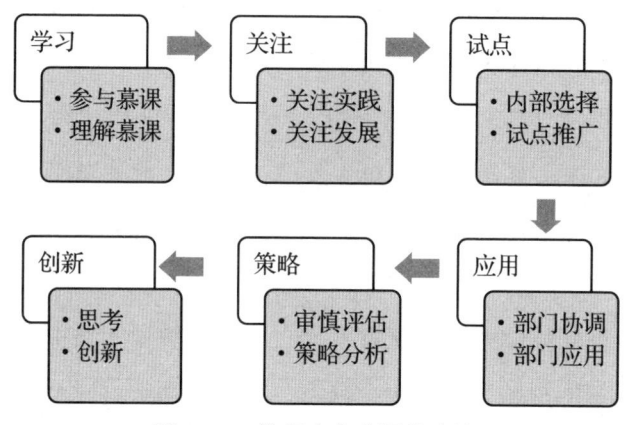

```
学习 → 关注 → 试点
· 参与慕课    · 关注实践    · 内部选择
· 理解慕课    · 关注发展    · 试点推广
                              ↓
创新 ← 策略 ← 应用
· 思考       · 审慎评估    · 部门协调
· 创新       · 策略分析    · 部门应用
```

图8-6 推行企业慕课的建议

雅虎公司鼓励员工在Coursera（一个提供免费的网络公开课程的网站）上通过MOOC课程进行自我学习，借此鼓励员工提升工作上所需的各种知识与技能。

英特尔公司运用MOOC针对新进员工提出了崭新的学习模式并获得了良好成效。通过让员工充分运用自己的时间自由学习，不仅大大降低了培训时间，也有效地提升了员工的能力。

Tenaris公司与edX合作，运用edX的软件平台以及课程内容，为员工提供了丰富的MOOC学习资源，解决了来自不同背景和具有不同工作经历的员工的学习需求。

Datalogix公司在Udemy的基础上打造了自己的MOOC平台，公司员工不仅可以学习到Udemy上的课程，同时也可以学习企业自制的相关课程。

不管是 LMS 还是慕课，目的都只有一个：为组织提供优质的在线学习平台，让组织成员能够享受到多样化的学习资源和服务。

5.3 在线学习运营的成功法则

在前面我们已经阐述过找准在线学习平台项目实施的切入点是项目成功运营的基础。除此之外，我们还需要做到以下几点：

第一，大力宣传和推广学习平台。平台上线前期，如何吸引员工主动下载 APP 并登录平台学习，是运营推广的第一要务。大多数人在接受新事物时，一开始容易出现抵触心理，企业如果突然要求员工必须使用在线学习平台，员工就会认为这是企业给自己施加的额外任务，影响在线学习平台的应用效果。因此，要想使在线学习这种学习方式能够顺利在企业内进行，首先就要告诉所有员工这种学习方式的好处是什么，避免员工产生抵触的心理。

第二，制定完善的激励机制。心理学家斯金纳认为：人为了达到某种目的，会做出一定的行为。当这种行为的后果对他有激励作用时，这种行为就会在以后重复出现；相反，如果这种行为的后果会为他带来一些损失或是不利，这种行为就可能减弱或消失。并且他认为，事后的结果，如事后给予奖励，对行为的影响更大。员工学习也是一样，制定学习的激励机制可以有效激发员工对在线学习的兴趣，积极参与到在线学习平台的使用行列。

第三，提供技术帮助和支持。员工在刚开始使用在线学习平台的时候会遇到各类技术、流程和操作上的问题，为了让员工能够正确地使用学习平台，企业除了制定操作说明书外，还可以成立帮助小组，为员工提供及时的技术支持和指导。

如果企业对于在线学习运营没有很大的把握，还可以在市场上与一些服务商开展合作，它们可以提供专业的在线学习运营服务，帮助企业成功运营在线学习平台。

交通银行由于员工数量多、业务条件复杂，要想进行全员培训，就必须开展在线培训。自2011年起，思创为交通银行全员在线培训项目提供课件开发、学习平台优化、移动学习平台服务，以及整体运营外包服务，主要包括以下内容：

第一，结合业务需求，进行课件开发定制，累计为客户开发了超过500门课程，包括快速课件、flash课件、微课程等，开发了新行员培训系列教材。

第二，思创提供移动学习平台，支持交行面授班、B职等多个项目的移动学习需求。为交行每年近1 000次在线考试提供系统设置、现场支持、报表及结果分析；每年为超过100场直播课堂提供支持。

第三，激发不同层级、不同年龄、不同业务部门员工的学习兴趣，提升学习活跃度。通过线上与线下结合的宣传推广、丰富的学习活动吸引学员参与；通过员工调研、学习参与率、考试通过率的数据分析，为不同岗位设计学习地图；通过PC端在线学习、移动APP、微信应用三位一体，正式学习、社区化学习、碎片化学习整合运营，融入游戏化体验，举办微课大赛等活动，满足多样化学习需要。

当学习者对在线学习平台有了一定的参与度后，组织可以将在线学习的重心转移到挖掘优秀员工的经验，对知识进行沉淀，通过案例征集、微课开发等一系列活动，促进学员进行知识分享和输出。

第9章
企业大学的经营管理

越来越多的企业开始重视人才培养,试图依托企业大学完善人才培养体系,但是在运营过程中,总会面临各种各样的问题,难以实现促进员工行为转化和绩效提升的目标。因此,首席学习官需要做好企业大学的组织运营和管理建设,在强化自我能力的同时,提升企业大学的存在价值。

第 9 章 企业大学的经营管理

1. 理解你的企业大学

作为企业学习发展的管理者，理解所在企业大学的价值定位和所处的内外部经营环境，对于运营和管理好所在的企业大学有着至关重要的作用。

1.1 理解所在的企业大学

作为满足企业员工终身学习需要、培养企业内外部中高级管理人才、传播企业文化，甚至引领企业组织变革的核心机构，企业大学通常通过实战模拟、案例研讨、互动教学等手段提升企业员工的整体素质。其中比较知名的企业大学有华为大学、海尔大学、惠普商学院、GE 克劳顿学院等。从这些知名企业大学的发展历程来看，企业大学不仅完善了人力资源培训体系，更是为其他企业打造学习型组织提供了最佳实现路径。

从某种程度上来说，企业培训部门是企业大学的雏形。企业培训部门隶属于或并列于人力资源部，主要针对内部员工开展培训工作，包括培训需求调研、培训课程开发、培训组织实施、培训效果评估、内外部培训师资管理等。对于很多暂时没有能力或者没有必要建立企业大学的组织来说，培训部门代替企业大学开展了相关工作。企业大学与培训部的区别到底有哪些？具体如表 9-1 所示。

表 9-1 企业大学与培训部的区别

管理主体 区分维度	企业大学	培训部
定位	战略层次	战术层次
性质	战略性的、系统性的	反应性的、分散性的
培训对象	全体内部员工、供应链体系合作商、全体社会成员	全体内部员工
培训方式	实战模拟、案例研讨、互动教学	培训授课、户外素质拓展
培训范围	涉及战略、营销、管理、研发、供应链等各个方面	仅涉及产品、业务、管理等基础或通用培训
课程体系	全面的、系统的、深层的	局部的、零散的、浅层的
表现形式	理论与实践完美结合	以理论为主、实践为辅

虽说企业大学也承担企业的部分培训工作，但不同的是，企业大学并不仅仅只是为组织提供培训，它可以分离于企业人力资源部之外，进行独立经营和管理。

为了给内部员工提供更加系统化的、好的培训课程，摩托罗拉公司决定成立企业大学——摩托罗拉大学。随着企业业务的发展，摩托罗拉公司把除了核心产业外的基础业务都外包出去了。产品一旦外包出去，就意味着质量难以掌控。因此，为了保障产品的质量，守住摩托罗拉的品牌形象，公司决定改变摩托罗拉大学的战略定位，转变为向供应商、客户以及其他合作伙伴提供相关培训和咨询，充分发挥摩托罗拉在领导力、业绩改进等方面的优势，与产业链利益相关者共同成长与进步。

总的来说，企业在组建企业大学时，首先就要分析企业战略定位，在此基础上再对企业大学进行定位和评估。企业大学的核心目的是为企业的经营发展服务，不仅包括为组织成员提供培训，还包括从战略上为组织进行经营管理诊断，并提供解决方案。

1.2 企业大学的理念与定位

全球知名学习专家马克·艾伦曾这样说过："企业大学是一种战略性的工具，它的职责是通过活动培养个体或组织的学习、知识和智慧，进而辅助组织完成自身使命。"

企业大学既然是一种战略性的工具，那么企业的高层决策者在规划成立企业大学时，首先就要明晰企业大学的理念和定位，确保企业大学的发展方向与企业战略的一致性。企业大学的定位是组建企业大学的重要组成部分，我们可以根据其服务对象来对企业大学进行定位。根据企业大学的服务对象，可以将其分为内向型企业大学和外向型企业大学，具体如图 9-1 所示。

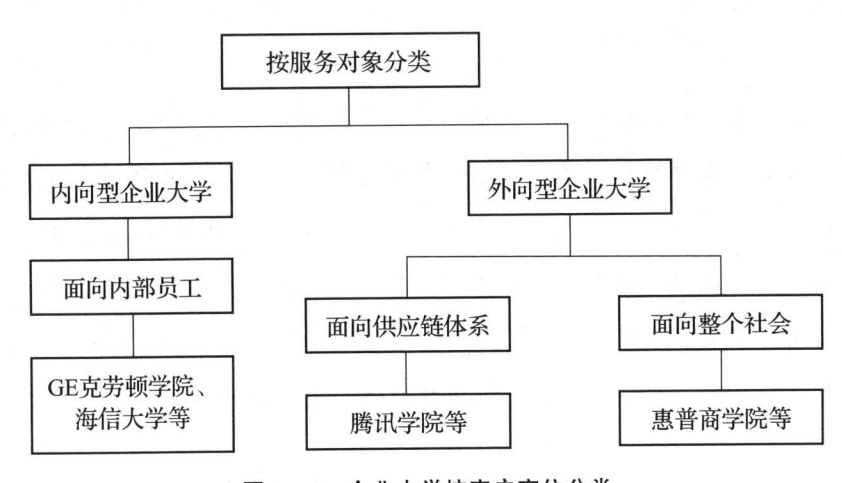

图 9-1 企业大学按客户定位分类

内向型企业大学主要服务于企业内部员工，向其提供通用类课程或业务类专业课程，不对外开放。内向型企业大学的代表有：玛氏大学、GE克劳顿学院、海信大学等。

2004年，玛氏公司正处于由家族式管理向职业经理人管理的过渡阶段。为了培养更多的职业经理人，玛氏公司决定成立玛氏大学，并明确玛氏大学的定位是"服务于玛氏公司内部所有员工的学习与成长"。玛氏大学成立后，不仅帮助企业更好地传递了核心价值观，更是帮助企业培养了一大批优秀的人才。

外向型企业大学指的是那些不仅为企业内部员工提供培训服务，也为外部供应商、合作伙伴、社会群体等提供培训服务的企业大学。一般来说，外向型企业大学包括两大类：一类是面向供应链体系的企业大学，旨在向供应链合作伙伴渗透知识和经营，从而规范运营方式，降低交易成本，拓展企业的资源整合能力。

腾讯作为互联网巨头，其企业大学的培训有两条线。一方面，通过建立自己的培训体系引导员工学习，培养企业内部人才。另一方面则是对业务发展伙伴的服务，为了能让更多的开发者将应用放在腾讯的SNS平台上，腾讯学院通过一些培训的课程，或者一些在线学习方式，让开发者了解如何和腾讯做生意、怎么能做得成功、有哪些好的方法经验，并有选择地把内部课程开放给合作伙伴，帮助它们更好地提升能力，认同腾讯的企业文化。

另外一种则是面向整个社会，主要目的是提升企业形象或实现经济效益，如惠普商学院。

惠普商学院面向整个社会提供个人职业技能培养，它的宗旨是通过分享惠普公司多年的成功管理经验，帮助惠普公司在华的重要客户及合作伙伴建立企业的管理优势，提高人才竞争力，使其更快地成长。

随着企业战略的发展和自身优势的建立，优秀的企业大学不再仅仅只是为企业培养人才，而是在企业整体战略中扮演多重角色，具有多项功能。

1.3 对企业大学进行价值定位

彼得·德鲁克曾经说过，企业只有一项真正的资源——人，管理就是充分开发人力资源以做好工作。

企业大学必须践行以人为本的服务宗旨，以尊重人、培养人、成就人为最高理念来指导企业大学工作的开展，做到尊重知识、尊重人才、尊重劳动、尊重创造，这样才能充分激发人的潜能，更好地为企业发展做出贡献，从而真正发挥出企业大学存在的最大价值。

海尔大学成立之初，张瑞敏就提出要把海尔大学打造成海尔员工思想锻造的熔炉和能力培训基地，使之成为中国企业界的"哈佛大学"。在这种理念的倡导下，"创新、求是、创新"成为海尔大学的校训。来到海尔大学的每位学员，都秉持着创新思维，带着现有创新成果，通过与他人的交流和学习形成新的总结成果，再将这些成果带入工作实践中，进行更高水平的创新，从而形成不断循环、螺旋上升的过程。

海尔大学堪称国内企业大学中的典范。国内的企业大学很多，但是符合真正规范意义的企业大学并不多。为了更好地履行企业大学的使命，企业大学管理者必须清晰认知企业大学的角色定位。

通常来讲，企业大学的角色定位大致可以分为四类，包括员工发展顾问、业务合作伙伴、培训事务专家、变革推动者。其中，变革推动者是属于战略层面的角色，员工发展顾问和业务合作伙伴是属于战术层面的角色，培训事务专家是属于执行层面的角色。每个角色的具体工作职责如表9-2所示。

表9-2　　　　　　　　企业大学不同角色类型的工作职责

序号	角色类型	工作职责
1	变革推动者	以推动战略变革为导向，帮助组织实现战略和业务转型
2	员工发展顾问	提供合适的培训项目或建议方案，帮助管理者解决员工发展问题
3	业务合作伙伴	以业务为导向审视培训工作的合理性，通过培训推动业务增长
4	培训事务专家	开展培训需求调研、培训活动的组织实施、培训效果评估、内外部师资管理等工作

不同的角色类型具有不同的特征，企业大学可根据组织战略发展方向和内部外环境，选择一种或多种角色作为企业大学的价值定位。

对企业大学进行价值定位后，并不意味着企业大学就能得到很好的经营和管理。目前中国已经有不少企业建立了自己的企业大学，但是由于各种各样的原因，这些企业大学并没有真正发挥出其价值和作用。

我国企业大学发展起步晚、发育不全，相关管理咨询机构的调研结果显示：87.3%的企业大学没有系统化的培训需求调研和分析方法，而是通过汇总业务部门提交的培训需求表来组织培训活动；仅有9.6%的企业大学能够将工作场景和日常管理流程融入培训活动中；仅有 7.1% 的企业大学会结合人才培养计划来开展培训活动。

由此可见，大部分企业大学在实际运营中并没有采取有效行为来创造价值，导致企业投入的大量成本无法获得相应的回报。企业大学管理者除了在价值定位方面要引导企业大学外，还要根据企业大学的定位，通过一系列的业务活动来真正为组织创造价值。

2. 企业大学的治理结构

企业大学在传承企业文化、提升企业竞争力、谋求长远发展等方面具有非常重要的作用。要想充分发挥企业大学的作用，企业大学管理者就需要明晰企业大学的治理结构，完善企业大学的管理机制。

2.1 企业大学的资源投入

资源的管理和高效应用对建设和运营企业大学来说非常重要。一般来说，企业大学的资源投入主要包括硬件设施、软件资源和领导层支持三大部分。

第一，硬件设施。一所好的企业大学必然需要有好的基础建设和硬件设施，包括培训活动场地、教室、桌椅以及影音设备等。如果企业大学还兼顾着培训外部客户、接待外部客户的重任，那么良好的物理环境和硬件设施也是展示企业文化的窗口。

经过多年的探索与发展，华为于 2005 年正式在深圳注册成立了华为大学，旨在为华为员工、供应商、客户以及合作伙伴等提供众多培训与咨询服务。华为大学坐落在深圳，总占地面积 27.5 万平方米，分为教学区和生活住宿区，教学区占地面积 15.5 万平方米，拥有 200 多名专职讲师、2 700 多名兼职讲师。建筑面积超过 9 万平方米，绿化覆盖率超过 85%；拥有 9 000 多平方米的机房、100 多间教室、500 多个办公座位，能同时容纳 2 000 多名客户和员工进行培训。2016 年 9 月，华为大学东莞松山湖新校区正式开工建设，新校区总面积达 33.33 万平方米。

华为大学不仅完善了企业内部人才培养体系，而且在企业变革和产业链发展方面起到了巨大的推动作用。

第二，软件资源。企业大学的软件资源主要是指培训所需资源，包括课程内容、在线学习平台、讲师等方面。好的培训课程和讲师是优秀企业大学的必备条件之一，当这两项资源做到高价值、难以复制、不可替代时，企业大学才能真正发挥其存在的最大价值。

为了满足公司现状和员工需求，惠而浦不断地调整原有课程当中的内容，例如针对中国员工的培训，惠而浦重新设计了总校课程中的案例，加入了很多本土化的情境内容；同时，增设了语言类的课程，帮助中国员工学习英文等。

在教学方式上，针对中国员工的英语培训，首要要求就是保证课堂的趣味性。惠而浦对上课模式有所规定，要求通过游戏炒热课堂气氛。另外就是安排学员进行现场演示，老师可以随时纠正学员在演示中发生的错误，包括中国式英语表达、重音、发音等问题。

企业大学必须以解决企业业务问题和员工能力问题为导向来打造培训课程和项目，做好软件资源的搭建工作。

第三，领导层支持。核心领导层的管理理念和支持力度直接影响着企业大学的运营和发展。企业内人、财、物等资源都是有限的，只有领导层意识到企业大学的战略意义，才能出面组织协调并调动有限的资源来支持这项工作，这对企业大学的运营和发展起着至关重要的作用。特别是领导者在改变员工行为习惯、建立业绩文化、达成组织绩效目标等方面，发挥着不可替代的作用。因此，企业大学的运营和发展必须要获得经营层的支持与配合。

企业所有的资源投入都必须对准战略方向，服务企业发展。企业大学作为企业战略落地的执行部门之一，也必须抱持这样的理念，在资源运用中，做到上承战略、下接绩效，将资源投入转化为企业的绩效产出。

2.2 企业大学的战略价值导向

企业大学的价值追求应该是变企业为大学，学以致用，做到人人是学生、人人是老师，取人之长，补己之短，建立起一个真正意义上的学习型组织甚至教导型组织。

"变企业为大学"是希望企业大学能够推动企业实现各个岗位都在锻炼人、各个管理者都在培养人、各个领导者都在成就人的目标。人人都在实践中磨炼，精益求精，实现人生价值；人人都在沉淀知识经验，群策群力，实现企业价值；人人都在学习和研究，不断探索创新，实现社会价值。

目前，随着企业大学建设热情的日益高涨，很多企业都在试图建设企业大学，但是这些企业大学的运营质量却参差不齐，很少有企业真正能实现"变企业为大学"的目标。事实上，要想做到"变企业为大学"，首先就要明确企业大学的战略价值导向。在此之前，企业需要先了解清楚企业大学建设指导理论体系，选择一个指导理论或对这些理论进行整合，以此作为企业大学建设和运营的基石。

企业大学建设指导理论可分为传统的规范化建设理论和新型企业大学理论，具体如表9-3所示。

表9-3　　　　　　　　　　　企业大学建设指导理论

区分维度	规范化建设理论	新型企业大学理论	
内容	战略规划 培训管理体系 课程开发 内训师队伍建设 学习平台建设	智库型企业大学	价值创造型企业大学
		百货店式的培训型（赋人以能）	挖潜专家级企业大学（高度成熟内向型），包括培训专家级、成长顾问级、绩效伙伴级三种类型
		药店式的智库型（推动创新）	
		粮店式的宗教型（使人乐从）	经营专家级企业大学（内外结合型）
功能	耗费大量人力、物力、财力资源却效果欠佳	预见问题，提供提案，优化管理，发现人才，成为管理层的军师与智库	服务组织成长，整合基于任务、基于问题、基于能力、基于绩效四种培训模式
视角	基于过程的视野、从规范化的角度解读	基于效果的视野、从企业大学的价值角度解读	

企业在明晰上述理论后，就可以根据企业规模、行业地位、企业性质这三个因素来确定企业大学的战略价值，具体如表9-4所示。

表9-4　　　　　　　企业大学战略价值导向的影响因素

影响因素	具体内容
企业规模	企业规模越大，企业大学的生存发展空间就越大。根据企业实际情况选择企业大学的服务对象，是服务内部员工，还是以内部服务为主、外部服务为辅。

续前表

影响因素	具体内容
行业地位	企业在产业链的地位以及在行业中的地位，决定着企业大学的发展空间。如果企业行业地位高，则可为外部企业提供培训服务并获得良好的发展机会。
企业性质	不同的企业性质对企业大学有着不同的偏好，例如国企相对保守，无法全面放开企业大学的运营管理等。因此，企业要根据文化特性等来建设和运营企业大学。

海信学院办学之初，海信集团正由一个传统制造业企业向现代企业集团转变，需要大量管理人才，但师资体系和课程体系尚不具备。于是，海信通过与一些高等院校开展合作，为人才培养提供了一条路径。但随着海信业务的不断发展，人才需求仍然很大。为此，海信集团决定大力筹建海信学院，并任命海信集团董事长周厚健亲自担任海信学院院长。

当时正值海信集团全面实施国际化战略和智能化战略之际，海信学院的战略定位也随之提高。为此，海信学院曾多次派相关人员到国内外知名企业大学去考察，学习它们建设与运营企业大学的经验，在此基础上完善海信学院的运营和发展方案。

通过不断地摸索和变革，海信学院逐渐摸索出符合自身发展特色的战略价值定位：成为集团董事会领导下的知识密集型机构、非营利性的独立培训机构，作为全集团的培训和研究平台，整合集团内部培训资源，指导和管理各公司的培训工作，协调全集团的研究工作，推动企业经营管理水平的提高。

企业是"实践性"很强的组织，大学是"研究性"很强的组织。企业大学具备"企业"和"大学"的双重属性，其价值需要通过"研究"和"实践"互相融合促进得以实现。通过研究来更好地指导实践，通过实践来更好地进行研究，两者相辅相成，共同推动企业大学的进步。

2.3 企业大学的业务活动与价值创造

在知识经济时代，企业大学的作用愈发凸显，通过文化传播、创造力培养、业务学习等相关培训活动，促进员工自身成长，从而带动企业核心竞争力的提升。企业大学正在通过它的一系列业务活动，不断地为企业创造价值。

第一，提升企业的运作效率。企业大学基于对企业战略发展的理解，对每一项业务、每一个岗位、每一位员工进行分析，将企业发展过程中的优秀案例开发成培训课程，使企业的经验得以传承，让企业在同等资源条件下获得更大的收益。

IBM的各个业务板块都有自己的学习社团，比如蓝色词典、蓝色社团等，通过在企业大学中分享各自的案例，大家聚在一起交流和研究，学习成功的经验，反思失败的教训，在分享中收获成长，从而不断提升企业的运作效率。

第二，为企业培养人才。人才管理毫无疑问已经成为企业的核心竞争力。进行人才管理，仅引进人才是不够的，培养人才才是企业经营和人力资源工作的核心。国内外的大型企业，像通用电气、宝洁、海尔、华为等公司采用了一系列缜密规划的流程去分析、了解、塑造和培养人才。企业大学通过结合企业战略发展和员工个人职业发展规划，开展各类培训活动，为企业培养了一大批优秀的管理人才和业务人才。

迪士尼集团为了培训员工，创办了迪士尼大学。它主要提供五大类课程：卓越领导课程，为提高团队绩效提供战略和方法；忠诚度课程，探究保留终身客户的技巧，确认通过更好的客户和员工忠诚度产生最优结果的战略；人员管理课程，教会管理者选择、培训、激励员工，以及与员工保持高效沟通；质量服务课程，学习如何将注意力放在细节上，创造世界一流的服务文化，能够持续、始终如一地超过顾客的预期；企业创新课程，研究领导人如何统一组织的定位、结构系统和协作文化，并结合员工的全部潜力来创造一个稳定的思维流程，最终形成创新的产品、服务和系统。迪士尼大学通过完善的制度体系培养企业所需的体验经济人才和创意人才，从而为企业高速发展提供动力。

第三，提升企业品牌形象和影响力。企业只有发展到一定的规模和成熟度才有能力或有必要建立企业大学，所以成立企业大学本身就是实力的展现。而成熟、优秀的企业大学会将企业多年实践中积累的经验和成功管理方法进行总结和加工，汇集成企业的品牌课程，并由企业中高层管理者担任讲师为内外部学员授课，在授课过程中推广自己的品牌和产品等，最大限度提升战略伙伴、现有客户甚至潜在客户对企业品牌的认知度和忠诚度。中国惠普大学通过宣传惠普之道，不断强化惠普品牌在客户和业界的高端形象。

第四，增强企业对员工的吸引力。企业大学在培训过程中将培训的业务内容和企业文化相结合，以不同形式向各级员工展示企业倡导的价值观，增强员工对企业的认同感。而且培训可以集中企业高层和下级员工，使双方得到充分的交流，在企业内部建立一种融洽的氛围，增强彼此的协作。同时，企业大学通过为不同员工设计不同的学习项目，为他们的成长提供了解决方案，有利于企业吸引人才、留住人才。

华为大学的培训课程体系是分类别、分层级向员工开放的。华为按照职位类别建立了管理类、技术类、专业类和生产类四个大类的课程体系，而每一大类课程下又进行了层次的区分。譬如管理类的课程分为管理类基础课程、管理类三级课程、管理类四级课程、管理类五级课程。在设置了分类、分级别的培训课程体系之后，培训也就有了针对性。简单地说，员工在什么岗位上，就学与之对应的课程。这样使得员工的学习有一个递进的过程，呈阶梯状上升，符合学习的一般规律和员工的职业发展轨迹，也大大提升了员工对企业的满意度。

企业大学作为创造、传播知识的智力机构，通过建立系统化的课程体系、内训师队伍和企业实践案例库，对经验、技能和知识等进行有效沉淀，使得企业的知识得到发现、整理、共享和应用，从而为企业的业务发展提供推动力。

3. 企业大学的运营机制

企业大学是企业发展到一定阶段的产物，良好的运营机制是企业大学发挥其自身价值的必备条件。

3.1 企业大学的组织架构

在企业大学成立之前，企业大学的很多业务是由人力资源部门完成的。即使是在企业大学成立后，很多业务的开展有时候也需要与人力资源部的工作进行衔接，尤其是企业人才的培养。因此，企业大学与人力资源管理的合作尤为重要,甚至影响到企业大学的组织结构建设。

从众多实践经验来看,企业大学与人力资源管理部门的关系可以分为三种类型,包括独立并行型、从属型和交互型。

大部分企业都采用了独立并行型的组织结构,包括通用电气、爱立信、中兴通讯、招商银行、万达集团等等。其主要特点是企业大学与人力资源部是两个独立并行的机构,并且是平级的。企业大学的负责人(校长)与人力资源部的负责人不存在从属关系,他们共同向更高一级的管理者汇报。因此,独立并行型组织架构的企业大学在管理上具有很高的独立性。比如通用电气设立了首席教育官,他向通用中国区董事长直接汇报,而培训发展中心则与人力资源部平级,如图9-2所示。

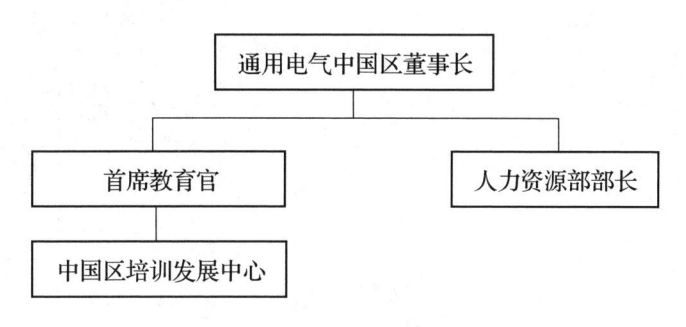

图9-2 通用电气培训体系结构图

有的企业大学使用的是交互型组织结构,这一类型国外的企业大学用得比较多,目前国内使用这一种组织结构的有华为大学。可以说,华为使用交互型的结构也是充分考虑到自身管理的实际情况和自己的需求才如此设置的,如图9-3所示。

交互型的组织结构既有利于打通企业大学与人力资源部门的部门墙,保持高效的协同,同时也在一定程度上使企业大学保持独立自主的运行模式,企业大学也能适时根据外部的需求调整自己的培训课程和培训方式。

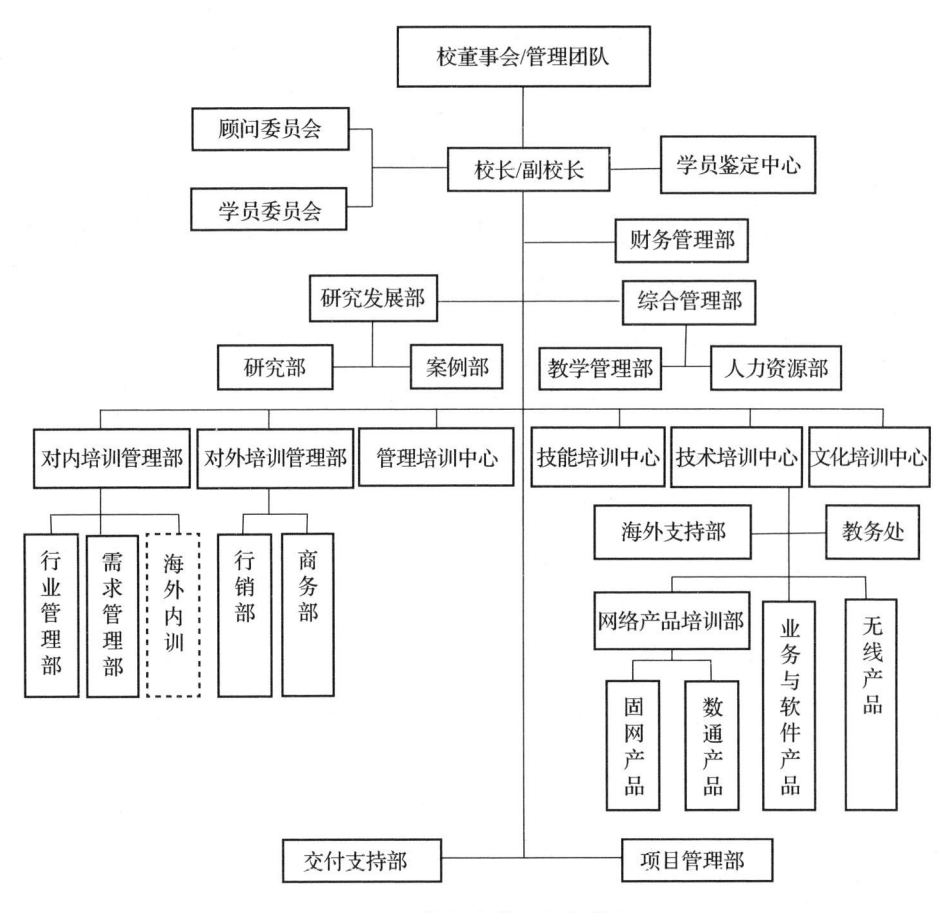

图 9-3 华为大学组织架构图

也有些企业大学使用的是从属型组织结构，国内使用从属型组织结构的企业有海尔集团、蒙牛集团等。从属型的组织结构其主要特点是企业大学从属于人力资源部门，企业大学的负责人通常也是由人力资源部门的负责人担任，或者由人力资源部专门负责培训的管理者担任。例如海尔大学是人力资源开发中心的下属机构，是培训工作的具体实施机构，人力资源开发中心的主任是集团培训体系的负责人,并向集团最高层汇报,如图9-4所示。

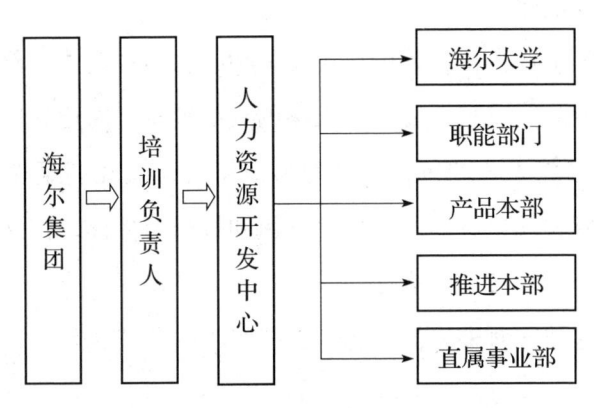

图9-4 海尔集团培训体系结构图

从长期发展来看,企业大学脱离企业人力资源管理体系,实现自主运营是一种趋势,也是企业大学自身成长的必然选择,未来企业大学与人力资源部的关系更多将是业务上的合作。

而从内部组织架构上来说,企业大学应该由董事会、企业大学校长、教学研究部、培训规划部、项目管理部、教学管理部、评估中心、营销部、财务部和信息支持部等部门构成。规模比较大的企业大学,还可以根据实际情况设置不同分院,如领导力学院、技术学院、营销学院等,各个分院下面还可设置项目管理办公室和课程开发办公室。

通用汽车大学除了在美国设立了领导力学院、工程学院、沟通学院、金融学院及服务/市场学院以外,还在全球范围内成立了16个与其主要的业务功能契合的学院。在中国,通用汽车和上海交通大学合作成立了通用—上海交通大学科技学院,致力于共同研发和技术培训等领域。

由此可见，企业大学的组织架构并不是千篇一律、一成不变的，可以根据各个企业的实际情况设置，并随着企业战略变革进行调整，随着企业大学的业务发展不断优化。

当然，对于企业来说，无论使用哪一种组织结构模式，都必须结合自身的实际情况和业务需求来设置企业大学的组织模式，以更好地发挥企业大学对业务发展和培养人才的价值。学习型组织要建立在满足学习需求的基础上，组织结构要体现出灵活、开放、自由和机遇等特征，打破部门界限，从而促进信息充分自由流动。当任务、需求和人员发生变化时，组织结构随之发生变化，以有效应对外界的变化，保持组织的持续成长。

3.2 企业大学的内部运营

企业大学的内部运营体系建设必须做好营运管理、项目管理、课程管理、师资管理和学员管理五个方面的工作。其中营运管理系统是机制，项目管理系统是平台，课程管理系统是内容，学员管理系统是主体，师资管理系统是客体，如表9-5所示。

表9-5　　　　　　　　　　企业大学内部运营体系

内部运营体系	具体内容
营运管理系统	功能定位、组织架构、服务范围、资金预算、硬件建设、形象宣传、管理模式、创建方式、核心团队等
项目管理系统	学员范围、项目形式、学习模式、评估模式等
课程管理系统	开发团队、认证标准、开发政策等
师资管理系统	师资结构、认证标准、考核激励等
学员管理系统	考录标准、学籍管理、学员服务等

企业大学在建设内部运营体系时，应站在战略、战术、执行三个层面进行全方位综合考虑，将营运管理、项目管理、课程管理、师资管理和学员管理五大系统有机协调统一起来，只有这样才能保证企业大学的高效运行。

惠普商学院设置了四大主要部门：教务部、讲师部、宣传部和销售市场部，四大部门分工合作，共同推动惠普商学院的发展。惠普商学院选择具有丰富业务和管理经验的中高层领导担任讲师，同时还建立了内部培训师筛选体系，如讲师认证机制，加强对老师的日常管理，并建立了良好的讲师激励机制。在惠普商学院，研发新课程必须符合两个标准：一是切合市场热点，有市场需求；二是能够体现惠普公司的创新并在实践中已经取得突出成效的成果。

经过多年的实践和摸索，惠普商学院逐渐形成了一套科学、完整、规范的内部运营体系，在组织架构设置、内部师资管理、课程研发、培训体系搭建等各个方面都独具匠心，推动了惠普公司的业务发展。

无论企业大学是要成为战略变革的策源地，还是成为企业人才发展的摇篮，或是成为企业发展的助推器，企业大学的运营都必须依据企业实际发展情况，从战略、人力资源管理、员工三个角度去推动和完成，如图9-5所示。

首席学习官（CLO）作为企业大学的掌舵人，当仁不让地承担着整合学习资源、传递企业文化、引领企业变革的任务。只有首席学习官扮演好自己的角色，领导各部门通力配合、分工合作，才能运营好企业大学，推动企业大学的发展。

战略角度
- 围绕企业发展战略，帮助企业解决实际问题，从而落实企业战略，将企业大学的人力、物力、财力等资源投入转化成企业的绩效产出，以此推动企业大学和企业本身的发展。

人力资源管理角度
- 将企业培训与人才发展以及业务开展结合起来，建立内部人才梯队培养体系，分阶段、分批次进行培养，避免人才断层，使公司业务得以顺利开展。

员工角度
- 将企业目标与员工个人职业生涯发展规划的目标结合起来，综合考虑员工性格特征、兴趣爱好、专业特长、职业倾向等进行针对性培养，促进个人和企业的共同发展和进步。

图 9-5　企业大学运营需要考虑的三个角度

3.3　企业大学的管理模式

企业大学可以通过组织内外部资源来解决问题，对企业的重要性不言而喻。除了要做好企业大学的内部运营工作，首席学习官还需要寻找合适的企业大学管理模式。

远东控股集团在多年的发展历程中，积累了不少学习经验，为此它成立了自己的企业大学——远东大学。通过总结自己的学习经验，并结合其他优秀企业大学的实践，远东大学提出了企业大学的管理模式——"五方"管理模式，即方针、方向、方案、方式、方法，具体如图 9-6 所示。

远东大学的"五方"管理模式堪称企业大学管理模式的典范。从中我们可以受到以下启发：企业大学管理模式应从战略、战术、执行三个层面全方位进行考虑。针对不同岗位、不同层级进行区分管理,因材施教。

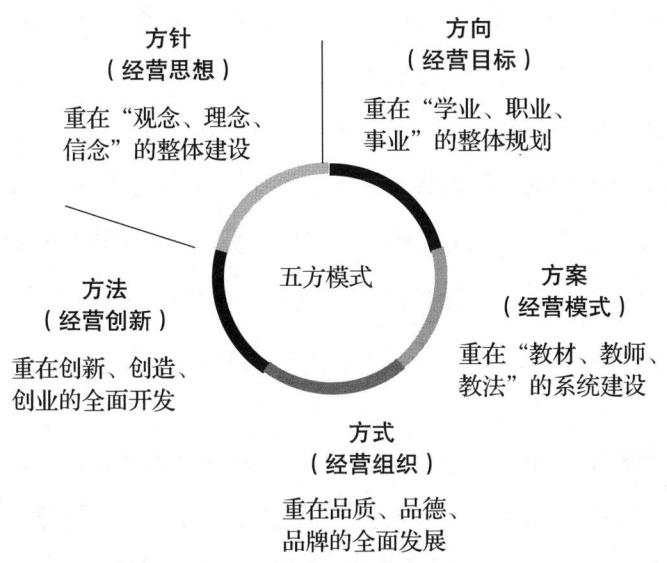

五方模式

- 方针(经营思想):重在"观念、理念、信念"的整体建设
- 方向(经营目标):重在"学业、职业、事业"的整体规划
- 方案(经营模式):重在"教材、教师、教法"的系统建设
- 方式(经营组织):重在品质、品德、品牌的全面发展
- 方法(经营创新):重在创新、创造、创业的全面开发

图9-6 远东大学的"五方"管理模式

在管理模式上,华为大学则定位于轻装子公司。对于华为大学的建设,任正非说:"华为大学要简化管理,独立核算。不仅要简化公司对于华为大学的管理,华为大学的内部管理也要简化。华为大学可以逐步实验去矩阵化的管理,首先要保证快速决策。"

在华为大学组织架构内,综合管理部和财务管理部是职能部门,综合管理部下辖教学管理部和人力资源部。教学管理部负责对华为大学的培训课程质量进行管理,而人力资源部则对华为大学的师资队伍进行管理。研究与发展部下辖研究部和案例部,案例部负责课程开发和设计,比如将典型案例设计成案例式课程。此外,研究部负责研究华为公司的组织结构变革,以及其他的管理变革,如从2016年底开始实施"日落法",必要时,可以向顾问委员会寻求支持。

到目前,华为大学共设有四大培训中心,分别是管理培训中心、技能培训中心、技术培训中心以及企业文化培训中心。这四个培训中心的职责就是赋能管理，根据各业务部门的需求，开设必要的课程，并给学员上课和考核，但并不参与选择学员，这些由学员所在的部门管理。

对内培训管理部和对外培训管理部类似于市场部门，但对内培训管理部的客户是内部的相关业务部门或职能部门，它们需要与其他业务部门进行衔接，调查和收集业务部门的培训需求，了解相关行业或产品线的发展状况，并将反馈意见传达至课程开发部门。而对外培训管理部负责衔接外部，包括客户、供应商、合作商以及其他有培训需求的企业客户。

由此可以看出，华为大学在管理上具有相当大的灵活性。任正非提出："华为大学要依靠正确的机制，成为公司必需的组织，并且滚动循环前进，从而走向顶尖。坚持有偿服务，基于收支平衡，摆脱羁绊。"

4. 锻造企业大学的生存本领

企业大学的生存本领是其安身立命之本，需要在做好内部条件与外部环境分析的基础上，打造企业大学的自救力，整合相关资源，进行优化升级，才能真正锻造出企业大学的生存本领。

4.1 企业大学的生存危机

尽管很多企业都建立了自己的企业大学，但这些企业大学并不是真正意义上的企业大学，还远远没有达到企业大学的标准。它们只是迎合市场发展趋势建立了企业大学，而在实际运营企业大学的过程中却容易受到诸多因素的影响，导致企业大学发生生存危机。

导致企业大学生存危机的原因有很多，例如很多企业还不需要建立企业大学，因为它们还没有能力运营和管理一所企业大学等。导致企业大学生存危机的可能原因具体如图9-7所示。

（1）企业所处的发展阶段不适合建立企业大学

在企业处于初创期时，业务发展尚不稳定、管理制度体系尚不完善，企业无法为企业大学的运营和发展提供强有力的支持。

（2）企业大学的费用来源不稳定

很多企业大学还不具备自主盈利能力，需要靠企业提供管理费用，一旦企业效益不好，就会降低对企业大学的投入，影响企业大学的经营。

（3）企业高层缺乏对企业大学的支持和耐心

高层领导的更换、理念的转变或企业其他方面的变革都会影响到整个企业大学的运营和管理。

（4）企业大学运营管理者的素质跟不上

若企业大学的运营管理者是从其他部门调过来或外部机构兼任的，未受过系统的管理和运营培训，不了解企业实际情况，就会严重制约企业大学的发展。

图9-7　导致企业大学生存危机的可能原因

摩托罗拉大学作为内外综合型企业大学的典范，创造了六西格玛管理方法，备受其他企业的推崇。然而，摩托罗拉大学中国区却在运营近20年后于2012年宣布解散，事实上，它曾经还获得过亚太人力资源协会颁发的杰出企业大学奖。

解散的原因，一方面是由于摩托罗拉企业的没落，摩托罗拉大获成功后，没有抓住新的市场机遇，开发出革命性的经典产品，不断地被对手超越，最终陷入了生存危机，逐渐消失在智能手机市场上。随着企业的没落，摩托罗拉企业大学也每况愈下。另一方面，摩托罗拉大学中国区由于接班人培养不力，继任计划失败，只能频繁地更换管理者，导致企业大学的经营状况越来越差。

可见，就连曾经盛极一时的摩托罗拉大学都逃脱不了覆灭的命运，国内很多企业在建立企业大学时考虑得太少，要么时机不正确，要么缺乏有效的运营管理机制，难以发挥企业大学真正的作用，甚至影响到企业的发展。面对这些可能存在的生存危机，企业大学该如何自救，是摆在首席学习官面前的重要问题。

4.2 企业大学如何自救

企业大学需要建立起"自救力"，在危机中寻找生机。这需要企业大学管理者对外界环境有敏锐的洞察力，也要能够洞悉企业自身实际情况，搭建科学、合理的培训体系，从而持续、高效地运营企业大学。

企业大学也如企业一样拥有生命周期——初创期、成长期、成熟期和衰退期。良好的运营和管理能够使企业大学快速进入成长期、拉长成熟期、延缓衰退期，但这些都建立在初创期的基础上。只有平稳地度过初创期，才能为今后企业大学的运营和发展奠定坚实的基础。

对于初创期的企业大学来说，最核心的还是做好前文中诸如价值定位、构建运营机制等工作，但自救力的建设也不可忽视。无论是初创期的企业大学，还是成长期、成熟期的企业大学，都可以通过以下四个步骤来构建企业大学的自救力，具体如图9-8所示。

> 第一，拉近与业务部门的距离
>
> 企业大学需要为企业业务发展而服务，如果远离业务部门去经营企业大学，容易导致失败。因此，优秀的企业大学管理者需要具备一定的业务背景，了解真实的业务需求。

> 第二，寻找可突破的单点项目
>
> 企业大学就像企业一样，需要打造一款爆品，吸引市场的注意力。企业大学可以选择经验萃取与案例开发、组织变革发展、继任者培养等项目实现单点突破。

> 第三，打造一支精英团队
>
> 企业大学需要一支能力非常强大的精英队伍，精英团队不仅需要能力强大的人员，也要有对培训教育行业的热情。只有热爱培训工作，才能做到以客户为中心，主动地去解决客户痛点。

> 第四，搭建精品课程体系
>
> 针对企业不同层级、不同序列、不同岗位来搭建培训体系和开发培训课程，同时对这些培训课程进行系统的分类管理，如分成管理类、专业类、技术类等课程。

图 9-8　企业大学自救的方法

随着市场环境的快速变化，很多企业对于企业大学的热情逐渐消减，开展的培训项目也逐渐跟不上市场变化，学习者对于学习项目也渐渐失去了兴趣，导致企业大学的运营状况日渐不佳。为了解决这些问题，企业大学只有不断强化和建设"自救力"，才能让基于培训发展的企业大学及时顺应环境的变化，寻找到适合自己生存发展的契机。

4.3　企业大学如何优化升级

随着"互联网+"时代的到来，企业大学不能单兵作战，更不能闭门造车，而应站在战略高度，以结果为导向，整合各方资源，为提升公司整体绩效做出贡献。要想做到这些，企业大学除了要构建"自救力"外，还要进行优化升级。

第一，转变培训观念。过去，企业花了大量的时间和资源投入员工培训中，尽管员工的能力得到了提升，但是没有转化为工作绩效，影响了企业的运作效率。因此，企业大学需要明确的一点是，培训项目不是为了提升员工的个人能力，而是为了提升组织绩效，推动企业业务发展。

第二，强调价值最大化。如果企业大学只是单纯地做一些培训课程开发、培训体系搭建、内训师培养等碎片化的工作，就难以发挥企业大学真正的作用，创造更多的价值。因此，企业大学需要通过系统化思考，以结果为导向梳理企业大学价值创造的关键环节，针对这些关键环节来开展工作，从而创造出最大价值。在这一点上，价值创造型企业大学理论为我们提供了具体的思路，如图9-9所示。

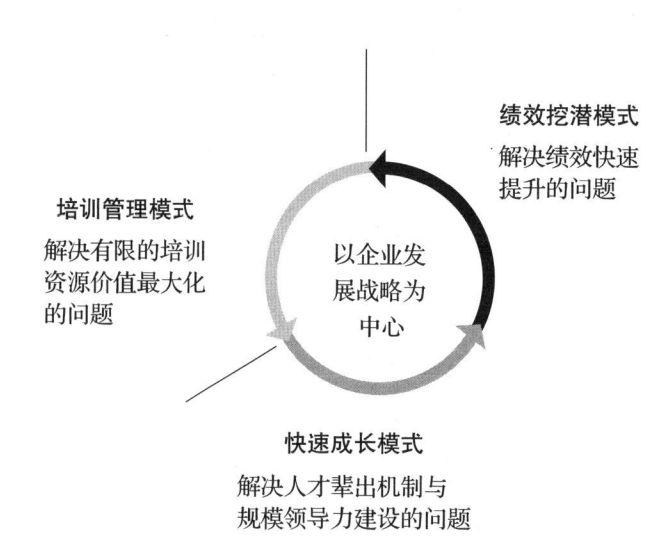

图9-9 价值创造型企业大学理论模型

结合上述理论模型和企业大学的发展现状，我们可以得出企业大学未来的发展趋势，具体如表 9-6 所示。

表 9-6　　　　　　　　　　企业大学未来的发展趋势

维度	现状	未来趋势
学习项目	与业务结合度不高，培训效果不佳	围绕组织发展设计系统培训方案，优化培训项目运营方式
学习方式	灌输式学习，老师是主角，学员被动学习	主动学习，学员课程前中后积极实践，并通过网络来学习
培训组织	统一安排线下场地来进行培训	搭建运营高效的学习分享平台，强调学习互动和总结分享
工作重点	侧重培训课程体系搭建、师资建设、培训调研评估等事务性工作	侧重组织能力开发、管理提升、降本增效、企业绩效挖潜等
培训效果	侧重知识点分享，没有安排配套的任务，学习效果较差	以绩效转化为目标，重视配套任务开发，确保培训内容有效转化

当前，市场竞争越来越激烈，持续快速创造价值成为企业竞争优势的来源。企业大学必须结合互联网发展，大幅度提升自身能力，更加注重价值创造，服务于企业成长。

5. 让企业大学持续创造价值

企业大学只有对准企业核心业务，聚焦学习价值转化成企业绩效成果，发掘适合自身的盈利模式和盈利方法，才能从成本中心升级成价值创造中心。

5.1　对准业务，聚焦学习价值转化

企业大学的目标是培养企业人才，使之为企业业务发展做出贡献。只有

当学习能为组织绩效做出更多贡献时，企业领导者才认为它是必不可少的。组织里的业绩和生存才是第一要务，那么学习不再是为了学习而学习，学习应与组织业务相联系，才有助于企业在市场竞争中获胜。

企业内部经验的推广、后进者的培训、问题业务端的专业支持都需要企业大学这个稳定的载体。因此，企业大学必须对准业务目标来设计人才培训项目和制定发展规划，使学习价值转化成企业绩效成果。

德勤公司是全球最大的专业服务企业，"坚持员工终身学习"是德勤公司构建人力资源战略的基础。

德勤公司为每个员工都制订了学习计划，它的"雄冠全球"模型清晰地显示了组织绩效期望与员工个人专业发展路径之间的强关系，并以此为基础，推演出了员工的行为测量指标。德勤公司电子化学习总监凯瑟琳·哈伦斯坦指出："现在我们员工的学习更加契合业务目标，与业务密不可分，我们聚焦于有用的培训。"

在为员工制订学习计划时，德勤公司都会首先咨询业务部门的意见，以支持完成公司业务目标为原则，共同为员工设定学习方向，制定学习课程。这样一来，学习与实践就紧密地联系在一起了。

一旦学习活动与企业业务实践结合起来，学习带来的变化将显而易见。将实际工作场景，特别是挑战性场景和痛点场景与学习过程融为一体，通过对接场景和学习活动，既能够快速改善业务痛点，解决实际问题，也符合学员改善工作方法和提升绩效的需要。

摩托罗拉大学在创办之初，就将改善业务痛点定为办学方向。为了使培训更切合实践,摩托罗拉推出了大量的在岗学徒项目。美国劳动经济学家安东尼·卡利威尔表示:"摩托罗拉的培训项目与公司战略高度契合,它的培训项目是为了解决绩效难题,而不仅仅是建一所学校。"

美国西北大学学习科学研究所主任罗杰·思坎克为埃森哲公司推出了以目标为导向的情景式学习项目,该项目通过模拟业务场景,帮助员工找到他们在工作中所需要的知识和技能,通过个人的技能提升和知识获取,达到了改善业务痛点的目标。

对于企业大学来说,未来应该从课程设计、教学方式、教学引导等方面去改善培训方式,切实地解决企业的业务痛点,提升组织的效能。

5.2 发现盈利模式,持续创造价值

企业大学为员工提供实现能力提升的学习活动,它可以满足企业业务的发展需求,而这一过程的完成要求企业大学有足够的盈利来支撑其运营。大多数情况下企业大学都是非营利机构,由企业提供培训经费。很多企业在成立企业大学之初,都是盲目随大流的,普遍缺乏成果意识,将大量资金盲目投入体系建设、课程开发、培训项目等工作中,但是取得的效果却是有限的,反而给企业带来了负担。这样一来,企业大学的运营就容易受制于企业的盈利状况。因此,企业大学必须要发掘自身的盈利模式。

通常来讲,企业大学的盈利模式有三种:完全只有内部盈利;以内部盈利为主、外部盈利为辅;以外部盈利为主,内部盈利为辅。一般来说,盈利模式通常会随着企业的发展规模和战略规划的变化而变化。

企业大学盈利模式的选择必须遵循两个原则：一是必须以服务好内部客户作为企业大学长期立足并获得生存发展的重要前提；二是开发拳头产品，推向外部市场，提升品牌形象和经营效益。

成立之初，惠普商学院就将自己定位为"利润中心"，作为传统高等教育的有力补充者，面向全社会开放，为所有企业客户提供管理培训服务。惠普商学院以其独有的"惠普特色"（所有讲师均由惠普有丰富业务和管理经验的中高层领导担任）和课程的"实战性"（课程全部是惠普公司优秀管理经验的总结及提炼，有极强的可操作性）得到了中国企业界客户的高度评价，在帮助国内企业培养优秀管理人才方面做出了积极贡献。

经过多年的运营和发展，惠普商学院逐渐摸索出了适合自己的一套盈利模式，它的盈利来源是以外部为主、内部为辅，盈利渠道和方式的多样化促进了盈利价值的扩大化。

由于通信行业的特殊性，技术进步快，产品更新换代快，不论是交付相关的技能，还是交付后的维护与使用，客户或者合作伙伴也都需要进行培训。因此，华为业务部门的培训对象也包括客户的技术人员和合作伙伴的员工。

华为除了为国内客户提供培训服务外，也在海外各片区建立了不少片区学院，包括亚太、中东北非、独联体、南部非洲、拉美、北美、欧洲、东太平洋等几个片区。这些片区学院最主要的任务是给客户的技术人员提供培训，针对客户的培训需求，华为的片区学院给予定制化的培训和人才培养。2008年以后，这些片区学院也成为独立的盈利中心。

对外培训可以使企业大学更充分地利用自身的师资和课程资源，将闲置的资源用于对外培训可以使企业大学实现盈利，形成自我造血的良性循环。

5.3 由成本中心转向利润中心

随着商业模式的转变，未来企业大学的发展趋势是成为自负盈亏、独立核算的个体，这就迫使企业大学由成本中心转向利润中心，朝着企业化和盈利化的方向不断发展，只有这样才能与企业共生共赢。

2014年，华为对华为大学进一步进行变革，使华为大学成为独立核算的子公司，任正非说："华为大学这个组织最独特的特点是自负盈亏，它是一个 Service Business Group（SBG），不是一个成本中心，而是依靠与业务部门的结算和买单自负盈亏的。对华为大学的评价与业务保持一致，如何评估培训效果和价值很简单，就是看明年的业务收入是否增长，业务部门是否愿意给钱，把人送到华为大学来培养。"

企业大学一旦独立运营之后，对企业来说最为重要的便是能够节约成本，运作成熟后还可以取得一定的利润。只有以结果为导向，以市场化的方式在内部运作企业大学，才能够最大限度地激发企业大学的潜能，创造更大的价值。企业大学的盈利方式主要有以下几种，如图9-10所示。

企业创办企业大学，进行教育投资，其实是对人力资本的投资，是为企业自身服务的。在当今的市场经济环境和教育产业化的大趋势下，企业是希望投资能够取得相应回报的。因此，企业大学管理者应以价值创造为核心，强调资源优化配置，力争将有限的资源配置到能创造最大价值的关键工作中，为企业创造更多的价值。

（1）对内培训可采取内部收费的策略

由学员所在部门缴纳学费，公司与学员签订培训协议，约定服务期限和违约责任，提高学员的学习积极性，增加学员直接主管的关注度，迫使企业大学开发更有效、有针对性的课程。

（2）开展对外培训可由供应链系统着手，进而面向全社会招生

生源越多意味着利润越大。等到各方面发展成熟之后，企业大学不仅可以面向全社会授课，还可以面向全社会做管理咨询，赚取更为可观的收益。

（3）完善相关培训资料，出版相关书籍，获得收益

企业大学在对内外部的培训过程中会不断积累和丰富自身案例教学和知识理论方面的书本以及培训资料，如果再对课程和项目进行进一步开发，出版相关的书籍、教材，也可以为企业大学带来一定的收益。

（4）完善培训相关配套以出租或出售

企业大学在发展过程中会逐步地完善多媒体教学设备以及相关场地设施，这些设备和场地都可以对外开放，提供给其他企业做培训，收取相应的租金，出售相应的课程，从而优化场地利用率，给企业大学带来收入。

（5）非物质形象窗口、珍贵的无形资产

企业大学可以提升企业知名度、美誉度，成功地塑造企业品牌和企业形象，是对企业实力的一种证明，包括企业盈利能力、管理能力和技术能力。能树立一种追求卓越、不断进取创新的企业形象，无形之中为企业带来口碑和收益。

图9-10 企业大学的盈利方式

参考文献

[1] 李发海，章利勇．组织发动机：中国企业大学最佳实践．北京：电子工业出版社，2015．

[2] 张诗信，秦俐．成就卓越的培训经理．北京：机械工业出版社，2011．

[3] 段磊，杨奕，樊祎．企业大学最佳实践与建设方略．北京：中国发展出版社，2013．

[4] 蒋跃瑛．企业大学从0到1：800天打造企业学习力和学习场．北京：电子工业出版社，2017．

[5] 侯锷编．首席学习官．北京：社会科学文献出版社，2010．

[6] 悦扬，李殿波，余雪梅．企业经验萃取与案例开发．北京：机械工业出版社，2017．

[7] 邱昭良．复盘+：把经验转化为能力．北京：机械工业出版社，2015．

[8] 焦建利，王萍．慕课：互联网+教育时代的学习革命．北京：机械工业出版社，2015．

[9] [美] 塔马·埃尔克莱斯，杰克·菲利普斯．首席学习官——在组织变革中通过学习与发展驱动价值．吴峰译．北京：教育科学出版社，2010．

[10] [美] 彼得·圣吉．第五项修炼：学习型组织的艺术与实践．张成林译．北京：中信出版集团，2018．

[11][美]迈克尔·J．马奎特．学习型组织的顶层设计．顾增旺，周蓓华译．3版．北京：机械工业出版社，2016．

[12][美]罗伊·波洛克，安德鲁·杰斐逊，卡尔霍恩·威克．将培训转化为商业结果：学习发展项目的6Ds法则．周涛，宋亚南译．3版．北京：电子工业出版社，2017．

[13][美]马克·艾伦主编．企业大学手册：设计、管理并推动成功的学习项目．饶晓芸译．南京：江苏人民出版社，2013．

[14][美]埃尔伍德·霍尔顿．在组织中高效学习：如何把学习成果转化为工作绩效．沈亚萍译．北京：机械工业出版社，2015．

[15][美]鲍勃·派克．重构学习体验：以学习为中心的创新性培训技术．孙波、庞涛、胡智丰译．南京：江苏人民出版社，2015．

[16][美]伊莱恩·碧柯主编．ATD学习发展指南．顾立民，杨震等译．2版．北京：电子工业出版社，2016．

[17][美]斯蒂芬·P.罗宾斯等．管理学．毛蕴诗译．7版．北京：机械工业出版社，2013．

[18][美]伊布雷兹·泰里克．企业培训与发展的七个趋势：保持员工需求与组织目标一致的策略．杨震，颜磊译．南京：江苏人民出版社，2017．

[19][美]菲利普·科特勒，加里·阿姆斯特朗．市场营销：原理与实践．楼尊译．16版．北京：中国人民大学出版社，2015．

[20][美]罗恩·阿什肯纳斯，戴维·尤里奇等．无边界组织——移动互联时代企业如何运行．姜文波等译．2版．北京：机械工业出版社，2016．

[21][日]大岛祥誉．麦肯锡工作法——个人竞争力提升50%的7堂课．王柏静译．北京：中信出版社，2014．

[22][美]迈克尔·霍恩，希瑟·斯特克．混合式学习：用颠覆式创新推动教育革命．聂风华，徐铁英译．北京：机械工业出版社，2017．

图书在版编目（CIP）数据

组织能量场：基于最佳实践的组织学习建设 / 孙科柳，刘佳明著 . -- 北京：中国人民大学出版社，2019.11
ISBN 978-7-300-27586-4

Ⅰ.①组… Ⅱ.①孙… ②刘… Ⅲ.①企业管理-组织管理学-研究 Ⅳ.①F272.9

中国版本图书馆 CIP 数据核字（2019）第 247469 号

组织能量场——基于最佳实践的组织学习建设
孙科柳 刘佳明 著
Zuzhi Nengliangchang — Jiyu Zuijia Shijian de Zuzhi Xuexi jianshe

出版发行	中国人民大学出版社		
社　　址	北京中关村大街 31 号	邮政编码	100080
电　　话	010-62511242（总编室）	010-62511770（质管部）	
	010-82501766（邮购部）	010-62514148（门市部）	
	010-62515195（发行公司）	010-62515275（盗版举报）	
网　　址	http://www.crup.com.cn		
经　　销	新华书店		
印　　刷	涿州市星河印刷有限公司		
规　　格	170mm×230mm　16 开本	版　　次	2020 年 3 月第 1 版
印　　张	20 插页 3	印　　次	2020 年 3 月第 1 次印刷
字　　数	237 000	定　　价	59.80 元

版权所有　侵权必究　印装差错　负责调换